페미니즘 이론과 비평:
이론을 통해 현대 여성 소설 비평하기

Twentieth-Century Women Novelists:
Feminist Theory into Practice

페미니즘 이론과 비평:

이론을 통해 현대 여성 소설 비평하기

Twentieth-Century Women Novelists: Feminist Theory into Practice

지은이 수잔 왓킨스(Susan Watkins) **옮긴이** 김명주 **표지디자인** 허수욱 · 김보라
발행일 2020년 9월 15일 **발행인** 이진숙
펴낸곳 충남대학교출판문화원 **주소** 대전광역시 유성구 대학로 99
전화 042-821-6045 **홈페이지** www.cnupress.co.kr **E-mail** cnupress@cnu.ac.kr

ISBN 979-11-6503-095-7 93840
정가 18,000원

이 책은 2019년 국립대학교 혁신사업 지원에 의하여 번역, 출간되었음.

페미니즘 이론과 비평:

이론을 통해 현대 여성 소설 비평하기

Twentieth-Century Women Novelists: Feminist Theory into Practice

수잔 왓킨스(Susan Watkins) 저

김명주 옮김

Virginia Woolf, Simone de Beauvoir, Doris Lessing,
Betty Friedan, Doris Lessing, Juliet Mitchell, Nancy Chodorow,
Margaret Atwood, Hèlén Cixous, Luce Irigaray,
Julia Kristeva, Seyla Benhabib,
Angela Carter, Alice Jardine, Adrienne Rich,
Monique Wittig, Judith Butler, Jeanette Winterson,
Barbara Smith, Gayatri Chakravorty Spivak,
bell hooks, Toni Morrison

충남대학교출판문화원

목차

한국어 번역판 저자 머리말

이 책, 『페미니즘 이론과 비평』을 쓸 때 나는 둘째를 임신 중이었는데, 둘째 루크는 벌써 스무 살이 되었다. 내가 이 책을 헌정했던 큰 딸 에이미는 지금 스물 둘이다. 임신 막바지에 이 책의 교정본을 수정하던 당시를 생생하게 기억한다. 여성 작가들은 흔히 아이의 "출산"과 책의 "출판"을 동일시하곤 한다. 메리 셸리가 그녀의 소설 『프랑켄슈타인』을 구상(잉태)하면서 일기에 썼던 말이 생각난다. 꽤 많은 시간이 지나 이 책이 한국어로 번역된다니, 내 책이 과거와 마찬가지로 여전히 환영받고 있다는 뜻이니 매우 기쁘다. 이 책을 번역하고 출판하는 프로젝트를 진행한 김명주교수의 노고에 감사한다.

이 책의 결론에서 밝혔듯이, 초기 페미니즘 이론은 당시 기존 혁신적 서사들—이를테면 정신분석학이나 마르크시즘—의 틀 안에서 젠더와 여성의 자리를 만들어내려고 시도했었다. 2000년도에 이르렀을 때 적어도 세계화된 북구에서는 페미니즘의 서사가 다 끝나버린 것 같았다. 이미 많은 것을 성취했다고 생각했기 때문이었으리라. 그리고 표면적으로는 "포스트" 페미니즘의 시대가 도래했다. 이때에는 새로운 혁신적 해방 서사들, 이를 테면 포스트식민주의와 퀴어 이론과 같은 서사들이 새롭게 출현하고 있었다. 새로운 담론의 도전을 맞이하여 다소 방어적으로 페미니즘은 자신의 담론 안으로 이들을 통합시켜야할 필요가 생겼다. 달리 말하면 페미니즘은 이미 주류가 되었던 것이다. 나는 이 책의 결론에서 주류가 되어버린 페미니즘 담론에 대해 의문을 제기했고, 진정 페미니즘과 소설을 위한다면 서로 경쟁하는 다양한 서사들이 공존해야 한다고 강조했다.

이 책이 출판된 이후 페미니즘의 변화와 발전에도 불구하고, #미투나 타임즈업과 같은 운동이 출현했다. 이는 여성들이 제기했던 이슈들—성적 착취, 가정 노동, 감정 노동, 재생산의 자유—이 오랜 시간이 지난 지금까지 아직도 제대로 다뤄지지 않았다는 뜻이다. 이제 소셜 미디어가 출현 당시의 기능과 달리 처벌과 감시 능력을 새롭게 획득하게 되면서 이들이 페미니즘 이슈들을 다루고 있다. 더욱이 우리가 사는 지금 세상에는 인간이 환경을 착취함으로써 발생한 부정적인 영향들과 기후 변화가 점점 더 걱정스러워지고 있고, 흑인과 아시아인을 포함하여 다양한 인종의 목소리가 크게 들리고 있다. 그리하여 젠더뿐만 아니라, 인종, 민족, 나이, 장애, 계급, 섹슈얼리티를 교차하는 분석이 절실히 필요해지고 있다.

새라 아메드(Sara Ahmed)가 말하듯이, "교차성은 복잡하게 얽혀있고 실체적이다."[1] 이 책이 나온 이래 가장 최신의 흥미로운 페미니즘 이론은 신물질주의 페미니즘(new materialist feminism)이다. 이 새로운 이론에서는 실체적인 물질성이 핵심을 이루고, 과학과 인문학이 이전 보다 많이 교차하는 특징을 지닌다. 스테이시 알라이모(Stacy Alaimo)와 수잔 헤크만(Susan Hekman)은 그들이 편집한 책 『물질적 페미니즘』(Material Feminisms)의 서문에서 페미니즘은 물질의 중요성을 강조해야 한다고 역설한다. 과학학(science studies), 환경 페미니

---

1 Sara Ahmed, *Living a Feminist Life* (New Delhi: Zubaan, 2019), 119.

즘(environmental feminisms), 신체 페미니즘(corporal feminisms), 환경 정의, (포스트) 마르크시즘 페미니즘, 전지구화 연구, 문화연구 등등, 모든 분야에서 물질에 초점을 맞추는 것이 중요하다는 뜻이다.[2] 물질에 초점을 맞춰야만 '몸을 가진 존재'의 경험을 제대로 성찰할 수 있고, 이원론적 사고(자연/문화, 과학/인문학)를 극복할 수 있으며, 드디어 인간 너머를 생각할 수 있다고 주장한다. 알라이모는 이를 "초-신체성"(trans-corporality)라고 부른다. "'초-신체성'이란 생명체와 물질이 내/외부적으로 연결되어 있을 뿐만 아니라, 흔적을 찾기 어려운 더 큰 흐름 속에서 모든 종들이 내적으로 얽혀 있기 때문에, 인간의 예외성을 부정한다."[3]

신물질주의 페미니즘의 핵심 사상가는 로지 브라이도티(Rosi Braidotti)와 도나 해러웨이(Donna Haraway)를 포함한다. 이들에 대해서는 2020년도 출간된 내 책, 『현대 여성의 포스트-종말론적 소설』에서도 논의하고 있다.[4] 해러웨이에 따르면, 인간의 개입이 환경을 변화시킨 현 지질학적 시대를 지칭하는 "인류세"를 대체할 단어가 필요하다고 주장한다. 대체할 단어는 인간의 예외성이라는 오점을 피할 수 있어야 한다. 그 대체할 단어로써 해러웨이는 최근의 저서에서 "지구세"(Chthulucene)를 제안한다. "지구세란 위태로운 지구, 그러나 다행히 아직은 끝장나지 않은 지구에서 다수의 종들이 서로 함께 '되기'하면서 새로운 이야기와 실천을 만들어내는 대안적 시대를 의미한다."[5]

---

2 Stacy Alaimo and Susan Hekman. ed. Materialist *Feminisms* (Bloomington: Indiana UP, 2008), 9-10.

3 Stacy Alaimo, *Exposed: Environmental Politics and Pleasures in Posthuman Times* (Minneapolits: U of Minnesota P, 2016), 113.

4 Susan Watkins, *Contemporary Women's Post-Apocalyptic Fiction* (London: Palgrave, 2020).

5 Donna Haraway, *Staying with the Trouble: Making Kin in the Chthulucene* (Durham, NC: Duke UP, 2016), 55.

해러웨이의 "지구세"는 새로운 이야기에 어울릴 '촉수'라는 은유를 사용한다. 이는 모든 생명체, 모든 물질 간에 살아있는 연결성과 얽힘을 강조하기 위함이다.

"지구세" 논의는 "추정적 우화(speculative fabulation), 공상 과학 소설, 과학적 사실, 추정적 페미니즘"(31)에서 중점적으로 이뤄지고 있다고 해러웨이는 말한다. 이 책은 어떤 추정적 소설도 다루지는 않지만, 이 책을 출판한 이후에야 비로소 내 연구의 주제가 되었다. 디스토피아 소설과 종말론적 소설이 점점 더 독자들의 인기를 끌고 있고, 이 방면의 연구서 출판이 막 시작되는 중이다. 마가렛 앳우드(Margaret Atwood), 옥타비아 버틀러(Octavia Butler), 에밀리 세인트존 만델(Emily St John Mandel), 응네디 오코라포르(Nnedi Okorafor)는 추정적인 소설 장르를 사용하여 물질, 이야기, 테크놀로지, 자연 사이에 존재하는 연결성을 탐색하고 있다. 이들 탐색의 최전선에는 젠더와 섹슈얼리티의 문제가 여전히 미해결 상태로 남아있다.

이제와 생각해보면, 20년 전 임신 중에 이 책의 교정본을 교정할 때 모성, 물질, 지성과의 연관성이 한층 선명해지고 있었던 것 같다. 그때는 이모저모로 매우 생산적인 시간이었다. 그러나 나는 특혜 받은 사람이었다. 출산 휴가, 안정되고 재미있는 직장, 좋은 보육 조건을 가지고 있었으니 말이다. 그리고 건강한 아기를 출산했고, 파트너의 지원도 충분했다. 세상의 모든 여자들이 이런 특혜를 공유할 수 있을 때까지 페미니즘의 이야기는 끝나지 않을 것이다.

수잔 왓킨스

들어가는 글

페미니즘 이론과 비평

들어가는 글

이 책에는 두 개의 이야기가 들어있다. 첫 번째 이야기는 20세기 여성 소설가를 다루고, 두 번째 이야기는 페미니즘 이론을 다룬다. 학술 서적을 이야기책이라 부르니까 좀 어색하다. 하지만 굳이 이야기책이라고 부르는 이유가 있다. 허구이든 사실이든 간에, 이야기는 언제나 쓰는 사람만의 특정한 관점을 담기 마련이다. 다른 모든 책들처럼 이 책도 저자 특유의 선택과 목적에 따라 쓰였다. 어떤 이야기든지 간에 항상 부분적이고 특정한 관점의 소산임을 일찌감치 밝히기 위해 이 책을 이야기라고 표현한 것이다.

직설적으로 말해서, 이 책의 목적은 이렇다. 첫째, 페미니즘 이론에 익숙하지 않은 독자들에게 페미니즘 이론을 소개하고자 한다.

두 번째, 이 책은 20세기 여성 작가들이 쓴 소설에 대한 비평 방법을 제시하려고 한다. 세 번째 목적은 첫 번째와 두 번째를 연결하여, 페미니즘 이론을 20세기 여성소설에 적용하는 실제 비평 사례를 보여주려는 것이다. 이 책의 네 번째 목적은 책의 제목 "페미니즘 이론과 실제"가 보여주듯이, 문학작품을 읽으면서 페미니즘 이론을 적용하는 모델을 제공해줄 것이다. 좀 더 구체적으로 말하면, 이 책이 소개하는 비평 모델에 따라 20세기 여성소설을 해석하는 것을 참고한다면 (모든 '읽기'는 필수적으로 '해석'이기 때문에) 페미니즘 이론을 어떻게 활용하는지 알게 될 것이다. 장마다 각각 다른 종류의 페미니즘 이론을 소개하고, 각각 이론을 대표할만한 두 세 개의 논문이나 책을 소개할 것이다. 더불어 모든 장에서 문학 텍스트를 하나씩 분석할 것이다. 편의상 첫 장에서는 예외적으로 단편소설을 다루지만[1], 다른 모든 장에서는 20세기 여성작가들의 장편 소설을 논의한다.

각 장은 모두 다음과 같은 순서로 구성되어 있다. 첫 번째, 논의할 특정 이론이 만들어지는 지성사적 맥락을 설명할 것이다. 두 번째, 이론의 주요 내용을 설명하고, 그 이론이 지닌 혁신성이 무엇인지 논의할 것이다. 세 번째, 그 장에서 논의할 작가와 소설을 짧게 소개하고, 그 작품이 비평적으로 어떻게 해석되어 왔는지 소개할

---

1 도리스 레싱의 「19호실로」(To Room Nineteen)는 빠르게 읽을 수 있고, 쉽게 구할 수 있는 단편이다. 이 단편은 『영국문학 노튼엔쏠로지』(*The Norton Anthology of English Literature*) 6판 2권에 수록되어 있고, 도리스 레싱의 단편집에도 들어있다. 쉬운 단편을 가지고 시작함으로써 독자는 이 책의 구성을 파악할 수 있고, 문학텍스트를 어떻게 다루는지도 파악할 수 있을 것이다.

것이다. 네 번째로 "이론을 소설에 적용하기"에서는 이론이 지닌 통찰을 소설에 적용해본다. 다섯 번째 섹션인 "소설을 통해 이론보기"에서는 소설을 사용해서 이론의 문제점을 발견해보고, 이론가들이 간과했던 이슈가 무엇인지 살펴본다.

지금쯤 아마도 독자들의 마음속에는 많은 질문들이 생겨날 것이다. 문학에는 여러 장르들이 있는데 이 책은 왜 하필 소설만 논의할까. 이와 관련된 몇 가지 오해를 살펴보자. 첫째, 소설만 다룰 때 생겨나는 오해다. 여성은 소설은 잘 쓰지만, 시나 드라마는 못쓸 거라는 오해다. 두 번째, 페미니즘 이론은 여성 소설에만 적용가능하고, 소설과 이론 사이에는 차이가 별반 없다고 생각할 수 있다. 그러나 이 두 가지는 모두 오해다. 여성 작가들은 분명히 남자들만큼이나 많은 장르에서 활약하고 있다. 또 여성 작가들의 소설이 모두 페미니즘 소설도 아니다[2].

그럼에도 불구하고, 나는 특정 장르인 소설을 젠더화(gendering)하는 것이 중요하다고 주장한다. 소설이 처음 출현했던 시기부터 지금까지 소설은 여성의 장르였다. 소설의 독자들, 소설 작가들, 소설의 내용, 서사구조, 모든 면에서 소설은 여성화된 장르다. 17세기 후반에서 18세기 전반까지 소설이 문학의 한 장르로서 확고한 지위를 갖게 되는데, 이 시기는 전반적으로 문해력(특히 여성들의 문해력)

---

2 이 말은 로잘린드 커워드(Rosalind Coward)의 에세이 "여성의 소설은 페미니스트 소설인가"에서 빌려왔다. 이 에세이는 일레인 쇼왈터(Elaine Showalter)가 편집한 *The New Feminist Criticism: Essays on Women, Literature and Theory* (London: Virago, 1986) 225-39에 있다.

의 증가와 일치한다. 또한 중산층 이데올로기에 따라 여성과 남성이 분리된 영역을 가지게 되고, 여성이 집안에 머물게 된 시대 상황과 일치한다. 소설은 평범한 일상을 다루고, 실제생활에 근접하고, 인물을 세심하게 관찰하는 리얼리즘적 모드를 사용하는 경향이 있었기 때문에, 여성작가들이 사용하기에 적절한 장르였다. 시와 달리 소설 쓰기는 고전에 대한 특별한 교육이 필요하지 않았기 때문이다. 그러므로 전통적으로 18세기에 소설이 등장했다는 사실은 점차 리얼리즘이 규범화되는 경향과 관련된다. 그런데 소설장르를 탄생시킨 장본인들은 사실상 필딩(Fieding), 리처드슨(Richardson), 디포우(Defoe)와 같은 남성 소설가들이었다.[3] 19세기에 이르기까지 소설 전통은 디킨스(Dickens), 태커리(Thackeray)와 같은 남성 작가들을 통해 전승된다. 하지만 이러한 소설들은 여성 독자들을 겨냥하여 쓰였고, 소설의 주인공들도 주로 여성들이었다. 여성들에 대한 구애, 여성들의 결혼이 소설 서사의 중요한 주제였던 것이다.

그러나 18세기 소설을 재해석하는 페미니스트들은 여성 소설가들의 소설이 남성 소설가의 리얼리즘에 오히려 저항했고, 그들보다 훨씬 더 영리하고 유연했음을 강조하고 있다.[4] 여성은 단순히 소설

---

3 18세기 소설에 대한 표준화된 설명을 위해서는 이안 와트(Ian Watt)의 책, *The Rise of the Novel: Studies in Defoe, Richardson and Fielding* (London: Chatto and Windus, 1957)을 보라.

4 예를 보려면 다음 책을 보라. 재넷 토드(Janet Todd)의 책, *The Sign of Angellica: Women, Writing and Fiction, 1660-1800* (London: Virago, 1989); 데일 스펜더(Dale Spender)의 책, *Mothers of the Novel: 100 Good Women Writers before Jane Austen* (London: Pandora, 1986); 제인 스펜서(Jane Spencer)의 책, *The Rise of the Woman Novelist: From Aphra Behn to Jane Austen* (Oxford: Blackwell, 1986)을 참고바람.

장르의 수동적인 주인공이거나 소비자가 아니라, 남성적인 소설전통에 도전하고, 소설의 형태를 적극적으로 형성시키는데 공헌했다. 예를 들어, 19세기 브론테 자매들(the Brontës), 조지 엘리어트(George Eliot), 엘리자베스 개스켈(Elizabeth Gaskell)같은 여성 소설가들은 소설의 전통을 따르면서도 동시에 당시 지배적인 소설적 리얼리즘을 전복시켜버렸다. 이를테면 로맨스, 멜로드라마, 고딕소설 양식을 사용함으로써 일부러 독자들의 기대를 뒤엎어버린 것이다.[5] 그런 까닭에 버지니아 울프(Virginia Woolf)는 "소설 장르가 생긴 지 얼마 되지 않았기 때문에 오히려 소설 장르만이 여성 작가들의 손에서 자유자재로 유연해질 수 있다"[6]고 말한 것이다.

울프가 한 말은 조금 과장이긴 해도 중요한 지적임엔 틀림없다. 여성들은 소설을 여성적인 장르로 젠더화함으로써, 소설의 형태를 직접 만들어내고, 소설 장르에 기여할 수 있게 되었다. 이 책은 소설 장르에 대한 여성 작가들의 애매모호한 입장에 대해 논의하고 있는데, 이러한 애매모호한 유연성이야말로 여성성과 관련된다고 주장하고 있다. 특히 여성 작가들이야말로 소설의 모양, 구조, 젠더 이슈들 사이에 연관성을 창조함으로써 20세기 소설 장르에서 진정한 혁신을 이뤄낸 사람들이다. 이 책이 논의하는 소설들은 부분적으로 이러한 혁신의 관점에서 선택되었고, 또 부분적으로는 학생

5 예를 보려면, 산드라 길버트(Sandra M. Gilbert)와 수잔 구바(Susan Gubar)의 책, *The Madwoman in the Attic: The Woman Writer and the Nineteenth-Century Literary Imagination* (New Haven, Conn.: Yale UP, 1979)을 보라.

6 버지니아 울프(Virginia Woolf), *A Room of One's Own* (Harmondsworth: Penguin, 1945). 77.

과 선생 모두에게 인기 있는 작품들이라서 선택되었다. 나의 선택은 분명 주관적이고, 나의 강의 경력에 기반을 두고 있다. 따라서 내 선택은 규범적이지 않다. 단지 20세기 여성 소설과 페미니스트 이론을 연결하는 치열한 토론 속으로 들어가는 길을 안내하기 위해 선택했을 뿐이다. 그러므로 이 책에서 논의하는 소설들은 페미니즘 이론과 "꼭 맞아떨어지기"(fit) 때문에 선택한 것이고, 동시에 이 소설들은 이론이 충분히 제기하기 못했던 흥미롭고 도발적인 이슈들을 다루고 있기 때문에 선택하기도 했다.

문학과 이론이 "딱 맞아 떨어진다"는 표현을 사용한 데는 이유가 있다. 그 표현을 통해 나는 '페미니즘 이론'과 '여성 문학' (여성 소설)의 관계에 대한 내 나름의 이해를 소개하려는 의도가 있기 때문이다. 과연 이 책은 페미니즘 이론과 여성 문학 사이에 명백한 관계가 있다고 주장하나? 그렇다면 그 관계는 무엇일까? 나는 명백하게 둘 사이에 해부학적으로 인과적 관계가 있다고 주장하지는 않는다. 그러려면 페미니즘 이론가들과 여성 소설가들의 몸이 생물학적으로 여성이라는 공통점 때문에 관계가 있다고 말해야 한다. 그러나 분명하게도 여성의 몸을 지니기 때문에 누구나 페미니스트라고 주장하기는 힘들다. 남자이기 때문에 페미니스트가 될 수 없다고 주장할 수 없는 것처럼 말이다. 왜냐하면 페미니즘은 생물학적인 "본질적" 정체성보다는, 정치적인 목적과 관련되기 때문이다. 다시 말해서, 생물학에 근거해서 페미니즘 이론과 여성 소설이 자동적으로 연결되지는 않는다. 마찬가지로, 페미니즘 이론은 남자/여자 모든 문학적/문화적 생산품에 다 적용될 수 있다.

그러나 여성 소설이 소설이라는 장르와 '모호하지만 유의미한' 관계를 갖듯이, 페미니즘 이론과 여성 소설 사이에도 똑같이 '모호하지만 유의미한' 관계가 있다. 왜냐하면 여성 소설가와 페미니즘 이론가들 모두 주변부적 입장을 취하고 있는 탓에 공통적으로 관심을 갖게 되는 주제들이 정체성, 몸, 본질주의와 같은 문제들이기 때문이다. 주변부나 경계에 선다는 것은 중심으로부터 멀리 떨어져 있으면서도 동시에 그 중심을 제대로 바라볼 수 있는 이점을 가지고 있다. 그래서 쥘리아 크리스테바(Julia Kristeva)는 그런 위치야말로 바로 '여성성'의 특징이라고 말한 바 있다.[7] 주변성이 갖는 이중적 이점은 20세기 여성 소설가들과 페미니즘 이론가들에게는 매우 중요하다.

이런 논의를 하다보면 보다 근본적인 문제인 '이론'과 '실제비평'의 관계에 대해 논의하지 않을 수 없다. 이론과 실제비평은 판이하게 다른 것일까? 이론의 타당성을 증명하기 위해 문학 텍스트를 사용하는 것은 합당한 일일까? "앎을 앎의 대상으로부터 분리하는 것은 그 자체가 이데올로기의 산물이며, 이론을 메타담론으로 이해하는 것은 관념주의를 부활시키는 것이고, 역사 [이 경우에는 문학] 를 데이터로 보도록 만든다."[8] 모든 텍스트는 틀림없이 이론을 내포한

7 크리스테바와 주변성에 대해서 논하는 토릴 모아(Toril Moi)의 책, *Sexual/Textual Politics: Feminist Literary Theory* (London: Routledge, 1985)의 163-7쪽을 보라.

8 로즈마리 헤네세이(Rosemary Hennessey) 와 라제스와리 모한(Rajeswari Mohan)의 글, "The Construction of Woman in Three Popular Texts of Empire: Towards a Critique of Materialist

다. 무엇이 "문학적"이고 무엇이 "이론적"인지, 분명하게 선을 긋는 것은 상업적 고려를 필요로 할 때나 가능할 뿐, 텍스트 자체 안에 "문학적" 인 요소, "이론적" 요소가 본래부터 내재하는 것이라고 보긴 힘들다. 비문학적 언어에는 찾아볼 수 없는 특별한 문학적 언어라는 것이 과연 있는지, 명확하게 지적해내는 것은 불가능하다. 마찬가지로 모든 이론적인 텍스트들도 수사학적 목적과 설득을 위해 "문학적" 장치를 사용한다. 예를 들어 이 책에 들어있는 엘렌 식수(Hélèn Cixous)의 「메두사의 웃음」("The Laugh of the Medusa")은 지극히 서정적인 반면, 버지니아 울프의 소설 『올랜도』(*Orlando*)는 지극히 이론적이다. 페미니스트가 남성들의 이론 편향을 의심스런 눈초리로 바라볼 수는 있지만, 그렇다고 이론을 마냥 부정하는 방식으로 대처하는 것도 바람직하지 않다. 이 책이 이론과 실제를 다소 투박하게 구분하긴 해도, 이는 실용적이고 교육적인 목적 때문이다. 실제로 이런 구분에 대해서는 마지막 장에서 일부러 의문을 제기하고 구분을 아예 없애버린다. 또한 버지니아 울프의 작품은 "이론"에도 언급되고, "실제비평"에서도 다뤄진다. 즉, 울프의 에세이 『자기만의 방』은 1장에서 논의되고, 울프의 소설 『올랜도』는 5장에서 논의된다. '명백한 문학 텍스트'를 '명백한 이론 텍스트'와 비교함으로써, 각각의 텍스트들이 과연 문학인지 이론인지 고민해보는 기회를 가질 것이다.

Feminism." *Textual Practice* 3(1989): 323-57. 325.

목차만 봐도 금방 알 수 있듯이, 이 책은 금세기 페미니즘 이론에 대해서 매우 단순화된 '이야기'를 하고 있고, 그 이야기는 부드럽게 (항상 진보하면서) 앞으로 진행된다. 1장에서는 영국과 프랑스에서 일어난 페미니즘 1차 물결에 대해 논의한다. 1차 물결은 여성의 법적, 물질적 향상에 관심을 두었으나, 최근 들어 관심이 증가하는 언어와 정체성 문제도 이미 1차 물결이 선도적으로 다루고 있음을 보여주고 있다. 1장은 1차 물결이라는 용어가 과연 유용한지 논쟁하고, 그 용어가 특정한 문화적/사회적 환경에서 형성된 단어임을 밝힐 것이다. 2장에서는 자유주의 페미니즘의 강점과 약점을 논의할 것이다. 자유주의 페미니즘은 페미니즘 2차 물결의 시작을 알리는 대중적 움직임이다. 자유주의 페미니즘의 약점은 문화적으로 수용 가능한 관념에만 한정되어 있다는 점이다. 즉, 개인과 사회의 관계, 젠더 차이에 대한 규범적 모델, 정치적 행위와 변화에 대한 전통적인 입장을 견지하면서 문화가 용인하는 범위 안에서 움직였던 것이다. 3장은 페미니즘을 마르크시즘과 연결하고, 4장은 정신분석과 연결하여 논의할 것이다. 3장은 계급투쟁과 가부장제가 교차하는 특정 역사적 사실을 고려하면서, 마르크시즘 페미니즘이 분석적으로 유효함을 증명할 것이다. 마르크시즘 페미니즘은 여성의 종속적 지위를 설명하고, 여성의 일이 집 안팎에서 갖는 의미를 잘 설명한다. 또한 이데올로기가 섹슈얼리티와 정체성에 얼마나 큰 영향을 끼치고 있는가도 논의한다. 3장은 물질주의적 분석에 기초한 주장이 갖는 강점과 약점에 대해서도 논의한다. 4장은 정신분석학적 페미니즘이 정상성과 적응이라는 개념에 지나치게 의존함으로써 제한받는 점에 대해 논의한다. 또한 주체를 불가피하게 파열되고 분열된 존재로 보는 일반 정신분석학적 관점을 제대로 잘 수용하고 있는가도 질문한다. 5장은 문화, 언어, 정치영역에서 성적인 몸(the sexed body)의 위치를 논의하는데 초점을 맞춰온 포스트구조주의 페미니즘을 설명한다. 포스트구조주의 페미니스트는 의도적으로 여성스러운 언어를 씀으로써 여성을 가부장제 문화와 언어 속으로 삽입시키려고 시도하는데, 나는 그 시도가 과연 성공적인지 논의해볼 것이다. 6장은 이러한 논의를 포스트근대성과 포스트모더니즘의 더 큰 맥락에서 살펴보고 있다. 즉, 포스트근대성과 포스트모더니즘은 정체성, 재현, 역사, 철학의 근대적 개념을 모두 해체하고 있다. 6장은 운동으로서의 페미니즘이 포스트모더니즘의 관심과 공유하는 바가 있는지, 포스트모더니즘 이론과 과연 뜻을 함께 하는지, 아니면 거리를 두고 있는지도[9] 점검하고 있다. 7장에서는 페미니즘 이론에서 레즈비어니즘이 차지하는 위치에 대해 논의하고, 젠더와 섹슈얼리티의 관계를 퀴어이론과 페미니즘의 관계와 서로 교차 비교할 것이다. 이성애주의와 가부장제의 상호작용 역시 분석하고 있다. 마지막 8장은 페미니즘이 종종 백인 중심적이었기 때문에 흑인 페미니즘이 종속적 지위에 머물렀는데, 이에 대해 논의할 것이다. 흑인 페미니즘은 흑인 여성의 정체성에 대해 본질주의

9 근대적, 포스트모던, 근대성, 포스트근대성, 모더니즘, 포스트모더니즘, 모더니스트, 포스트모더니스트 등등의 용어들에 대한 다양하고 미묘한 구분은 5장과 특히 6장에서 논의된다.

적 입장을 취하는데, 이러한 전략적 활용에 대해 분석할 것이다. 그러한 전략적 본질주의 이론은 인종과 젠더의 문제가 교차하는 지점에서 나오는 반본질주의적 입장과 사실상 서로 소통하고 있다고 본다. 이렇게 소통하는 모델은 흑인페미니즘과 탈식민주의 이론에도 해당된다.

짤막한 각 장들을 통해 이 책은 페미니즘과 페미니즘 이론에 대한 역사와 이야기를 하나 창조해낸다. 이 책은 페미니즘 이론에 경험이 없는 독자들에게 일반적으로 통용되는 다양한 버전의 이론들을 소개해줄 것이다. 이 책은 일반적으로 사용되는 카테고리가 과연 적절한지 논쟁하고, 각각의 위치는 어디쯤이고, 어떻게 정의되는지를 질문해본다. 그래서 이 모든 이슈들이 매우 논쟁적이라서 독자들도 논쟁에 공헌할 수 있음을 지적하려고 한다. 그러므로 내가 제시하는 다소 도식적인 개요는 다툴 여지가 있고, 독자들은 나의 결정에 대해 얼마든지 이의를 제기할 수 있다.

책의 구성은 단순히 시간적인 순서를 따르지는 않는다. 물론 페미니즘 이론에는 목적론적으로 앞으로 나아가 목표를 성취하려는 충동이 있긴 해도, 각 장에서 설명된 다양한 페미니즘 이론들에서는 비슷한 이슈들이 반복되는 경향이 있다. 내가 이 책에서 논의하려고 선택한 모든 이론들은 페미니즘에 매우 중요하다. 이들은 지난 20세기 내내 페미니즘과 대화해왔고, 페미니즘이 하나의 지식체계로서, 이론으로서, 정치학으로서 스스로 정의할 때 매우 중요하게 연관되어왔다. 페미니즘은 젠더와 페미니스트 이슈를 고민하면서 형성되었을 뿐 아니라, 자유주의, 마르크시즘, 정신분석, 이 책에 소개된 다른 이론을 통해서도 모양을 갖춰왔다. 예를 들어 젠더와 섹슈얼리티의 중요성을 인정하지 않은 채 정신분석을 논하는 것은 불가능하다. 단 하나의 예외가 있긴 하다. 바로 페미니즘 제1물결이다. 이는 논란되는 이슈에 대한 씨앗을 품고 있긴 하지만, 제2물결과는 어느 정도 다른 (완전히 다르지는 않지만) 이슈를 다루고 있다.

이 책을 통해 독자들은 금세기 매우 영향력 있는 페미니즘 이론가들의 사유에 접근할 수 있다. 소위 페미니즘 이론의 고전들(고전이란 말이 자체 모순이 아니라면)을 논의하고 있다. 페미니스트 학자들에게는 (종종 바뀌긴 해도) 주류에 속하는 고전들이지만 전문가가 아닌 독자들에겐 여전히 당혹스러운 책들일 수 있다. 여기 선별된 텍스트들이 다양한 페미니즘 이론을 대표하는 사례들이라고 주장하고 싶지는 않다. 만일 대표적인 역할을 한다면 오로지 소개 차원의 교육적 목적을 위해서일 뿐이다. 내가 보기에 이곳에 소개하는 텍스트들은 페미니즘 이론 중에서도 특정 논쟁과 연구 분야로 들어가는 지엽적인 길을 마련해줄 거라고 생각한다. 결국 뭐든 그렇듯이, 페미니즘이론을 공부하려면, 뭔가 하나를 골라 읽음으로써 시작할 수밖에 없다. 그렇다면 독자는 이론적 텍스트들 자체는 읽지 않고, 이 책만 읽어도 충분할까? 나는 독자들이 이 책이 논의하는 이론가들의 책을 전부는 아니더라도 부분적으로 읽기를 바란다. 이 책은 이론가의 책들을 단순하게 요약하기 보다는 중요한 특정 이슈를 압축하고 있다. 따라서 이 책을 통해 토론이 일어날 수 있기를 바란다. 전부는 아니더라도 대부분의 경우, 이 책이 다루는 이론가들의 책은 페미니즘 이론의 다양성을 보여주기 위해서 선택된 텍스트들이다. 두 번째 장에서, 한 작가가 쓴 두 개의 책은 약 20년의 간격을 두고 출판되었는데, 한 사람의 이론에서 일어나는 변화와 더불어 연속성을 증명하려고 선택되었다.

이 책은 이론과 이론가들이 역사적으로 발전하는 과정을 부분적으로 보여주고 있지만, 소설은 이론의 역사적 과정에 맞춰 선택된 것은 아니다. 소설의 출판 시기는 이론적 텍스트의 시기와 반드시 맞아떨어지지 않는다. 예를 들어 앤젤라 카터(Angela Carter)의 소설 『써커스의 밤』(*Nights at the Circus*)은 1980년대 출간되었지만, 이론적으로는 포스트모더니즘에 맞아떨어진다. 5장에서도 『올랜도』는 포스트구조주의 이론을 논의하기 위해서 논의되지만, 다른 용어를 통해 그 연관성을 설명하기도 한다. (엘렌 식수와 줄리아 크리스테바가 포스트구조주의를 모더니즘 남성작가들에만 적용하는 반면, 『올랜도』의 경우에서, 울프는 보통 모더니스트로 분류되는데도 이 책은 포스트구조주의와 연관짓고 있다.)

각 장의 구조는 대부분 이론과 실제비평을 구분하고 있다. 매 장에서 이론 텍스트는 여러 개를 논의하지만 소설은 딱 한 권씩만 다루고 있는데, 이는 문학작품이 이론서보다 우월하다는 의미를 함축한다. 이론서도 복잡하고 미묘한 부분이 있긴 하지만, 나는 문학 작품의 복잡성과 미묘함을 더욱 강조했다. 불확실성은 소설에서 긍정적으로 기능하지만, 이론의 불확실성은 단순히 혼란스럽고 우유부단해 보인다. 그렇다고 해서 문학이 항상 이론보다 풍요롭고 가치 있다고 말하려는 것은 아니다. 전통적으로 문학 작품을 두고 인문학이 취하는 태도를 그대로 답습하지는 않는다. 모든 텍스트는, 문학이든 이론이든, 풍요롭고 다양하게 읽힐 수 있다. 각장에서 이론을 설명하기 위해서 소설을 사용하고 있긴 하지만, 이는 문학이 이론을 위해 자동적으로 활용 가능하다는 뜻은 아니다. 오히려 문학의 기능이 본래 실용적이고, 교육적이고, 정치적인 목적을 위해서 봉사하도록 만들어졌기 때문이다. 또한 문학을 사용하는 것이 독자들의 흥미를 끌고 즐거움을 더할 수 있기를 바란다. 문학과 이론을 각 장에서 서로 비교 논의한 후에는, 더 이상 특정소설과 특정 이론을 연결하지 않기 바란다.

이 책을 읽으려면 각 이론의 지성사적 맥락을 반드시 알아야 하기 때문에 쉬운 책은 아니다. 이론의 전체적인 맥락을 소개하면서 나는 나의 주장을 펼칠 것이다. 지나치게 간결하게 설명한 부분에 대해서 독자는 주석에 있는 더욱 자세한 참고자료를 통해 보충할 수 있다.[10] 이해하기 힘든 곳은 개념 자체가 복잡하기 때문일 것이다. 그런 경우, 독자들은 복잡한 것에 대해 제대로 설명 받을 권리가 있다. "가부장제", "제1물결" "제2물결 페미니즘" "영미 페미니즘" "프랑스 페미니즘"은 처음에는 간단히 설명되지만, 차츰 더

10 주석에 대한 주석이다. 처음 인용한 후에는 쪽수만 주어진다. 모호할 시엔 저자의 이름이나 책의 제목이 포함될 것이다.

욱 자세하게 설명될 것이다. 그래서 각각의 용어들에 대한 다양한 논쟁이 있음을 알게 될 것이다.

마지막으로 이 책을 어떻게 사용하는 것이 효과적일지 제안하고자 한다. 나는 영문학 강의자가 이 책을 주요 텍스트로 하면서 20세기 여성소설에 대한 강의를 진행하고, 동시에 여기에 논의된 페미니즘 이론과 더불어 최신의 이론들에 대한 정보를 제공할 수 있기를 바란다. 독자들은 이 책을 비판적으로 읽어야 하고, 더욱 깊은 연구를 위한 발판으로 사용하길 바란다. 교수와 학생 모두 이 책을 통해 페미니즘 이슈와 해석에 대해 대화와 토론을 시작할 수 있길 바란다. 도리스 레싱은 말하길, "문학은 살아있고, 힘이 있으며, 결실을 맺게 하고, 사유와 토론을 자극한다. 단, 문학의 계획, 모양, 의도를 이해하지 못할 때만 그렇다. 왜냐하면, 모양과 계획과 의도를 알게 되는 순간 더 이상 아무것도 끄집어낼 것이 없기 때문이다."[11] 이 말은 소설이나 페미니즘 이론에 해당되는 만큼 이 책 자체에도 해당될 것이다.

11 도리스 레싱(Doris Lessing), "Preface to *The Golden Notebook*" (London: Flamingo, 1993), 21.

Chapter 1

페미니즘 제 1물결

페미니즘 이론과 비평 • Chapter 1

페미니즘 제 1물결

서론

"페미니즘 제 1물결"이라는 범주는 사용이 편리해서 좋기도 하지만 함정이 있다고 이미 앞에서 말했다. 페미니즘 제 1물결에 대한 정의는 논쟁의 여지가 있고 재평가가 불가피함을 차차 알게 되겠지만, 일단 정의를 하자면 이렇다. 페미니즘 제1물결은 1860년부터 1920년에 걸쳐 명백한 목표를 가지고 조직적으로 진행된 첫 번째 페미니즘 운동을 말한다. 이 운동은 여성의 정치적/법적 권리를 획득하기 위해서 여성의 참정권, 여성의 교육, 직업의 기회 확대, 기혼여성의 법적 권리(예를 들어, 재산소유권, 이혼권리, 자녀양육권)에 초점을 맞췄다. 일터에서 여성에 대한 착취를 예방하려는 노력만큼이나, 남녀에 대한 이중 잣대, 남녀의 성적 행위(예를 들어, 매춘을 다루는 문제에서 명백하게 드러나듯이)에 대한 불평등한 대우를 지적하는 것도 페미니즘 제 1물결의 중요한 이슈였다.

그러나 페미니즘 역사가와 비평가들은 거의 모든 이슈들에 대해 서로 다른 견해를 보이고 있다. 페미니즘 제1물결이 첫 번째 조직적 운동이었다면, 그 이전에는 페미니즘도 없고, 페미니스트도 없었단 말인가? 이 질문에 대한 답은 페미니즘을 어떻게 정의하는가에 달려있다. 페미니스트가 특정한 목적을 위해서 집단적으로 조직화한 운동에 참여한 사람들을 지칭하는 단어라면, 페미니즘이 제 1물결과 함께 탄생했다는 말은 맞다. 즉, "사회적 변화를 추구하는 집단적인 행동가들의 구현체인 바로 페미니즘 제 1물결 운동들"[1]만이 가부장제에 영향을 끼쳤다는 의미인데, 이는 결국 전통적인 가부장적 역사관을 그대로 답습하는 셈이다.

또한 페미니즘 제 1물결이 언제 끝났는지도 의문의 여지가 있다. 대다수의 평자들은 페미니즘 제 1물결은 영국에서 1928년 성인여성에게 선거권을 부여함으로써 끝났다고 생각한다. 그런 다음, 1960년대 페미니즘 제2물결이 나올 때까지 페미니즘 의식이나

1 엘리자베스 사라(Elizabeth Sarah)가 편집한 책, *The Reassessments of 'First Wave' Feminism* (Oxford: Pergamon Press, 1982). 520.

정치적 행동은 소강 상태에 빠졌다고 여긴다. 그러나 이 시기[2]에도 중요한 페미니즘 작업이 꾸준히 지속되었다. 겉으로 보기에 "희미해진"듯 보였던 것은 실상 1860년 전에 아무런 페미니즘 활동이 없었다고 잘못 생각하는 것만큼이나 우리가 페미니즘을 잘못 '정의'했던 탓이다. 마찬가지로, 페미니즘 제 2물결의 독특한 성격을 제대로 이해하려면 페미니즘 1물결에 대한 정의도 달라질 필요가 있다.

페미니즘의 제1물결을 위와 같이 1860대에서 1920년대에 나타났던 운동으로 받아들인다면 왜 페미니즘이 갑자기 정치적 현장에서 폭발적으로 등장했단 말인가? 많은 사람들은 페미니즘이 갑작스럽게 등장한 이유가 자본주의와 산업화라는 사회적 변화로 인하여 중산층 여성들이 가정의 영역 안으로 갇히기 시작했기 때문이라고 본다. 올리브 뱅크스(Olive Banks)는 그러한 사회적 변화의 중요성을 인정하면서도 19세기 중반 서구 페미니스트의 출현은 당시 복음주의 기독교, 계몽주의 철학, 사회주의 사상에 의해 크게 영향을 받았다고 논하고 있다 (*Faces of Feminism* 7-8). 복음주의 운동은 개인의 개종과 도덕성을 강조하면서, 18세기 후반과 19세기 초반 서구사회에서 큰 영향력을 끼치고 있었다. 복음주의 운동은 선교사업, 구

2 올리브 뱅크스(Olive Banks)의 책 *Faces of Feminism: A Study of Feminism as a Social Movement* (Oxford: Martin Robertson, 1981)는 이 시기를 "막간"(The Intermission)으로 3부에서 다루고 있다. 그러나 그녀의 제안에 따르면, 페미니즘은 이 시기에 몇 가지 "구성요소"로 그 책의 분리되고 있기 때문에(150), 오직 겉으로 "보기에만 연속성이 끊긴 것"처럼 보이는 것이라고 한다(154). 이 시기의 미국에 대해 연구하려면, 라일라 J. 러프(Leila J. Rupp)와 버타 테일러(Verta Taylor)의 책, *Survival in the Doldrums: The American Women's Rights Movement, 1945-1960s* (New York: Oxford University Press, 1987)을 참조할 것.

제사업, 기금마련 집회, 심지어 목회에서도 여성의 참여를 막지 않았다. 복음주의 운동은 금주 운동과 반노예제 운동에 참여했고, 여성들은 이러한 운동에 참여함으로써 사회에서 자신의 위치를 깨닫는 계기가 되었다. 인간의 이성을 강조하는 계몽주의 철학 역시 남녀 모두가 인간이라는 바탕 하에서 평등권을 옹호했다. 메리 월스톤크래프트(Mary Wollstonecraft)은 『여권의 옹호』에서 남성들이 이성을 지닌 인간으로서 계층과 상관없이 평등하게 대우받아야 하듯이, 여성도 이성을 지닌 인간으로서 인간의 권리로부터 배제되어서는 안된다고 말했다. 사회주의 전통은 프랑스의 생시몽운동(the Saint-Simonian)에서 시작되고 영국에서는 로버트 오웬(Robert Owen)의 사상에서 나타났는데, 이는 공동체 삶을 옹호했고, 덜 통제된 성적 관계를 옹호했다. 전통적인 가족과 자녀양육에 대한 사회주의적 비판은 분명히 초기 페미니스트들에게 영향을 주었을 것이다.[3]

페미니즘 제1물결이 어떻게 생겨났는지 그 이유에 대해 논쟁이 가능하듯이, 이 운동의 목적과 목표도 매우 다양하다. 지금처럼 그때에도 한 개인이 여러 캠페인에 참여할 수 있었을 것이다. 개인이 참여하는 캠페인은 페미니즘에 대한 각자의 신념을 반영했을 것이고, 자신이 어떤 종류의 페미니스트인지 정체성을 규정해주었을 것이다. 이러한 다양성의 좋은 예는 "전염병 법령"(Contagious Disease Acts)을 폐지하려는 목적으로 진행된 영국의 캠페인에서 찾아볼 수

3 올리브 뱅크스는 그녀의 책 *Faces of Feminism*에서 복음주의 기독교, 계몽주의 철학, 사회주의 전통이 페미니즘 제1물결에 영향을 주었다고 2, 3, 4장에서 논의하고 있다.

있다. 이 캠페인이 여성의 선거권 쟁취운동과 어떻게 상호작용했는가를 보면 다양성의 좋은 예를 발견할 수 있다. 이 법령은 매춘을 통제할 목적으로 매춘녀로 보이는 여성들이 성병이 걸렸는지 강제로 검사를 받게 하고, 성병인 경우 강제로 치료를 받도록 했다. 이 법령을 무효화시키기 위해 어떤 한 여성은 정절과 순결에 대한 표준은 여성만큼이나 남성들에게도 똑같이 적용되어야 한다고 주장하면서 이 캠페인을 지지했다. 그러나 다른 페미니스트들은 헌법상의 동등한 권리쟁취를 더욱 중요시하면서[4], 이 캠페인은 여성의 선거권 쟁취와 같은 더욱 중요한 이슈를 등한시한다고 여겼다. 페미니즘 제1물결에 참여한 모두 여성은 선거권 쟁취[5]라는 명분하에 기꺼이 연합하긴 했지만, 이 운동의 목적은 시간이 지나면서 변화했다[6].

또 다른 중요한 문제는 서구의 소위 제 1국가들만이 유독 이 문제에 초점을 맞췄다는 사실이다. 엘리자베스 사라(Elizabeth Sarah)는 페미니즘 제1물결이 이 시기 서구에서 발달하고 있었던 자유주의, 자본주의, 사회주의와 같은 특정한 정치적 경제적 맥락에서 일어났다고 본다(Sarah, 521). 본 장의 정의들은 서구의 페미니즘, 즉, 제1세계

---

4 바바라 케인(Barbara Caine)의 논문 "Feminism, Suffrage and the Nineteenth-Century English Women's Movement" 를 보라. 이 논문은 *Reassessments of 'First Wave' Feminism* (Oxford: Pergamon Press, 1982)의 537-50에서 찾아볼 수 있다.

5 올리브 뱅크스의 책, *Becoming a Feminist: The Social Origins of 'First Wave' Feminism* (Brighton: Wheatsheaf, 1986).

6 이 문제에 대한 서로 다른 설명을 알기 위해서는 올리브 뱅크스의 책 *Faces of Feminism*, 149쪽, 바바라 케인의 책 550쪽을 보라.

의 페미니즘과 관련되며, 이제까지 특히 영국의 예만 언급했다.[7]

관련된 또 다른 이슈는 영국에서 페미니즘 제1물결에 참여한 페미니스트들의 계층 문제다. 이들은 대다수 중산층 출신이다. 그러나 페미니즘 제1물결이 끝나갈 즈음에는 약 4분의 1의 여성들이 노동자 계층이었다(*Becoming a Feminist*, 21). 계층은 여성이 어떤 캠페인에 참여하는가에 불가피하게 영향을 끼친다. 여성 선거권 쟁취 운동에 참여했던 여성들 중, 노동자 계층 여성은 다른 계층보다 숫자가 적었다. 여성 선거권 운동은 둘로 나뉘어졌는데, 하나는 성인 여성 모두의 참정권을 주장하는 집단이고, 또 하나는 나이와 재산 소유에 따라 선거권 자격을 부여하기를 원하는 집단, 이렇게 둘로 나눠졌다(*Becoming a Feminist*, 66). 또한 영국에서 페미니즘 제1물결에 참여했던 여성들은 백인들이었다. 이런 모든 점들이 중요하다면, 이는 우리가 통상 페미니즘 제1물결이라고 생각했던 것들이 실상은 문화적으로 특수한 계층과 인종에 국한된 운동이었음을 알 수 있다.

---

7 미국에서 페미니즘 제 1물결에 대해서는 뱅크스의 책, *Faces of Feminism*, 엘렌 두보이스(Ellen Duvois)의 책, *Feminism and Suffrage: The Emergence of an Independent Women's Movement in America, 1848-1869* (Ithaca, N.Y: Cornell UP, 1978)을 보라. 서구사회 밖의 페미니즘운동에 대해서는 엘리자베스 사라(Elizabeth Sarah)의 책, *Reassessments of 'First Wave' Feminism*을 보라.

버지니아 울프, 『자기만의 방』 (1929)

버지니아 울프의 에세이 『자기만의 방』은 의심할 여지없이 금세기 가장 영향력 있는 페미니즘 텍스트다. 울프는 소설가로서 뿐만 아니라 비평가로서 잘 알려져 있는데, 소설가로서 울프의 면모는 5장에서 다룰 것이다. 이를테면 시몬느 드 보부아르(Simone de Beauvoir)는 울프의 소설보다 에세이를 선호했는데, 보부아르는 이렇게 말했다. "맞아요. 울프는 내가 존경하는 작가들 중 하나죠. 종종 다시 반복해서 읽곤 해요. 그러나 나는 울프의 소설과는 마음이 맞지 않아서 그녀의 페미니즘 에세이만 읽어요. 울프의 소설은 중심이 없어요. 어떤 주장도 없고요."[8] 소설가로서 울프의 대한 보부아르의 판단은 의심의 여지가 있지만, 보부아르는 울프가 비소설 산문가로서 페미니즘 이슈를 강력하게 주장한 사실에 대해서는 확실하게 증언하는 셈이다. 그러나 많은 비평가들은 울프의 소설과 비소설 산문들 간에 존재하는 유사성을 상당히 많이 발견해왔다. 적어도 보부아르보다는 더 많이 발견했다.[9] 하지만, 울프가 페미니즘 제1물결의 이슈들(이를테면 여성의 참정권)에 대해 모호한 태도를 취했음을 고려한다면, 그녀를 과연 제1물결 페미니스트로 부르거

---

8 보부아르가 데어드리(Deirdre Bair)와 진행한 인터뷰, "Simone de Beauvoir: Politics, Language, and Feminist Identity," *Yale French Studies* 72(1986): 149-62. 154.

9 일레인 쇼왈터(Elaine Showalter)의 책, *A Literature of Their Own: British Women Novelists from Bront to Lessing* (London: Virago Press, 1982), 282를 보라.

나, 아예 페미니스트로 부르는 것 자체가 가능할지 의문이 들 수도 있다.

『자기만의 방』은 1929년에 출판되었는데, 그 해는 영국 여성이 선거권을 쟁취한 이듬해다. 이 책은 울프가 뉴넘(Newnham)과 거튼(Girton)이라는 곳에서 '여성과 소설'이란 주제로 두 번 강의했던 내용으로 시작한다.[10] 뉴넘과 거튼은 당시 여성들이 공부할 수 있었던 단 두 개의 캠브리지 대학들이다. 『자기만의 방』에서 울프가 주장하는 세 가지 중요한 주장은 다음과 같다. 첫째, 여성이 작가로서 성공한 전례가 드문 이유는 재능이 부족해서가 아니라, 다음과 같은 이유로 여성들이 사회적 불이익을 당해왔기 때문이다. 즉, 여성들은 교육제도에 소외되었고, 여성들은 경제적으로 독립적이지 못하고, 여성들은 개인적인 공간을 갖지 못하며, 여성들은 연이은 임신, 출산, 양육 때문에 시간이 없다는 것이다. 두 번째, 울프는 중요한 해결책 두 개를 제시한다. 즉, 여성이 작가로서 자신의 잠재력을 충분히 발휘하려면, 경제적인 독립(1년에 500파운드라는 마술적인 액수)과 개인적인 공간(제목의 "방"에서 재현된 바와 같이)이 해결책이다. 세 번째로, 울프는 "글을 쓰면서 자신의 성을 생각하는 것은 치명적이다"[11]라고 주장하면서, 모든 위대한 작가들은 여성적인 요소와 남성적인 요소를 합한 양성적인(androgynous) 사고방식을 지니고 있었다

10 『자기만의 방』에 대한 서로 다른 원고들에 대한 상세한 설명을 알려면, 버지니아 울프의 책, *Women and Fiction: The Manuscript Versions of A Room of One's Own* (Oxford: Blackwell, 1992), S.P. 로젠바움(Rosenbasum)이 편집한 책을 보라.

11 버지니아 울프. *A Room of One's Own* (Harmondsworth: Penguin, 1945), 102.

고 주장한다.

여성이 당하는 물질적인 불이익을 설명하기 위해서 울프는 자신이 강의 주제를 연구하면서 얼마나 많은 고초를 겪었는지 전략적으로 보여준다. 책에 대한 영감에 사로잡혀 울프는 상상의 존재인 옥스브리지를 방문하고 지름길로 잔디밭을 가로질러가는 중이다. 그때 울프는 화가 잔뜩 난 직원과 마주친다. 그 직원 왈, 잔디는 오로지 대학의 남성 연구원과 학자들을 위한 것이라고 말한다. 이어 울프는 도서관으로 향한다. 도서관에서도 그녀는 출입을 저지당한다. 도서관에 들어가려면 여성은 남성 연구원과 동행하거나, 소개장이 있어야 한다는 이유다. 울프는 여성이 교육 제도에 배제되었음을 독자들에게 환기시킨다. 이 후에도, 남자대학의 푸짐한 저녁식사와 여자 대학의 간소한 저녁식사를 비교 대조한다. 일단은 즉각적인 육체적 필요가 만족되어야만 지적인 작업이 가장 생산적일 수 있다고 말한다. 즉, 맛난 음식과 와인은, 그녀가 여자 대학에서 늘 먹는 그레이비 스프, 쇠고기, 야채 두 종류, 프룬과 커스타드드보다 훨씬 수월성 있는 지적 결과를 탄생시킬 것이라고 말한다. 식단의 차이는 남녀 대학의 경제적 상황과 분명하게 연결되어 있다. 남자 대학들은 역사가 오래된 탓에 부유한 졸업생과 후원자들부터 후원을 많이 받아서 풍족한 부를 축적해온 반면, 여자 대학은 겨우 유지할 만큼만 후원을 얻어냈을 뿐이다. 남자 대학을 세우는 데는 말 그대로 돈을 쏟아 붓는다(11). 남자들은 여자들보다 부유하기 때문에 배움의 터에 넉넉히 기부할 수 있었던 반면, 여자들은 자녀양육에 시간을 온통 쏟는 바람에 경제적 자산을 획득하는 것이 불가능했다. 대부분의 경우 결혼한 모든 여성의 소유와 수입은 법적으로 남편에게 속했다.

여성이 처한 물질적인 불이익은 실생활에서도 중요한 차이를 만들어냈고, 여성의 창조적인 자유와 표현에도 영향을 끼쳤다. 울프는 『자기만의 방』의 3장과 4장에서, 16세기와 19세기 여성들이 문학적 사명감을 가지면서 동시에 사회적 지위를 유지하기 위해서 얼마나 애써야했는지 기록하고 있다. 이와 관련하여 가장 통렬한 이야기는 바로, 셰익스피어에게 만일 누이가 있었다면 과연 어땠을까, 에 대해서다. 울프는 셰익스피어의 가상 누이의 이름을 주디스라고 가정한다. 주디스가 셰익스피어와 동일한 재능을 지녔더라도, 주디스의 반란은 결국 실패로 끝났을 것이다. 이는 우리가 잃어버렸을지도 모르는 모든 여성 작가들의 글이 처했을 운명을 대표한다.

마찬가지로 울프는 여성이 처한 사회적 물질적 불리함이 여성을 인식하는 방식에도 영향을 준다고 지적한다. 울프가 '여성과 빈곤'이라는 주제를 연구하고자 대영박물관을 방문했을 때, 여성에 대해 쓴 남성의 책을 아무거나 집어 들어 메모하기 시작하는데, 이 때 괴이한 사실들이 드러난다. 일부는 인정할 수밖에 없는 사실인 경우도 있다. 이를테면 여성의 "체모가 적다"는 것은 사실이긴 하다. 그러나 여성에 대한 일부 설명들은 가부장적 가치판단에 의해 심하게 왜곡되어 있기도 하다. 이를테면, "여성은 정신적으로, 도덕적으로, 육체적으로 열등하다"(30)는 설명은 명백히 왜곡된 것이다.

울프의 메모는 남성들이 여성을 모욕하는데 골몰하고 있고, 남성은 명백하게 편견 뿐인 의견을 과학적인 객관성으로 포장하고 있으며, 남성은 오로지 남성적인 규범에 따라 여성을 판단하고 있음을 보여 주고 있다. 이를테면, "여성은 남성보다 도덕성이 약하고, 남성보다 오래 산다"(30)고 말한다. 분명히 여성보다 힘센 남성들이 왜 여성의 열등성을 확인하고 기록하기 위해서 그토록 기를 쓰고 있는지, 울프는 당황하고 있다.

울프는 이렇게 결론을 맺는다. "여성은 수세기 동안 남성을 실제보다 두 배로 확대해 줌으로써 그들의 기분을 돋구어 주는 요술 거울 역할을 해왔다." "여성이 열등하지 않았다면 남성 확대하기를 멈췄을 것이다"(37)고 말한다. 그러나 소설에서는 상황이 다르다. 울프는 남성 작가들의 소설에서 여성 인물이 매우 중요하다고 강조한다. 여성 인물들은 "매우 다양하여, 영웅적이기도 하고 비열하기도 하며, 찬란하기도 하고 야비하기도 하며, 무한히 아름답기도 하고 극단적으로 가증스럽기도 하다. 그리고 남자들만큼 위대하기도 하고, 더러는 남자들보다 더욱 위대하다"(45)고도 한다. 그러나 극단적으로 양분되는 여성성에 대한 고정관념은 실제로 그리 다양하지 않다고 조심스럽게 말한다. 이런 양극화된 고정관념 즉, 아름답고, 덕스럽고, 천사 같은 여자 주인공과, 못생기고, 사악하고, 악마 같은 여주인공 사이에는 우리가 읽고자 하는 여성성의 다양한 버전을 위한 공간이 없다.

시몬느 드 보부아르, 『제 2의 성』 (1949)

시몬느 드 보부아르의 책 『제 2의 성』이 프랑스에서 출간된 해는 페미니즘 제1물결과 제 2물결 사이, 페미니즘이 중단된 것처럼 보이는 시기에 나왔다. 그래서 이 책을 페미니즘 제1물결을 대표하는 책으로 선택하는 것이 적절할까 싶지만, 이 시기 프랑스의 특수한 상황을 고려하면 적절하다. 1949년 프랑스는 2차 세계대전 후 독일의 점령으로부터 회복하고 있던 때다. 여성들은 1945년에 선거권을 겨우 얻어냈었고, 그때만 해도 낙태와 피임이 불법이었다. 여성의 권리는 아직 사회적 아젠다에 포함되지 않았을 때다. 그러니 이 책의 발간은 즉각적으로 소동을 일으켰고, 곧바로 바티칸의 금서목록에 포함되고, 언론이 야만스럽게 이 책을 공격했던 것이다. 1953년 이 책은 영어로 번역되고, 미국과 영국에서 출판되었다. 물론 프랑스보다는 충격이 덜했다.[12]

『제 2의 성』은 두툼한 두께도 매우 무겁지만, 내용도 매우 무거운 책이다. 이 책은 생물학, 인종, 동성애와 같이 후대 페미니스트들이 중요하게 다루는 많은 이슈를 포함하고 있다. 그런가하면, 이 책은 페미니즘을 마르크시즘과 정신분석학과 같은 이론과 연결시

---

12 영어번역판을 읽는 독자들은 영어판이 역사상 중요한 여성들의 삶에 대해 설명하는 상당수 부분이 잘려나갔다는 사실을 알아야 한다. 이에 대해 데어드리 배어(Deirdre Bair)의 논문 "Madly Sensible and Brilliantly Confused": From *Le Deuxieme sexe* to *The Second Sex*" in *Dalhousie French Studies* 13(1987), 295.

킴으로써 페미니즘 제2물결의 이론적 기반을 마련한다. 『자기만의 방』과 마찬가지로, 『제 2의 성』은 여성의 열등성이 원래부터 그런 것이 아니라 여성의 특수한 상황에 기인한다고 주장한다. 드 보부아르는 자신의 책 여러 곳에서 자신이 울프의 에세이로부터 영향을 받았음을 인정하고, 울프의 소설들, 후에 별로 재미없다고 주장했던 소설들도 인용하고 있다. 『제 2의 성』은 2부로 나눠지고, 1부는 가부장제가 여성을 인식하는 방식을 묘사하고, 2부는 여성으로서 살아가는 경험을 설명하고 있다. 1부와 2부 안에서 각 장들은 여성성을 철학적이고 윤리적으로 논의하며, 여성의 역사, 문학과 문화 속에 재현된 여성의 이미지, 여성 삶의 단계, 가부장제 안에서 억압을 견디고 대응하는 방식, 여성이 참된 해방을 성취하는 방식 등을 논의하고 있다.

이 책에서 아마도 가장 유명한 말은 "여성은 태어나는 것이 아니라 만들어지는 것이다"[13] 라는 구절이다. 이 중요한 통찰은 우리를 여성으로 만드는 것은 생물학이나 본래적인 본성이 아니라, 바로 사회에서 여성이 처한 상황임을 지적한다. 다시 말해서 여성이 된다는 것은 어느 모로 보나 사회, 역사, 문화가 정의하는 여성성과 분리될 수 없음을 지적한다. 가부장 사회의 정의에 따르면 여성의 위치는 남성의 타자이며, 남성이 아닌 모든 것을 의미하게 된다. "그러므로 인간은 남성이며, 남성이 여성을 정의할 때에는 여성 자

13 시몬느 드 보부아르의 책, *The Second Sex* (London: Picador, 1988). H.M. Parshley 옮김. 295.

신이 아닌 남성과의 관계로서 정의한다”(16). 보부아르에게 남성성은 긍정적이고, 중립적이며, 정상적이고, 초월적인 것을 의미한다. 반대로 여성성은 부정적이고, 비정상적이고, 내재적인 것으로 여겨진다. 『제 2의 성』에서는 “초월”과 “내재”가 중요한 용어로 사용되는데, “초월”은 세상에서 의미 있는 활동이나 기획에 참여하는 능력을 의미하고, “내재”는 자기 자신에게 갇혀서 일상에 매인 상태를 의미한다. 이 책이 가장 강력하게 요구하는 것은, 비록 논란 있는 제안이긴 하지만, 여성 개인은 내재적 여성성에 저항하고, 유혹에도 불구하고 이를 변화시키기를 선택해야 한다는 것이다. 여성은 가부장제가 정의하는 여성성에 순응하면 삶이 쉬워지고 심지어 행복할 수도 있다. 그러나 여성에게 행복보다 더욱 중요한 것은 ‘자유’라고 보부아르는 강조한다(29).

『제 2의 성』의 초반에서 보부아르는 생물학, 정신분석, 마르크시즘이 주장하는 여성의 열등성에 대해 반박한다. 그것들은 여성이 왜 남성의 ‘타자’인지 제대로 설명해내지 못하기 때문이다. 보부아르는 인간의 역사란 여성을 타자화하고 이를 발전시키고 제도화하는 긴 과정이라고 말한다. 그리고 울프와 마찬가지로, 보부아르는 남성이 쓴 문학과 문화에서 여성을 재현할 때 생겨나는 모호함을 지적하고 있다. 그 모호함은 타자라는 개념 자체가 제멋대로 사용될 수 있기 때문에 생겨난다. 또한 울프와 마찬가지로 보부아르도 여성이 쓰는 글에는 여성이 처한 사회적 열등감이 드러난다고 지적한다.

보부아르가 꿈꾸는 여성해방은 여성이 남성의 열등한 타자라는 자신의 지위를 타파하고 평등을 창조해내는 것이다. 그렇게 하려면 여성은 집밖에서 경제성 있는 일을 하거나, 결혼을 폐지하거나, 사회가 자녀양육을 제공하거나, 출산에 대한 혜택, 낙태권을 제공하는 등, 사회적 변화가 필수적이라고 주장한다. 그러나 사회적 변화는 남녀가 서로를 인식하는 방식의 변화가 함께 있어야 한다. 지배와 굴종의 관계는 상호성의 관계로 대체되어야 한다. "인류 반을 노예화했던 제도와 그에 수반되는 위선적 사회시스템을 모두 폐지할 때 비로소 인류가 남녀로 나뉘는 진정한 의미가 드러나게 되고, 둘은 진정한 모습을 발견하게 될 것이다"(741)고 말한다.

도리스 레싱, 「19호실로」 (1963)

도리스 레싱은 이 책이 논의하는 그 어느 소설가보다 다양한 주제를 다양한 방식으로 다루고 있다. 레싱은 남로데지아(지금은 짐바브웨)에서 사는 백인 영국 정착민의 딸로서 자신이 경험한 식민지 사회를 예리하게 관찰하고 있다. 레싱은 2차 세계대전이 끝나고 1949년 영국으로 돌아오는데, 이때 영국 문화에 대해 묘하게 혼합된 시선, 즉, 외부자이면서 동시에 내부자의 시선으로 영국 문화를 관찰하게 된다. 레싱은 남아프리카와 영국에서 공산주의와 사회주의 운동에 참여했고, 그녀의 이념적 성향은 정치 분석이나 각종 정치활동에 잘 나타나 있다. 레싱은 여성의 삶에도 관심을 보이는데, 그러한 관심은 작품 속 여성 인물들에 대한 분석적이고 공감어린 설명에서 분명히 드러난다. 그렇다고 해서 레싱(혹은 다른 작가들도 마찬가지로)의 예술이 단순히 그녀 삶을 반영했다는 말은 아니다. 레싱의 작품을 폭넓게 읽어본 독자라면 누구든지 작품들의 전반적인 형식들이 제각각 다르다는 사실에 놀랄 것이다. 이는 바로 레싱이 무엇보다 글쓰기 자체에 남다른 관심을 쏟고 있음을 증명해준다. 레싱은 서로 연결되는 성장소설을 비롯해서 전통적인 사실주의 소설을 썼을 뿐만 아니라, 공상과학소설, 코믹북, 판파지, 분류가 곤란한 다른 텍스트까지 다양한 형식을 넘나들고 있다. 이러한 다양성은 이제부터 논의할 그녀의 단편 「19호실로」에서 잘 나타나 있고, 3장에서 논의할 대표작 『황금 노트북』에서도 잘 나타난다.

「19호실로」는 작품의 주인공인 수잔 로링스(Susan Rawlings)가 점진적으로 파괴되어가는 이야기다. 수잔은 분별력을 가지고 결혼한 여성이고, 아이들을 돌보기 위해서 직장을 포기했었다. 그런데 삶이 "뭔가 단조롭"(certain flatness)게 느껴진다. 특히 남편 매슈가 일시적인 불륜에 빠지자 수잔은 헛갈리고 우울해진다. 그러나 어린 애들 둘이 학교에 가게 되면서, 그토록 고대했던 자유가 갑자기 위협적이고 심술궂은 적으로 돌변하고 진짜 문제가 시작된다. 자신이 가정과 아이들에 대한 책임이라는 사슬에 완전히 묶여 살아왔음을 깨닫게 된다. 자신의 혼란스러운 감정과 특히 자유에 대한 갈망을 남편에게 슬쩍 꺼내보지만 남편은 이해하지 못한다. 남편 자신의 삶도 그녀만큼이나 제한적이기 때문이다. 수잔은 집안에 자신만의 공간을 만들려고 남은 방 하나를 "엄마의 방"으로 개조한다. 그러나 "엄마의 방"은 곧 가족들 모두가 사용하는 방이 되어버린다. 그래서 수잔은 싸구려 호텔을 하나 빌려서 사적 공간을 만듦으로써 제정신을 유지하려고 노력한다. 수잔은 점점 더 그곳에서 시간을 많이 보내게 된다. 매슈는 사설탐정을 고용해서 수잔을 뒤쫓고, 수잔은 자신의 행동을 설명하기 위해 마치 애인이 있는 것처럼 꾸민다. 매슈는 자신도 심각한 불륜관계를 갖고 있다고 고백하고, 뜻밖에도 네 명이 함께 만나서 점심을 먹고 연극을 보자고 제안한다. 그때 수잔은 19호실에서 자살하기로 결심한다.

이론을 소설에 적용하기

레싱의 이야기는 여러모로 울프의 에세이가 제기하는 문제를 상기시킨다. 가장 분명한 것은 수잔이 자기만의 방을 필요로 한다는 사실이다. 19호실은 "끔찍"하지만[14] 그 방은 수잔의 사적 공간인데, 그곳에서 엄마와 아내, 큰 가정의 관리자와 같은 피상적 역할의 아

14 도리스 레싱. "To Room Nineteen," in *To Room Nineteen: Collected Stories, vol. 1* (London: Flamingo, 1994). 352-86. 375.

래 놓여있는 "차가운 창고"(359)로부터 벗어나 레싱의 용어로 말하면 "본질적인 수잔"을 회복할 수 있게 된다. 레싱과 울프 모두 여성의 재정적인 독립과 개인적 공간을 우선시하고 있다. 수잔은 19호실을 빌리려면 돈을 매슈에게 요청할 수밖에 없는데, 매슈는 이 요청을 "빚을 갚는 셈"(378)으로 받아들이자 수잔은 이에 경악한다. 가정 경제를 서로 공유해온 마당에 빚이라니, 수잔은 매슈의 행동을 서로의 친밀함에 대한 배신으로 생각한다. 그러나 중요한 점은 가정에서 여성의 노동이 가족 수입에 의해 충분히 지불되지 않는다는 사실, 가족 수입을 궁극적으로는 남편이 통제하고 있다는 사실이다. 수잔이 경제적으로 독립했더라면, 경제적으로 남편에게 종속되지 않았을 것이다. 울프는 여성의 선거권과 그녀의 이모가 매년 받는 500파운드의 상속금을 비교하면서 후자를 훨씬 더 중요하게 여겼다(39). 이 말은 의심할 여지없이 울프의 말 중 가장 논란거리다. 울프의 말은 여성이 선거권을 잘 활용할 수 없는 사회적 처지에 놓여있다면 헌법이 보장하는 대표성이 과연 의미가 있는지 의심하도록 만든다. 여성 의원의 수는 언제나 적었다. 역사적으로 여성들이 선거권을 획득한 이후에는 정당 노선에 따라 투표하면서 페미니즘 이슈에 대해서는 더 이상 관심을 갖지 않았다(*Faces of Feminism*, 149).

「19호실로」에서 보면, 여성의 선거권은 수잔 롤링의 삶에 하등 영향을 끼치지 않는다. 그러나 여성이 자신의 재산을 소유하려면 법을 변화시키는 의회 과정을 통과해야만 하는데, 울프는 이 사실을 인정하지 않는다. 여성이 법을 제정하는 과정에 [선거를 통해]

참여했더라면 여성의 재산 소유를 허용하도록 법이 빨리 변경되었을 것이다. 사람에 따라서는 울프가 경제적 독립을 지나치게 강조하면서, 경제적 자유와 헌법적 자유가 연관되어 있음에도 불구하고 이를 무시하고 있다고 생각할지도 모른다. 그러나 수잔의 상황을 보면, 여성이 돈을 벌고 자유자재로 쓰는 것이 법적으로 허용된다고 해서, 어린아이를 키우는 기혼 여성도 그렇게 할 수 있는 사회여건이 되지는 않는다. 울프가 말하는 1년에 500 파운드(요즘 시세로 말하면 약 25,000 파운드[15])는 창의적인 일을 할 수 있는 공간과 안정을 제공한다는 말인데, 이는 매우 중요하다. 그러나 「19호실로」에서 분명한 사실은 수잔이 다시 일을 시작하고 경제적으로 독립한다고 해서, 아이를 키우는 수잔의 책임이 없어지지는 않는다.

인간은 양성적이라는 울프의 입장은 「19호실로」에서 명확하게 표현되어 있다. 수잔이 경험하는 끔찍한 두려움과 분노는 "비쩍 마르고, 허약한… 악마의 형상, 붉은 얼굴, 황갈색 머리카락, 생강 맛 나고 에너지 넘치는 남자"(367)로 형상화된다. 어느 날 수잔이 텃밭에 있을 때 바로 이 남자의 형상이 작대기를 가지고 뱀을 못살게 구는 모습을 보게 된다. 수잔이나 독자 모두 이 형상이 진짜인지, 상상인지, 처음에는 이해되지 않는다. 그러나 점차 분명해진다. 그는 바로 수잔이 결여하는 힘, 에너지, 통제력을 모두 소유하고 있는 그녀의 더블, 분신을 상징한다. 레싱은 심층심리학자인 융의 영향을

15 이 계산은 허미온 리(Hermione Lee)의 책 *Virginia Woolf* (London: Vintage, 1997)의 557쪽에 나온다.

깊이 받았다. 융은 모든 여성이 자신의 인격 속에 남성적 요소를 지닌다고 믿었다. 이것이 바로 아니무스다. 남성도 여성적 요소를 지니고 있는데, 이것이 바로 아니마다.[16] 레싱의 관점에 따르면, 인격의 한 측면만 표현되고 다른 측면이 억압되면, 이는 심리적인 문제를 일으킨다는 것이다. 수잔이 살고 있었던 사회는 남녀가 급진적으로 분리되어 있던 사회였기 때문에 수잔의 반란충동이 공격적인 남성의 이미지로 형상화되었던 것이다.

보부아르의 책 『제2의 성』의 통찰도 「19호실로」에 적용가능하다. 「19호실로」는 "여성은 태어나는 것이 아니라 만들어지는 것이다"라는 명제를 잘 구현해내고 있다. 수잔은 결혼 전, 아이들을 낳기 전에는 매슈처럼 살았었다. 좋아하는 직장이 있었고, 자신의 아파트, 돈, 친구도 있었다. 그러나 "여성이 된다"는 것은 아내와 엄마의 역할을 받아들이며, 매슈의 "타자"가 되는 과정임을 알게 된다. 매슈가 밖에서 일하고 돈을 벌어오면서 가정의 가부장이 되는 반면, 수잔은 그 나머지 책임들, 아이들과 집안을 떠맡게 된다. 여성과 남성의 일터가 분리되지만 평등하고 상보적이라는 말은 립서비스에 불과하다. 수잔의 지위는 열등하다. 자신이 하는 일이 그녀를 온전히 실현시켜주지 못하기 때문이다. 보부아르의 용어를 빌리자면, 여성이 하는 집안일은 "초월"이 아니라 "내재"이기 때문

---

16 칼 구스타브 융(Carl Gustav Jung)의 논문, "The Syzygy: Anima and Animus" in *The Collected Works of C.G. Jung*, vol 9, Part II: *Aion Researches into the Phenomenology of the Self* (London: Routledge and Kagan Paul, 1959). Herbert Read, Michael Fordham and Gerhard Adler 편집. R.F.C. Hull 옮김. 11-22.

에, 여성은 내재에 묶이고 만다. 매슈는 수잔 만큼이나 굴레에 묶여 있다고 말하지만(그의 경우, 매일 일하러 나가야 한다는 사실) 그의 직장 일은 수잔의 집안 일보다 자기 실현의 기회를 훨씬 더 많이 제공한다. 매슈의 직장인 신문사 일이 그에게 비록 삶의 이유가 돼주지 못하고 신문사를 자랑스러워 하지도 않지만, 일은 흥미롭고, 흥미로운 일을 훌륭히 처리한다는 사실에 자부심을 느끼기도 한다(354). 무엇보다 그 일을 통해 매슈는 집밖 세상 사람들과 접촉을 유지한다. 반면 수잔은 현저하게 고립되어 외롭다. 보부아르나 울프처럼 레싱은 가정과 아이들이 여성의 개인적 성장을 위한 전부라면, 이는 수잔의 한계일 수밖에 없다.

레싱은 「19호실로」에서 간통과 결혼을 연결 짓는다. 이는 『제2의 성』에서 보부아르도 같은 지적을 하고 있다. 보부아르는 간통과 결혼이 서로를 유지시켜주는 역할을 하고 있다고 지적한다. 전통적인 일부일처제 결혼에서는 불가피하게 파트너에게 싫증이 나게 되어있기 때문에 간통은 필연적이며, 간통을 통해서 오히려 결혼이 유지된다는 것이다. 그래서 보부아르는 결혼을 폐지하고, 양편이 원하는 동안만 파트너십을 유지하는 방식을 선택하면 간통이란 상황은 일어나지 않을 것이라고 주장한다. 보부아르는 마르크스 이론을 따라서 대부분의 결혼은 경제적인 결합에 불과하고, 합법적인 상속자에게 재산을 물려주려는 목적일 뿐이라고 주장한다(3장). 레싱도 간통이 단순히 섹스 이상의 의미가 있음을 간파한다. 매슈의 첫 바람은 그저 "식상"하고 "사소하고" "불가피한"(357) 것으로 묘사된다. 결혼은 이전과 "다른 국면"(357)으로 들어섰기 때문에 두 사람 다 매슈의 바람은 필수적인 것이라고 인정한다. 그 상황을 어쩔 수 없이 받아들여야 하는 수잔은 자신도 애인이 있는 척 꾸미게 된다. 그러나 자신의 거짓말을 계속 유지할 수 없는 수잔은 결국 자살을 결심하게 된다. 왜냐하면 매슈와 수잔의 관계는 수잔이 원하는 대로 절대로 변화할 수 없음을 깨닫기 때문이다.

소설을 통해 이론 다시 보기

「19호실로」는 울프와 보부아르가 제기하는 페미니즘 이슈를 똑같이 다루고 있긴 하지만, 울프와 보부아르의 텍스트 속에 있는 모순과 애매함을 지적해내기도 한다. 레싱의 단편 속 '방'은 울프의 '방'보다 훨씬 덜 긍정적이다. 수잔의 방은 도망칠 수 없는 감옥이다. 그 방에서 수잔이 누리는 자유는 일시적이고, 때로 방으로 인해 주변 세상으로부터 고립되기도 한다. 이러한 일시적 자유와 고립에 대한 단 하나 대안은 죽음이다. 잠시 후에 논의하겠지만, 수잔의 자살에 대한 반응은 "방"을 어떻게 해석하는가에 달려있다.

울프의 "방" 이미지를 보면, 여성의 글쓰기에 대한 울프의 모호한 태도를 엿볼 수 있다. 제인 오스틴은 거실의 책상에 앉아 가족들에게 둘러싸여 소설을 쓰곤 했다. 손님이 오면 자신이 쓰던 글을 감추려고 종이 한 장을 늘 준비하고 있었다. 울프는 여성 작가들이 글을 쓰려면 사적 공간과 안정과 시간과 독립을 필요함을 강조하기 위해서 오스틴을 거론했었다. 하지만, 오스틴은 불리한 조건에도 불구하고 소설을 잘 썼기 때문에 이는 『자기만의 방』에 나타나는 모순 중의 하나다. 오스틴이라는 하나의 예외가 울프의 일반적 규칙을 무너뜨리지는 않겠지만, 울프가 지난 세기 여성의 글쓰기에 대한 가부장적 판단을 스스로 흡수했다는 느낌이 든다. 울프는 여성의 글이 적고 열등한 이유가 여성이 사회적으로 당했던 불이익 때문이라고 설명하기 위해서, 여성의 글이 실제로 드물고 열등함을 당연한 사실로 받아들이고 있다. 울프는 예외적인 여성작가를 인정하긴 하지만, 『자기만의 방』의 처음 부분에서 남자들이 예로 들었던 여성작가들 정도다. "당신이 '여성과 소설'에 대해 말하라고 요청했을 때, 나는 그 말의 의미가 뭔지 의아하게 생각했어요. 그 말은 아마도 그냥 패니 버니(Fanny Burney)에 대해 몇 마디 하라는 뜻이지요? 아니면 제인 오스틴과 브론테에게 보내는 찬사... 조지 엘리어트에 대한 존경어린 인용, 가스켈부인에 대한 언급 정도를 의미하지요"(5). 울프는 "(상황과 상관없이)재능은 밖으로 표현되기 마련이죠"(105-6)라는 말에 반박하면서도, 그녀의 에세이는 의도치 않게 비슷한 주장을 하는 셈이다.

수잔은 소위 남성성으로 여기는 자신의 인격 측면을 스스로 억압했고, 레싱은 그 억압된 부분을 탐색하고 있다. 그러나, 이 부분을 통해 울프가 "양성적 텍스트"(androgynous text)를 찬양했던 사실에 대해서 의문 제기가 가능하다. 울프는 누구나 여성적 요소와 남성적 요소로 구성되어 있고, 가장 훌륭한 작가는 자신의 성을 잊고, 양성성이 작품 속에 충만하게 드러나게 하는 사람이라고 말하는데, 이는 전통적인 미학적 판단을 비판 없이 따르는 오류다. 울프는 샬롯 브론테(Charlotte Brontë)가 여성의 상황에 대해 분노하는 바람에 작가성이 방해받고 있다고 혹평한 바 있다(73). 그런가 하면 코울리지(Coleridge)와 셰익스피어(모두 남성이고 위대한 정전작가들)는 위대한 양성적 의식을 지닌 모범적 예로 추켜세운다. 「19호실로」는 분명히 분노로 가득한 텍스트다. 그렇다고 해서 이 작품의 분노가 결격사유는 아니다. 「19호실로」가 특별한 힘을 지닌 이유는 바로 분노와 체념을 교묘하게 결합하고 있기 때문이다. 누군가는 울프가 양성적 글을 선호했던 까닭은 울프 자신이 여성으로서 억압받았기 때문에 억압적 상황을 피하고 싶었기 때문이라고 본다.(*A Literature of Their Own*, 264). 하지만 또 어떤 이들은 울프가 양성적 글을 선호하는 이유는 전통적인 이원론적 성 고정관념과 분류에 의문을 제기하고 전복시키기 위함이라고 해석하기도 한다.[17]

하지만 울프의 양성성 범주에 들지 않으면서도 위대한 작가 한 사람이 있는데, 바로 제인 오스틴이다. 매우 역설적이게도, 오스틴의 위대함은 분명하게 여성적인 문장(77), 여성의 몸과 밀접하게 관련되는 문장을 창조해낸데 있다고 울프는 주장한다. 그러므로 울

17 이런 관점을 위해서는 토릴 모아(Toril Moi)의 책 *Sexual/Textual Politics: Feminist Literary Theory* (London: Routledge, 1985)을 보라.

프는 처음에 주장하듯이 위대한 작가의 특성으로서 양성성에 더 무게 중심을 두기 보다는, 여성의 몸, 여성의 경험, 여성의 글쓰기 사이의 연관성을 더욱 중시함을 알 수 있다.

레싱도 그런 연관성을 중시한다. 수잔이 우연히 집으로 돌아갔을 때 딸 몰리가 아파서 위로가 필요함을 보게 된다. 이 장면에서 엄마와 아이의 친밀한 유대감에서 그 연관성을 발견할 수 있다. "아이의 파리한 얼굴, 눈 아래의 다크 써클은 수잔의 마음을 아프게 했다"(381)는 문장에서 보는 바와 같이, 수잔은 아이의 고통을 즉각적으로 알아차린다. 그러나 바로 이 지점에서 오페어가 아이를 안아 달래준다. 그때 수잔은 자신의 엄마 역할을 누군가 대신할 수 있다고 생각하게 된다. 과연 그럴까, 독자는 의문을 가질 수 있다. 모성은 특수하고 소중하다는 가능성이 「19호실로」에서 문제로 남는다.

레싱의 단편이 울프 텍스트의 모순을 지적해내고 있다면, 우리는 모순을 두 가지 방식으로 설명해볼 수 있다. 첫째 울프의 모순은 울프 주장에 심각한 오류를 증명한다고 볼 수도 있다. 울프에게 모순이 있다면 울프의 주장에 대한 신뢰가 떨어진다. 다른 한편으로 울프의 모순은 울프의 전략적 스타일로 읽을 수도 있다. 즉, 울프는 자신 글의 토운, 언어, 서사 전략을 통해서 젠더와 언어가 연관된다는 점을 중요하게 지적하기 위해서, 가부장적 담론의 일직선적 논리, 합리성에 도전하기 위해 일부러 모순 자체를 전략으로 쓰고 있는지도 모른다.[18] 나는 일부러 『자기만의 방』의 화자가 울프 자신인 것처럼 지금까지 써왔지만, 잘 읽어보면 꼭 그렇지도 않다. 에세이를 시작하면서 울프는 이렇게 말한다. "여기 내가 있다. (나를 메리 베튼, 메리 세튼, 메리 카미클이라고 불러도 좋다. 뭐라 부르든지 간에 그것은 중요하지 않다….."(6-7). 이 인용문에서 보는 바와 같이 이 에세이의 화자는 대표성을 가지기도 하고 그렇지 않기도 하며, 포괄적이면서 동시에 딱히 일관성이 없기도 하다.

울프가 '여성과 소설'이란 주제를 다루는 전략도 비슷하다. 『자기만의 방』은 '여성과 소설'이라는 주제를 다루기도 하지만, 동시에 '여성과 소설'이란 주제에 대해 에세이를 쓰는 과정에 대한 글이기도 하다. 다시 말해서 일종의 메타담론, 글쓰기에 대한 글이다. 여러 전략들(이를테면 아이러니와 패로디)중에서 울프가 하필 메타담론이란 전략을 사용하는 이유는 독자들이 언어에 주목하길 원하기 때문이다. 울프는 이원론적 논리인 남성 담론의 가치에 의문을 제기하고자 한다. 이를테면 『자기만의 방』에서 남성담론에 대한 이의제기는 "그러나"로 시작하는 부분들, 또 그녀가 잔디를 가로지르려 할 때 그녀를 제지하는 직원의 분노를 재현하는 과정에서 잘 드러나 있다. "그는 직원이다; 나는 여자다. 이것은 잔디다; 저기 길이 있다. 연구원과 학자들만 여기에 들어갈 수 있다; 자갈만이 내

---

18 서로 다른 견해를 살펴보려면 일레인 쇼왈터(Elaine Showalter)의 책, *A Literature of their Own* 과 토릴 모아의 책, *Sexual/Textual Politics*를 참고 바람. 모아는 자신의 책에서 쇼왈터의 입장을 논의하고 있다.

게 허락된 장소다"(8). 이 짧은 문장들에는 대립되는 의미의 문구가 세미콜론으로 깔끔하게 나눠져 있는데, 바로 울프가 강조하고 싶은 부분이다, 비슷한 전략은 남성문학에서 등장하는 여성인물을 묘사할 때도 분명하다. "영웅적이고 비열하며; 찬란하고 야비하며; 무한히 아름다우며 극단적으로 가증스럽다"(45).

레싱의 텍스트도 비슷한 전략으로 같은 효과를 성취한다. 「19호 실로」는 3인칭 관점으로 서술되지만, 종종 전지적 관점을 사용하기도 하고, 수잔의 관점에만 초점을 맞추기도 한다. 수잔에게 초점을 맞출 때에는 자유롭게 간접화법을 사용한다. 이때의 간접화법은 직접화법/간접화법 사이에 걸쳐있으며, 효과를 창출하기 위해 특정 인물의 안과 밖으로 자유로이 움직이기도 한다. 이야기의 초반에는 화자의 토운이 단조롭고 지쳐 보인다. 마치 자신의 이야기가 별 볼일 없는 것처럼. 인물들은 전통적인 핑크 패턴이고, 지혜로 가장한 이데올로기에 순응하고 있다. "아이들은 어느 나이까지는 엄마가 필요하다. 이를 양쪽 엄마 아빠가 잘 알고 동의하고 있다. 건강하고 지혜롭게 키운 아이들이 어느 나이에 이르면 수잔은 다시 밖에서 일할 것이다. 그녀도 그도 알고 있다. 에너지와 능력이 최고에 이른 50대의 여성이 더 이상 헌신할 아이들이 없을 때 무슨 일이 일어나는지"(355). 이런 토운은 놀라운 서사적 긴장을 일으키고 끝까지 이완되는 법이 없다. 대신에 충격적인 이미지들로 인해 더욱 강화된다. 이를테면, 빨간 머리의 악마가 갑작스럽게 출현한다든가, 극단적으로 폭력적인 언어가 등장함으로써 강화된다. 좋은 예로써, 수잔이 가족들과 전화로 연락하면서 홀로 휴가를 즐길 때이다. "수잔은 야생의 땅을 배회했다. 전화줄을 밧줄처럼 자신의 책임에 묶어놓은 채. 다음엔 전화를 걸어야 한다. 혹은 전화를 기다려야 한다. 자신을 십자가에 못 박은 채"(371). 수잔은 야수에게 끌려가는 이미지, 십자가에 못 박힌 예수에 비유되고 있다.

「19호실로」에서 레싱은 복잡한 관점, 토운, 충격적인 이미저리라는 장치를 사용하여 여러 가지 목적을 달성한다. 통상 리얼리즘 소설들은 전지적 시점과 자유로운 간접 화법을 사용해서 문학과 실재와의 관계가 아무 문제없다는 확신을 주고자 한다. 하지만 레싱의 장치들은 이러한 리얼리즘의 전형적인 전략들을 과장, 심지어 패로디하려는 것처럼 보인다. 작가들은 누구나 실재와 꼭 닮은 텍스트를 만들어내려고 애쓴다. 그러기 위해서 작가들은 긴장한다. 레싱은 그런 긴장을 강조하고, 그 과정에 대해 독자들이 질문할 수 있도록 만든다. 이런 전략적 스타일로 인해서 등장 인물들은 사회 환경의 희생자 그 이상이 되고, 언어의 긴장과 압박 때문에 등장인물들이 다른 삶을 선택할 여지를 남기지 않고, 중요한 선택조차 환상일 뿐이라는 느낌을 준다.

더 중요한 것은, 울프처럼 레싱도 이성적이고, 논리적이고, "지적"인 담론은 남성성과 연결시킨다는 사실이다.[19] 레싱은 단편을

19 이 부분에 대한 좀 더 상세한 설명을 위해서는 버지니아 타이거(Virginia Tiger)의 논문, "Taking Hands in (Dis)Unity: Story to Storied in Doris Lessing's 'To Room Nineteen' and 'A Room.'" MRF 36(1990): 421-33.

이렇게 시작한다. "이것은, 추측컨대 (I suppose), '지성'의 실패에 대한 이야기다. 롤링 부부의 결혼은 '지성'에 기반을 두고 있었다" (352). 이 말인즉 「19호실로」는 결혼의 실패에 대한 "논리적" 이야기임을 미리 알려준다. (그러나 문장 중에 삽입된 "추측컨대"라는 말은 그 이상의 뭔가가 있을 수 있음을 암시하고 있다.) 수잔은 자신이 처한 상황을 이해하고 분석하기 위해서 계속해서 자신의 지성을 활용하려고 한다. "지성"이란 단어가 여러 번 반복된다. 레싱이 말하려는 요점은 합리적 지성 [남성성] 만으로는 충분하지 않다는 것이다. 지성이 실패하는 이유는 지성이 문화적으로 남성성과 연관되기 때문이다. 레싱은 울프가 『자기만의 방』에서 사용했던 똑같은 전략을 가지고, 이 점을 멋지게 피력하고 있다. 레싱은 가부장 담론의 규칙을 안으로부터 파괴함으로써 가부장적 담론을 공격하고 있다.

「19호실로」와 함께 울프의 주장을 다양하게 살펴보면 울프의 페미니즘이 유연한 개념임을 알 수 있다. 울프는 페미니즘 제1물결의 평등권 주장을 경제적 독립과 개인적 공간과 자유의 문제로 확장시킨 작가다. 그래서 제인 마커스(Jane Marcus)는 울프를 "빅토리아 스커트를 입은 게릴라 전사"[20]라고 불렀다. 그런가하면 울프는 선거권보다 물질적 경제적 이슈를 더욱 강조함으로써 페미니즘 제1물결을 폭넓게 정의할 때, 딱히 밖은 아니지만 그 가장자리에 자신의 위치를 정했다. 울프는 언어와 젠더 이슈에 관심을 가졌고, 가부장

20 제인 마커스(Jane Marcus)의 논문, "Thinking Back Through Our Mothers," in *New Feminist Essays on Virginia Woolf* (London: Macmillan, 1981). Jane Marcus 편집. 1-30. 1.

제 권력은 경제 뿐만 아니라 지배적인 가부장제 담론과 상관됨을 알고 이에 대해 관심을 가지고 있는데, 이러한 관심들은 페미니즘 제2 물결에서 본격적으로 다뤄진다. 그러므로 울프에게는 평등이 페미니즘의 가장 중요한 목적이지만, 그렇다고 해서 차이를 부정하지는 않는다. 『자기만의 방』의 1장에서 울프는 배제의 경험을 서술한 후, 이렇게 말한다. "안으로 들어가지 못하도록 가로막힌 경험이 얼마나 불쾌한가 생각했다. 그러면서 어쩌면 안에서 갇히는 경험은 더욱 불쾌할 거라고 생각했다"(25-6). 다시 말해서, 주변부의 경험이 때로는 신선하고 귀중한 관점을 제공할 수 있음을 울프는 알고 있는 것이다.

한편, 레싱의 단편은 보부아르의 『제2의 성』이 비판받을 수 있는 지점들을 보여준다. 보부아르의 가장 유명한 말, "여성은 남성의 타자"라는 말은 가장 논란거리임이 증명되었다. 레싱이 여성성을 단지 남성성과의 연관 속에서만 정의한다면, 보부아르와 마찬가지로 레싱은 남성주의적 가정을 그대로 반복하고, 여성이 진정한 여성성이 무엇인지 스스로 정의할 수 있는 기회를 박탈하게 된다. 여성의 경험(이를테면 임신과 모성)은 여성을 특별하고, 단순히 남성성의 반대로 환원할 수 없는 뭔가가 있지 않을까? 어떤 페미니스트 이론가들(5장을 보라)은 분명히 독특한 여성적 경험이 있다고 말한다.[21] 「19호실로」는 이런 가능성을 고려하면서도, 동시에 보부아르가 지

21 예를 들어, 도로시 카우프만(Dorothy Kaufmann) 의 "Simone de Bearvoir: Questions of Difference and Generation." *Yale French Studies*, 72(1986): 121-31.

닌 양육에 대한 태도, 즉, 여성의 차이를 축하하기 보다는 여성의 몸에 대한 가부장적 견해를 반복하기도 한다. 보부아르는 여성의 몸이 경험하는 사춘기, 월경, 임신, 출산을 내재적 여성성의 억압적 증거로 본다. 정신이 육체적 과정과 조화를 이루기 위해 몸부림치고 실패하는 반면, 여성의 '몸'은 그런 '정신'과는 전혀 분리된 별개라는 것이다. 보부아르는 청소년기를 다음과 같이 묘사한다. "희망과 야심에 가득해야 할 나이에 스스로 수동적이고 의존적으로 느끼는 것은 매우 불운한 일이다"(382). 임신에 대해서는 여성의 몸이 공격을 받는 것이고, 태아는 상처이며 기생하는 생물체로, 임신한 여성은 "알 수 없는 힘의 노리개"라 명명한다(512). 그러나 레싱과 보부아르 모두 여성의 몸이 가부장제사회에서 인식되는 방식에 주목하여 서술한 다음, 그 방식을 패로디한다고 볼 수도 있다.[22]

또, 레싱은 매슈의 삶도 속박되어 있다고 느낀다. 이는 보부아르의 가정, 즉, 남성은 표준이고, 남성은 자신의 몸에 대해 전혀 문제가 없다는 생각에 의문을 던지게 한다. 레싱은 독특한 여성성을 여성의 몸 안에서 발견하는 것을 달갑지 않게 생각하고 있는데, 이는 몸과 정체성에 대한 본질주의를 거부하기 때문이다. 수잔은 아내와 엄마의 역할이라는 껍데기를 19호실에서 벗겨버려도 자신

---

22 이런 관점에 대해서는 린다 M.G. 저릴리(Linda M.G. Zerilli)의 논문, "A Process without a Subject: Simone de Beauvoir and Julia Kristeva on Maternity." *Signs*, 18(1992): 111-35. 또한 크리스타나 아프(Kristana Arp)의 논문, "Beauvoir's Concept of Bodily Alienation," 줄리 K. 워드(Julie K. Ward)의 논문, "Beauvoir's Two senses of 'Body' in *The Second Sex*", 161-78, 223-43, in *Feminist Interpretations of Simone de Beauvoir* (University Park, Penn: Pennsylvania State UP, 1995). Margaret A. Simons 편집.

의 "여전히 똑같을 거다"(376)고 느끼고 하지만, 그 느낌은 믿을 수 없다. 그 방에서 수잔이 할 수 있는 일은 그저 "양털을 모으기, 즉, 공상에 잠기는 것"(wool-gathering)이다. "생각하고, 이리저리 방황하고, 그저 어두워지고, 마치 피가 온몸에 돌듯 공허함이 핏줄 속을 흐르는 느낌" 뿐이다. 수잔은 19호실에서 몸의 감각을 회복한다. 그러나 그것이 본질적인 여성의 정체성인지는 논란의 여지가 있다. "양털 모으기"는 지성으로만 살기는 것은 불가능하기 때문에 중요하다고 레싱은 분명히 말하지만, 단편의 결말은 통째로 삶을 버리지 않고는, 공상하는 자아로만 물러날 수 없음을 함축하고 있다.

「19호실로」를 읽는 독자들은 수잔이 뭔가 결정하고 행동하지 못한다는 사실 때문에 답답하다. 그녀의 수동성도 답답하다. 차라리 수잔이 자신의 느낌을 남편에게 다 말해버리고, 다시 일을 시작하면 좋겠다고 독자들은 생각한다. 어떤 이들은 수잔을 희생자로 본다. 자살이라는 저항 외에는 삶을 변경할 힘을 완전히 상실한 사람으로 본다. 더러는 자살을 책임 회피로 보기도 한다. 행동할 수 있는 힘은 주체가 되기 위해 필수적이기 때문이다. 이는 『제2의 성』에도 나온다. 보부아르는 여성 개인들이 내재성을 거부하고 초월을 선택할 책임이 있다고 강조한다. 어떤 이들은 보부아르의 『제2의 성』, 특히 타자에 대한 개념은 실존철학에 지나치게 의존한다고 주장한다. 실존철학 자체는 또 헤겔이 주장한 "주인과 노예의 변증법"의 영향을 받은 것이다. 실존철학은 모름지기 인간은 자율적이고 자신에게 책임을 지고, 항상 자유롭게 행동하거나, 심지어 주인과 노예의 관계처럼 불평등한 권력관계에서 조차 원하는 대로 상황을 해석할 수 있어야 한다.[23] 실존주의의 가장 잘 알려진 주창자는 장 폴 싸르트르(Jean-Paul Sartre)인데, 그는 보부아르의 오랜 파트너다. 두 사람의 관계와, 보부아르에 대한 싸르트르의 영향에 대해서 (보부아르의 말을 빌리면) 수많은 잉크가 소비되었다. 최근 페미니스트 비평가에 의하면 이들의 관계는 예전에 추정했던 것보다 훨씬 쌍방적인 영향을 주고받았다고 주장하기도 한다.[24] 그러나 보부아르의 '자아와 타자'에 대한 이원론적 개념과, 여성 개개인이 자신의 상황을 바꿔야 할 책임에 대한 강조는 실존주의와 분명히 연결되어 있다. 보부아르에 따르면 자아/타자는 우리의 존재를 구성하는 이원적 한 쌍이다.

> 내가 이미 말했듯이, 사람은 누구나 타자를 생각하지 않고는 자신을 생각할 수 없다. 세상을 볼 때에는 딱히 성적인 개념은 아니지만, 언제나 이원적 기표 아래서 보게 된다. 그러나 자신을 동일자로 설정하는 남자와 달리, 여성은 타자로 분류된다. 타자는 여성을 포함한다. (100-1)

---

23 장 폴 사르트르(Jean-Paul Sartre)의 책, *Being and Nothingness: An Essay on Phenomenological Ontology* (London: Methuen, 1958). Hazel E. Barnes 옮김. Mary Warnock 서문.

24 참고한 문헌들은 Michele Le Doeuff의 글, "Simone de Beauvoir and Existentialism," *Feminist Studies* 6 (1980):27789; Margaret A. Simons, "Beauvoir and Sartre: The Philosophical Relationship," *Yale French Studies* 72 (1986): 16579; Sonia Kruks, "Gender and Subjectivity: Simone de Beauvoir and Contemporary Feminism," *Signs*, 18 (1992): 89110; Karen Vintges, "*The Second Sex* and Philosophy," Michele Le Doeuff, "Simone de Beauvoir: Falling into (Ambiguous) Line," Sonia Kruks, "Simone de Beauvoir: Teaching Sartre About Freedom," Kate Fullbrook and Edward Fullbrook, "Sartre's Secret Key," 4558, 5966, 7996, 97112, *in Feminist Interpretations of Simone de Beauvoir*(University Park, Penn.: Pennsylvania State University Press, 1995). Margaret A. Simons 편집.

보부아르는 여성이 타자화되는 것에 대해 역사적 유물론과 정신분석학이 설명하는 것을 받아들이지 않는다. 많은 포스트구조주의 페미니스트들이 제안하고(5장 참조), 레싱과 울프의 텍스트도 똑같이 제안하듯이, 자아/타자의 이원론이 언어 자체에서 만들어진다는 가능성도 보부아르는 받아들이지 않는다. 보부아르는 『제2의 성』 몇 군데에서 이원론은 여성의 육체적 '열등성'과 '차이'로 인해 생겨나기 때문에 철학적으로 어쩔 수 없다고 본다. 이원론이 불가피하다는 주장과, 여성이 개인의 자율성과 책임감을 발휘하여 타자로서의 지위에 대해 저항해야한다는 주장은 서로 모순된다.

보부아르는 여성이 자신의 상황을 바꾸려면 대체 어느 정도로 자유로워야 한다고 믿는 것일까? 개인에 대한 자유를 강조하는 것이 여성에게 힘을 주긴 하지만, 억압적 외부 상황이 그 자유에 부정적 영향을 끼칠 수도 있다는 사실은 인정하지 않는다. 많은 페미니스트 비평가들은 개인의 자유와 이성을 강조하는 철학에 대해서 의심하고 있다. 그런 자유는 역사적으로 특혜 받은 백인 남성에게만 허용되었다고 그들은 주장한다(이 부분에 대해서는 6장 참조). 어떤 사람들에 따르면, 보부아르는 행위할 수 있는 힘이 제한되는 특정한 상황에 처한 사람들, 이들의 자유와 사회적 억압의 관계에 대해 누구보다 정교한 이해를 보여주고 있다고 한다. (크룩스(Kruks)의 논문 "Gender and Subjectivity", 97-108 참조). 「19호실로」를 잘 이해하려면, 상황을 변화시키기 위해서 수잔이 행동할 수 있는 자유와 능력이 과연 어느 정도인지, 다양한 해석을 시도해보아야 한다.

레싱의 단편을 읽으면서 수잔이라는 중산층 여성이 처한 곤경에 대해 공감하기 힘들다는 반응도 의미가 있다. 수잔은 큰 집을 가지고 있고, 청소부와 오페어도 부리는 특혜 받은 위치의 가정 주부라는 사실이 불쾌할 수도 있다. 결국 수잔은 삶에 허다한 힘겨운 허드렛일들을 굳이 해야 할 책임은 없다. 레싱은 이런 반응을 의식이라도 한 듯이 미스 타운센드와의 만남을 잠시 언급하고 있다. 미스 타운센드는 수잔이 처음 방을 얻으려고 했던 훌륭한 호텔을 경영하는 사람이다. 미스 타운센드는 외롭고 가난한 미혼 여성이다. 반면 수잔은 모든 것을 가지고 있다. 수잔은 이렇게 말한다. "잘 통제돼도 겨우 참아내는 듯한 고독과 히스테리의 불꽃이 이글거리는 그대의 눈으로부터, 나는 그대가 동경해온 그 모든 것을 소유하고 있음을 알게 된다"(369).

보부아르는 스스로 다양한 여성 경험에 대한 관심이 별로 없다. 보부아르는 『제2의 성』에서 매우 객관적이고, 과학적이고, 보편적인 태도를 취하지만, 2권에서 여성의 삶에 대한 설명은 보부아르 자신과 수잔처럼 백인, 중산층, 이성애, 고학력 여성의 관점으로 쓰인다. 이런 점 때문에 일부 페미니스트들은 이 책의 자전적 측면에 대해 논의했고, 혹자는 이 책이 특정 그룹에 대한 인류학적 연구라고 논평했다.[25] 보부아르의 계층 개념을 잘 나타내 주는 부분은 여

25 서로 다른 견해를 보려면, 토릴 모아(Toril Moi)의 책, *Simone de Beauvoir: The Making of an Intellectual Woman* (Oxford: Blackwell, 1994), 146-7, 177-8을 참조. 또, 주디스 오켈리(Judith Okely)의 책, *Simone de Beauvoir: A Re-Reading* (London: Virago, 1986), 105-6.

성이 자유로우려면 집밖에서 보수가 있는 일을 해야 한다는 주장이다. 그렇다면 보부아르에게 내재적 일상에 불과한 일을 아이들을 키우는 일, 집안 일은 누가 한단 말인가, 의문이 들 수밖에 없다. 소수의 전문직 여성들이 자유를 추구하는 반면, 그들의 아이들을 키우고 빨래하는 여성들에게 자유가 어떤 의미인지, 보부아르는 충분하게 고려하지 않는다. 이런 이슈는 3장 마르크시즘 페미니즘에서 다뤄질 것이다.

직업을 갖는 것이 수잔에게 주어진 선택일 수 있다. 하지만, 수잔은 자신이 직업을 갖는다 해도 남편과 아이들이 여성을 인식하는 방식을 변화시킬 수 없다는 것을 알기에 직업을 선택하지 않는다. 즉, 보부아르는 집과 자신을 깔끔하게 유지하면서도 커리어를 잘 관리하는 독립적인 여성에게 공감하지만, 레싱의 주인공은 보부아르가 몹시 싫어할 전략인 내재적 일상을 일부러 선택한다.

「19호실로」에서 가장 놀라운 점은 수잔이 다른 여성들과 교류가 없다는 사실이다. 수잔의 인간관계는 "이성애적 계약"으로 움직이고, 수잔이 알고 지내는 여성들, 즉, 팍스부인, 소피 트라우브, 미스 타운젠드는 경제적으로 하위계층의 여성들로서 동등한 친구들은 아니다. 이 점은 수잔의 문제 중 하나로 단편이 지적하고 있긴 하다. 경제적 여건에 따라 여성을 분리하고, 남성과의 성적 관계를 삶의 가장 중요한 부분이 되도록 하는 것은 여성을 불리한 위치에 놓이게 함을 레싱은 증명하고 있다. 대안은 딱히 없다. 예외가 있다면, 수잔이 왜 방이 필요한지 고백했더라면 상상보다 훨씬 지지를 받지 않았을까, 라는 가정이다. 또, 새로 온 오페어인 소피는 수잔이 생각한 것보다 훨씬 더 잘 그녀의 처지를 이해했을 수도 있다. 소피는 이렇게 말한다. "당신 [수잔] 은 가끔씩 누군가 이 집 여주인 역할을 해주기를 바라는 거죠? 아닌가요?"(374). 「19호실로」에서 다른 여성과의 연대를 통해 수잔이 곤경을 이겨낼 수 있는 가능성은 아주 미미하다.

보부아르 역시 여성들의 관계에 대해서는 모호하다. 예를 들어 보부아르의 여성 동성애에 대한 논의는 극단적으로 논란거리다. 보부아르의 여성 관계에 대한 의문은 차치하고라도[26], 그녀의 자아/타자 이원적 모델은 기본적으로 이성애적 관계라고 비평가들은 강조해왔다. 보부아르는 "강박적인 이성애" 제도를 옹호하면서, 이성애적 평가 기준 체계 바깥에 있는 레즈비안 정체성[27]을 설득력 있게 설명하지 못한다. 그러나 보부아르가 동성애자이든 이성애자이든 모두 상호적으로 연관되어 있음을 지적하는 것은 현대의 퀴어이론을 예견하게 한다. 퀴어이론은 레즈비안 섹슈얼리티가 이성애자들과 남성 동성애자들의 성적 행위를 전복적으로 재가공하는 것이라고 주장한다. (이런 관점은 7장에서 논의될 것이다)

여성 동성애는 울프의 『자기만의 방』에서 살짝 나타난다. 울프는

---

26 마가렛 A. 사이몬스(Margaret A. Simons)의 논문, "Lesbian Connections: Simone de Beauvoir and Feminism," *Signs* 18(1992): 136-161.

27 클라우디아 카드(Claudia Card)의 논문 "Lesbian Attitudes and *The Second Sex*" Women's Studies International Forum, 8(1985): 209-14. 이 논문은 *Hypatia Reborn: Essays in Feminist Philosophy* (Bloomington, Ind.: Indiana UP, 1990). ed. Azizah Y. al-Hibri and Margaret A. Simons. 290-9 에 재수록 되었다.

당대 한 여성작가가 쓴 소설을 읽으면서, "클로에는 올리비아를 좋아했다"라는 구절에 깜짝 놀란다. (그곳에 남자가 없음을 확인한 후) 울프는 말한다. "놀라지 말아요. 부끄러워하지 마세요. 여자들끼리 있을 땐 인정합시다. 이런 일이 종종 일어남을. 종종 여자가 여자를 좋아한다는 사실을"(81). 4장에서 역사적/전기적으로 울프가 (늘 함축적으로) 여성동성애에 관심이 있었음을 논의할 것이다. 여기서 중요한 점은 (울프에 따르면) 여성이 여성을 좋아한다는 것이 영국문학에서는 새로운 것이고, 잠재적으로 사회 전복적이라는 점이다. 따라서 수잔 롤링이 다른 여자를 좋아했다면 그녀의 삶과 이야기에 중요한 변화가 있었음직하다.

「19호실로」에는 여성이 해방을 성취할 수 있다는 희망이 명확하게 드러나지 않는다. 『제2의 성』과 마찬가지로 「19호실로」의 중요한 이슈는 한 개인이 내재적 타자로서의 위치를 저항할 수 있는 자유가 어느 정도인가다. 보부아르가 개인은 그런 선택을 할 수 있는 자유가 있다고 주장한다면, 그렇게 할 수 있는 여성의 숫자는 해방을 제도화할 만큼 충분한가? 어느 정도면 의식이 깨인 소수 여성들이 사회를 바꿀 수 있을까? 과연 보부아르는 여성이 해방된다는 것은 소위 남성의 특질로 여기는 초월을 성취하는 것이라고 생각하는가? 남성은 변할 필요가 없고 여성은 남성처럼 되어야 함을 주장하면서, 남성과 여성이 형제처럼 되어야 한다는 보부아르의 결론은 많은 독자들이 거부하고 있다.[28]

---

28 메리 에반스(Mary Evans)의 책, *Simone de Beauvoir: A Feminist Mandarin* (London: Tavistock,

그러나 레싱의 단편 「19호실로」는 여성의 본질적 정체성을 몸에 두려는 것 역시 문제가 있다고 함축한다. 보부아르의 『제2의 성』과 레싱의 「19호실로」를 함께 읽는다면, 진짜로 평등하려면 초월을 재정의해야 하고, 초월을 늘 남성적 속성으로 이해하는 태도를 먼저 버려야 함을 알게 된다[29]. 그러나 보부아르나 레싱 모두 '차이'와 '분리'의 페미니즘이 지닌 전략적 가치를 인정하거나, 이를 페미니스트 정치학의 한 단계로 이해하지 못하고 있다 (Moi, *Simone de Beauvoir*, 211). 보부아르는 1972년 전에는 자신을 페미니스트로 부르기를 꺼렸다. 1972년 보부아르가 MLF(여성해방운동)에 참여하면서 그제서야 보부아르는 "사회주의 해방의 꿈이 실현되기 전"[30]에 먼저 여성해방운동이 일어나야 함을 깨닫게 된다. 보부아르는 오랫동안 사회주의를 페미니즘보다 앞세웠었다. 『제2의 성』에서 보부아르는 페미니즘과 사회주의의 목표에 대해 더러 애매모호하게 설명하는데, 중요한 점은 마르크시즘이 여성의 상황을 설명하는데 좀 부족해도, 사회주의운동은 반드시 여성의 지위를 향상시킬 거라고 주장한다.

더욱 중요한 것은 「19호실로」는 보부아르가 딱히 관심을 두지 않거나 무시했던 영역 두 개, 즉, '무의식'과 '언어'에 대한 관심을 환

1985), 67-8.

29 토릴 모아의 책 *Simone de Beauvoir* 209쪽. 제인 히스(Jane Heath)의 책, *Simone de Beauvoir (Key Women Writers Series)* (Hemel Hempstead: Harvester Wheatsheaf, 1989), 5쪽 참조.

30 알리스 슈바처(Alice Schwartzer)의 책, *Simone de Bearvoir Today: Conversations, 1972-1982* (London: Chatto).

기시킨다는 점이다. 레싱이 묘사하는 수잔의 무의식, 즉 그녀의 악의적인 적은 무의식을 사회적인 관점에서, 즉 문화적 조건에 대해 반응하는 힘으로 보게 한다. 또한 「19호실로」의 언어사용은 가부장제와 언어가 얼마나 중요하게 연결되어 있는지 보여준다. 이 단편에 나타나는 모순적이고 애매한 언어들은 『제2의 성』에서 채 다루지 못하는 언어의 문제를 다시 고려하기를 촉구한다. 어떤 텍스트든지 텍스트 안의 틈새, 지워짐, 압박점을 통해서 읽혀질 수 있지만, 특히 어떤 텍스트는 더욱 그러하다. 이러한 언어적 유연성은 레싱의 가장 쓸모 있는 페미니스트적 도구다.

결론

『제2의 성』은 페미니즘 제1물결과 관련해서 프랑스에서 한 지위를 차지하는 것처럼 『자기만의 방』도 영국에서 같은 위치를 점한다. 둘 다 프랑스와 영국에서 각각 여성들이 선거권을 획득한 직후에 발간되었고, 그들은 선거권을 쟁취한 승리를 중요시하지만, 동시에 여성의 사회적 지위에서 실제적이고 물질적인 변화, 즉, 재정적인 독립, 출산과 양육으로부터의 자유와 같은 변화를 요구하고 있다. 그러나 둘 다 그것만으로 여성의 종속이 끝나기엔 불충분함을 인정한다. 어떻게 하면 합법적인 가부장적 조건을 변화시킬 수 있을지, 그에 대한 답변은 각각 다르다. 울프는 개인적 공간의 중요성을 강조하면서, 가부장적 언어를 공격하는 전략적 스타일을 중시한다. 반면 보부아르는 여성이 남성의 타자됨을 거부해야한다고 강조한다. 개인이 억압 상황을 실제로 저항할 수 있는 정도에 대해서 두 작가는 서로 다르면서도 좀 헛갈리는 방식으로 문제를 제기하고 있다. 제인 오스틴의 예를 보면, 여성의 글쓰기가 열등하다는 울프의 견해가 일관성 없음을 보여준다. 어떤 여자들은 방이 없고, 경제적 독립성이 없어도 잘 쓰는 예이기 때문이다. 마찬가지로 억압적 상황에서 개인이 행동할 수 있는 정도에 대한 보부아르의 견해도 불분명하다. 둘 다 본질적인 여성성을 믿지는 않는 듯하다. 그러나 그들 텍스트의 어떤 부분에서는 본질적인 여성성이 있다고 제안하는 듯한 부분도 있다. (예를 들어 울프의 여성적 문장은 여성의 몸과 관련되고, 보부아르는 여성의 임신에 대해 묘사하기도 한다) 그러나 이들 텍스트가 페미니즘 1물결을 대표하는 훌륭한 사례가 되는 것은 바로 이러한 모순 때문이다. 이들의 모순이야말로 그들을 페미니즘 1물결을 넘어서게 한다. 레싱의 「19호실로」와 함께 이들을 읽으면 두 작가의 모순을 대면할 수 있게 된다.

Chapter 2

자유주의 페미니즘

페미니즘 이론과 비평 • Chapter 2

자유주의 페미니즘

서론

이전 장에서는 페미니즘 제1물결을 살펴보았다. 살펴본 결과 페미니즘 제1물결이 이론과 실제에서 얼마나 다양한지 알 수 있었다. 다음 여러 장에서 다루는 페미니즘 제2물결도 매우 다양하고, 그간의 역사, 철학, 정치적 발전을 잘 반영함으로써 이론적으로 더욱 세련되어지고, 다양하고 분명한 입장들이 빠른 속도로 발전했다. 2장은 페미니즘 제2물결의 시작을 열게 되는 자유주의 페미니즘을 다룬다. 자유주의 페미니즘의 역할에 대해는 논란이 있긴 하지만, 이

는 1960년대 서구에서 다시 일어난 페미니즘 운동으로서 대중적으로 널리 받아들여진 운동이다.[1]

자유주의 페미니즘을 이해하려면, "자유주의"라는 용어의 현대적 사용법에 대해 먼저 살펴봐야 한다. 일반적으로 "자유주의적이다(리버럴하다)"라는 말은 "보수적이다"라는 말과 반대의 뜻을 가지고 있었고, 현 체제에 위협이 되거나 대안적인 다양한 라이프 스타일, 신념체계, 행위들을 용인하는 태도를 말한다. 하지만 자유주의적 관점은 급진적인 관점보다 전통적이고, 사회적으로 덜 전복적인 태도로 여겨지기도 한다. 자유주의에 대한 모호한 용법은 페미니즘 이론과 실제 뿐만 아니라, 현대 영국의 정당 정치에서도 잘 드러난다. 베티 프리단(Betty Friedan)은 자신의 글이 혁명적인 함축을 지닌다고 본다[2]. 하지만 다른 논평가들은 그녀의 글, 특히 『두번째 단계』(*The Second Stage*)는 "보수적이고, 친가족적(profamily, 낙태를 반대하는 입장, 역주)"이라고 본다.[3] 프리단이 1967년 미국에서 창립한 전국여성협회(National Organization for Women, NOW)는 자유주의 페미니즘의 아젠다를 위해 싸우는데, 이를 줄리엣 미첼(Juliet Mitchell)은

---

1 예를 들어, 질리안 아이젠슈타인(Zillian Eisenstein)의 책, *The Radical Future of Liberal Feminism* (New York: Longman, 1981), 177; 마가렛 앤더센(Margaret Andersen)의 책, *Thinking about Women: Sociological Perspectives on Sex and Gender* (New York: Macmillan, 1988). 2nd ed , 292-3, 298-9.

2 베티 프리단(Betty Friedan)의 책, *It Changed My Life: Writings on the Women's Movement* (New York: W.W. Norton, 1985). xxiii.

3 주디스 스테이시(Judith Stacey)의 논문, "Are Feminists Afraid to Leave Home? The Challenge of Conservative Pro-Family," *What is Feminism?* (Oxford: Basil Blackwell, 1986). Juliet Mitchell and Ann Oakley 편집. 219-48.

"개혁론자"(reformist)로 부르고 있으며, 지금은 다른 페미니스트들[4]이나 전국여성협회 자신도 스스로 여성해방운동의 일부로 여기지 않는다.

"자유주의"라는 용어는 페미니스트 아젠다와 연결될 때 모호해진다. 이는 용어를 사용하는 역사적 맥락의 특수성 때문이다. 자유주의 철학과 정치학은 18세기 사회적 변화들, 즉, 봉건주의에서 자본주의 경제로 전환되고, 부르주아가 출현하며, 제도종교가 파편화되고 쇠락하며, 막 시작되는 도시화들과 함께 나온 것이다. 18세기 자유주의 전통은 개인의 자유, 이성의 가치를 강조했고, 인류는 진보하고 개혁을 이뤄낼 능력이 있다는 신념을 지녔다. 존 로크(John Lock)는 초기 자유주의 철학자들 중 가장 중요한 철학자 중 하나로서, 영국의 내전, 군주 부재기간(interregnum)으로 촉발된 17세기 정치논쟁에 참여했다. 이제까지 왕의 통치권은 신으로부터 부여받은 권리라고 믿었고, 이는 다른 위계적 관계들 (이를테면 주인과 하인, 남편과 아내)에 대한 모범적 모델이었다. 그러나 존 로크는 정부가 피통치자의 합의에 의해 구성되고, 또한 정부는 소유권에 관한 계약관계를 맺을 수 있는 개인의 능력에 의해 만들어진다고 주장했다.

로크는 시장이 주도하는 새로운 철학과 자본주의 경제를 승인했지만, 이후 프랑스 낭만주의 철학자인 장 자크 루소(Jean-Jacques Rousseau)에 의해 비판을 받았다. 루소의 주장에 따르면, 개인은 최

4 줄리엣 미첼(Juliet Mitchell)의 책, *Woman's Estate* (Harmondsworth: Penguin, 1971), 11.

악의 시장주의로부터 보호받아야 했다. 하지만 루소도 사유재산의 가치는 인정했는데, 사유재산이 개인을 가치 있는 존재로 만들기 때문이었다.

로크와 루소 모두 개인이야말로 자유와 이성을 소유하고 있으며, 능력에 따라 성공할 수 있는 능력을 지니고 있다고 보는 반면, 그들의 철학은 얼핏 보기보다 덜 평등주의적인 가정들을 내포하고 있었다. 개인과 시민의 권리를 보장하는 사유재산은 강조하지만(루소의 경우는 좀 덜하지만), 여성이나 노동자처럼 재산이 없는 사람들을 제외하고 있으며, 역사적으로 재산 소유에 깊이 뿌리박혀 있는 권력관계를 도외시하고 있다. 그러므로 자율적, 이성적인 개인을 주장하는 18세기 자유주의 모델은 묵시적으로 백인 남성 중산층 개인을 위한 것이다. 예를 들어 로크와 루소는 여성의 전통적 역할을 옹호하여, 여성의 활동은 시장의 공적 영역으로부터 배제되어야 하고, 새롭게 여성화된 사적 영역인 가정과 핵가족에 국한되어야 한다고 주장했다.

자유주의 이론에서 한 개인의 권리가 여성으로까지 명시적으로 확대된 것은 18세기 후반과 19세기 메리 월스톤크래프트(Mary Wollstonecraft), 존 스튜어트 밀(John Start Mill), 해리엇 테일러(Harriet Taylor)[5] 같은 철학자들의 작업에서 가능해진다. 월스톤크래프트의 책, 『여권의 옹호』(A Vindication of the Rights of Woman) (1792)는 이성

5 밀의 여러 책에서 그가 테일러와 공동 작업한 정도가 어느 정도인지, 그 성격이 무엇인지에 대해 많은 논쟁이 있다.

적이고 결단성 있는 남성만큼이나 여성도 능력이 있으며, 교육적 사회적 불이익이 제거된다면 여성도 논리와 정의에 따라 마땅히 평등한 기회를 누릴 자격이 있음을 주장했다. 밀과 테일러도 여성이 온전한 시민권과 더불어 동등한 기회를 가질 것을 주장했다. 그들은 여성의 열등한 지위를 정당화하는데 사용되던 여성적 "특질"(nature)의 존재도 거부했다. 계층이나 특권에 기반하여 한 남성을 다른 남성보다 우위에 두는 것이 불공정한 만큼, 개별남성이 개별 여성에게 휘두르는 권력도 불공정하다고 명시한다.

하지만 이들은 개인 여성에게 남성과 동등한 권리를 부정하는 불공정성은 비판하면서도, 남녀의 불평등한 권력관계가 만들어내는 가부장제 사회의 더 큰 구조적 남녀 불평등은 등한시한다. 이런 점은 그들이 모성(motherhood)에 대해 논의할 때 분명하게 드러난다. 그들은 아직도 모성을 여성의 자연스러운 역할로 인식하고 있다. 물론 그들은 여성이 자신의 개인성, 이성, 선택의 자유를 발휘하려면 교육이 필요함을 분명히 강조하고 있긴 하다. 그러나 여성 교육의 목적은 더 나은 어머니가 되기 위함일 뿐이다. 가부장제와 자본주의가 의도한대로, 여성을 가정/가족과 자동적으로 동일시하는 것이 여성을 제약함에도 불구하고, 그들은 이를 인지하지 못하고 있다.[6]

18세기와 19세기 자유주의와 자유주의 페미니즘에서 나타났던

6 자유주의 철학과 경제학에서 페미니즘의 뿌리를 연구하려면 아이젠스타인(Eisenstein)의 책, *The Radical Future of Liberal Feminism*을 보라.

모호함은 미국과 같은 현대 서구 자본주의 사회에서도 여전히 똑같이 모호하게 나타난다. 이 장에서는 미국의 페미니스트와 미국의 여성 소설가를 다루고 있는데, 페미니즘 논의가 유럽에서 미국으로 장소가 옮겨졌음을 명백하게 보여준다. 이는 그저 우연은 아니다. 자유주의에 대한 모순적인 역사와 이데올로기를 가장 잘 구현하고 있는 곳이 바로 20세기 미국이고, 페미니즘 제2물결의 시작이 미국의 자유주의 페미니즘이기 때문이다. 페미니즘 제2물결이 민권운동이나 1960년대 학생/평화운동과 연결되어 있는 것이 사실이지만, 대다수의 학자들은 미국에서 이즈음에 새롭게 출현한 페미니즘 운동을 자유주의 '페미니즘 아젠다'를 통해서 통상 논의한다.[7] 자유주의 페미니즘 아젠다는 J.F. 케네디가 위촉한 '여성 지위 위원회'(The Commission on the Status of Women)(1961), '동등 임금법'(The Equal Pay Act)통과, '민권법' 7장(1964), 베티 프리단의 『여성성 신화』(*The Feminine Mystique*)(1963)의 출간, 전국여성협회(NOW)의 발족을 포함한다. 프리단의 『여성성의 신화』가 여성들에게 얼마나 중요했는지 독자들의 반응을 보면 알 수 있고, 책이 프리단 자신의 삶에 어떤 변화를 일으켰는가를 보면 알 수 있다(프리단의 책 『그것이 내 삶을 바꿨다』를 보라). 당시의 페미니즘 비평가에게는 『여성성의 신화』가 특정한 사회 문화적 맥락의 일부였기에 중요했고, 그 맥락의 모순

7 미국에서 페미니즘 제2물결이 출현하게 된 다양한 이유를 살펴보려면 미첼의 책, *Woman's Estate* 52쪽을 보라. 또, 바바라 리안(Barbara Ryan)의 논문 "Ideological Purity and Feminism: The US Women's Movement from 1966 to 1975," *Gender and Society* 3(1989), 239-59를 참고하라.

과 모호함을 구현하고 있기 때문에 중요하기도 했다. 이 책은 좀 더 최근의 페미니즘 이론가에게도 중요한 함축성을 지닌다.

베티 프리단, 『여성성의 신화』 (1963)

『여성성의 신화』는 문제를 발견하고, 문제의 원인과 영향을 밝혀내고, 문제에 대한 해결책을 제시하기 위해 쓰인 책이다. 이 책은 마치 보고서처럼 시작하는데, 1950년대 수많은 미국인 가정 주부가 왜 이름 없는 질병인 우울증과 불만족[8]으로 고통 받고 있는가, 그 신비를 탐색하고 있다. 프리단은 그 신비가 스스로 "여성성 신화"라고 명명한, 당대를 지배하는 관념 탓임을 알게 된다. '여성성 신화'란 중요한 아이디어 두 개를 결합하고 있는데, 하나는 여성성이란 특별하고 소중한 무엇이고, 남성성과는 다르지만 상호보완적임을 함축한다. 또 하나는 이 여성성은 결혼, 모성, 가정, 프리단이 이름지은대로 "가정 주부라는 직업"[9]을 통해서만 가장 잘 완성될 수 있다는 생각이다.

이 책은 '여성성의 신화'가 어떻게 창조되었는지, 제2차 세계대전

---

8 이 책이 마치 공포물처럼 시작하고 있다는 제안은 레이첼 보울비(Rachel Bowlby)의 논문, "The Problem with No Name: Rereading Friedan's *The Feminine Mystique*", *Feminist Review* 27 1987):61-75, 61쪽을 참조.

9 베티 프리단의 책, *The Feminine Mystique* (Harmondsworth: Penguin, 1992), 38.

이후 “엄마와 애플파이” 이미지를 그리워하면서 고향으로 돌아온 군인 문화, 소비 자본주의와 교외 생활의 출현, 잡지와 광고 영향의 증가, 대중화된 프로이트 심리학의 보급, 여성에게 특화된 고등교육 모델이 끼치는 사회문화적 영향을 통해서 설명한다. 프리단은 미국의 역사에서 ‘여성성의 신화’는 새롭게 생긴 것이라고 주장한다. 20세기 초반에 유행했던 “신여성”의 이미지인, 자기 주장이 강한 전문직 여성의 이미지와는 너무나 달랐다. 프리단은 말하길, 여성 잡지 기사, 이야기, 광고들이 전후 시대에 현모양처의 이미지를 만들어내기 시작했고, 이런 이미지는 프리단이 명명한 “성적 판매술”(sexual sell)에 의해 새로운 물건들을 구입함으로써 가능했다(『여성성의 신화』 9장). 사람들은 도시로부터 교외로 이사하고, 칸막이가 없는 “농장 스타일”의 집으로 이사함으로써, 여성의 역할은 집약적 노동을 필요로 하는 거대한 가내 여건을 만들어 내고, 도시로 출근하는 남자가 떠나고 나면 집은 온전히 여성의 영역이 되어버렸다. 프리단에 따르면, 대중화된 프로이트 심리학은 여성의 진정한 일은 아내와 엄마로서의 역할이고, 전통적인 역할 그 이상을 추구하면 성적 기능장애의 원인이 되거나, 엄마역할을 제대로 못하게 된다고 믿었다. 이게 바로 여성성의 신화다. 마찬가지로 사회학과 인류학과 같은 학문에서도 기능주의적 모델을 내세워 현재의 상황을 그대로 두고, 사회 구조의 부분들이 지니는 기능을 연구하는 방향으로 나아갔다. 다시 말해서, 현대 문화에서 여성과 남성이 서로 다른 영역에서 서로 다른 역할을 수행한다면, 그것이야 말로 그 문화와 사회에서 필요로 하는 기능과 목적을 완수하는 최선의 길이라는 것이다. 프리단은 고등교육 기관들이 기능주의와 프로이트주의의 영향을 그대로 흡수하고, 여성들에게는 지적으로 덜 엄격하고, 남녀에게 서로 다른 교육 과정을 보급하는 것에 대해 비판했다.

'여성성 신화'의 영향은 개인과 사회 모두에게 심각했다. 많은 여성들이 결혼, 양육, 집안일을 하면서 자존감과 삶의 목적을 성취할 수 없었고, 이름하여 "정체성의 문제"로 괴로워하고 있었다. 여성이 가정 일에만 갇혀있으면 남성에게 돈을 벌어오도록 불필요한 압박을 가하고, 결혼에서 성적인 문제를 일으킬 수도 있고, 나쁜 엄마가 될 수도 있다고 프리단은 주장한다. 마지막으로 프리단은 스포크(Spock)와 같은 현대 작가들이 주장하는 아이 중심적 이론에 대해 반박한다. 스포크는 엄마가 오로지 아이에게만 집중하는 돌봄의 중요성을 주장하고 있다. 그러나 프리단은 월스톤크래프트나 밀처럼 "성숙한 인간"(179)은 사회에 충분히 참여함으로써 가능하고, 그런 사람만이 아이들을 사리에 맞는 판단을 할 수 있는 책임 있는 어른으로 양육할 수 있다고 본다. '여성성의 신화'가 제기하는 문제에 대해 "쉬운 답은 없음"을 인정하면서도, 프리단은 구체적인 해결책을 제시한다. 해결책의 대부분은 모두 개인의 변화를 요청한다. 여성은 가정과 결혼을 적절히 관리하면서, 집밖에서 자기실현이 위한 전문직을 해낼 수 있도록 새로운 "라이프 플랜"을 가지고 새로운 자기 이미지를 개척해나가야 한다고 프리단은 주장한다. 더불어 성숙한 여성들이 학교로 돌아가서 자신의 기술을 발전시키고 스스로 재교육할 수 있도록 교육기관도 변해야 한다고 주장한다. 이를테면 여성들을 위해 시간제 공부를 도입하고, 교육에서 벗어났었던 기간을 용납해야 한다는 것이다.

베티 프리단, 『두 번째 단계』 (1981)

『여성성의 신화』가 출간되고 거의 20년 후, 이 책의 후속인 『두 번째 단계』가 출간되었다. 새 책의 가장 분명한 변화는 역사 문화적 맥락이었는데, 바로 경제적 침체와, 1970년대 말과 80년대 뉴라이트(New Right) 정치의 부상이었다. 이런 환경에서 프리단은 새로운 명분과 영향력을 가지고 새로운 "문제"를 발견했다. 그 "문제"란 "첫 번째 단계" 사유와 정치학을 초월하고 "두 번째 단계"를 발전시키려던 페미니즘 운동이 실패했다는 문제의식이었다. (프리단이 말하는 첫 번째 단계와 두 번째 단계를 페미니즘 제1물결이나 제2물결과 혼동하면 안된다.) 프리단의 첫 번째 단계란 "성정치학의 수사"를 말한다.[10] "성정치학"이란 성적이고 개인적인 이슈들인 여성 동성애, 포르노그래피, 무조건적 임신중절권 같은 이유를 다루는 정치학이다. 프리단은 페미니즘 운동이 이런 성정치학을 앞세우는 바람에,

10 베티 프리단의 책 *The Second Stage* (London: Abacus, 1983), 49.

성(sex)에 근거한 차별을 불법화하는 '평등권을 위한 미국 헌법수정안'(the Equal Rights Amendment)과 같은 법안을 통과시키려는 법적 정치적 개혁은 뒷전이 되었다고 주장한다. 성정치학을 강조하면 평범한 여성들(결혼한 이성애자들)을 페미니스트 운동에서 멀어지게 만들고, 전통적 가정을 중시하는 뉴라이트 정치들인의 손에서 이용당하게 만든다는 것이다.

또 프리단은 여성이 너무나 남성처럼 행동하는 현상을 걱정했다. 여성들은 소위 남성적 사고 방식, 남성적 커리어 추구, 일과 생활의 남성적 패턴을 따르면서, 결과적으로 "임신 결정"을 하려면 힘들게 투쟁해야만 한다고 프리단은 걱정했다. "임신 결정"이라는 말은 『두 번째 단계』 곳곳에 울려 퍼지는 말이다. 가족의 생계를 위해 여성이 밖에서 일하는 것이 경제적으로 필수적인 경우 임신을 결정하는 것이 힘들다는 말이다. 경제적 침체가 일의 패턴과 생활수준에 영향을 끼치고 있는 반면에, 경제 변화가 젠더에 대한 태도, 책임, 생활의 변화에 아직 반영되지 않았다고 프리단은 주장한다. 예를 들어 여성은 일상적인 가사와 육아에서 여전히 남성보다 더 많은 몫의 일을 하고 있다. 『두 번째 단계』에 따르면, 사회경제적 맥락은 현대 여성 운동의 실패와 공모하여 페미니즘에 대한 백래쉬를 만들어냈고, 결국 페미니즘과 반페미니즘 둘로 갈라져 양극화시켜 버리는 결과를 초래했다. 이러한 양극화의 파국에서 벗어나기 위해서 프리단은 변증법적 모델을 제시한다. "양극의 대립을 조화할 수 있는 지점, 정(여성성의 신화)-반(페미니즘)에서 변증법적으로 '합'

으로 나아갈 수 있다. 이 새로운 전환은 익숙했던 싸이클로 다시 돌아가는 것이지만 분명히 다른 시각을 가진 싸이클이다"(81)라고 말한다.

새로운 문제를 해결하려면 프리단이 보기엔 두 번째 단계 페미니스트 정치학에서 다음과 같은 새로운 계획이 필요하다. 첫째, 섹슈얼리티 이슈와 법적 개혁 이슈에 대한 우선권을 잘 조정해야 한다. 두 번째, 남성과 남성적 정체성에 대해 강조해야 한다. 세 번째, 프리단이 새롭게 만들어낸 용어인 "알파사유"에 반대되는 "베타사유"를 도입해야 한다. 네 번째, 가정과 사회의 생활공간을 새롭게 재구조해야 한다.

가정 영역은 프리단의 두 번째 단계 페미니즘에서 매우 중요하다. 왜냐하면 대다수의 여성들은 여전히 가정에서 살고 있고 아이 갖기를 원하기 때문이다. 여성이 직장과 가정경제에 대한 걱정 없이, 충분한 정보를 가지고 자유롭게 아이들을 갖도록 결정을 내리려면, 낙태를 안전하게 할 수 있어야 할 뿐만 아니라, 육아를 위한 새로운 조치와, 육아를 위한 세금공제가 있어야 한다. 페미니스트들은 뉴라이트가 가족 문제에 끼어드는 것을 막아야 한다고 주장한다. 이는 뉴라이트가 '페미니스트 아젠다'를 전유하면서, 페미니즘을 가족에 반대하는 입장으로 호도하고 있기 때문이다. 여성을 위한 평등권을 주장하는 페미니즘은 동성애 권리와 낙태 권리와 같은 성정치학과 동일시되는 반가족적 공작으로부터 떨어져 나와야 한다는 것이다. 대신에 친가족(pro-family), 친생명(pro-life) 입장과 하나가 되어야 한다. 그래서 페미니즘의 수사는 "여성 대(versus) 가족"이 아니라, "여성과 가족"이 되어야 한다(228)고 프리단은 주장한다.

여성과 가족을 옹호하는 사회로 변화하려면 두 번째 단계의 페미니스트들은 남성의 정체성에 초점을 맞춰야한다. 왜냐하면 전세계적인 경제 침체로 남성의 일자리가 점점 더 불안해지고, 더불어 여성의 경제적 독립과 맞물려 남성의 정체성도 변하고 있기 때문이다. 남성은 가사 노동과 육아에 좀 더 참여해야만 한다. 이 일은 보람 있는 일이기 때문이다. 생활 공간과 사회적 맥락 역시 적절히 변화해서 육아, 가사, 요리 같은 집안일이 덜 부담스러워야 한다. 프리단은 20세기 초반 주거 아파트에 부속되었던 공동 부엌과 탁아소의 유익함을 크게 칭찬하고 있다. 이렇게 하면 여남이 분리된 영역에 속한다는 생각이 사라질 것이다. 그 결과, 개별 남녀들과 사회는 알파적 사유보다 베타적 사유(전통적으로 여성적인 것으로 인식된 사유)의 가치를 인정하게 될 것이다. 베타적 사유란 "통합적이고, 직관적이고, 정성적(qualitative)이고, '맥락적'이고, '관계적'"(244)이다. 반면, 알파적 사유란 "분석적이고, 이성적이고, 양적이며, 권위에 대한 위계적 관계에 의존한다"(38). 두 번째 단계 페미니즘 운동은 알파보다는 베타식으로 사유해야만 한다고 프리단은 주장한다.

|

앨리슨 루리, 『테이트 가족의 전쟁』 (1974)

소설가 앨리슨 루리(Alison Lurie)는 20세기 중후반 미국 중산층 백인이 경험하는 삶을 잘 기록하고 있다. 이런 점에서 또 여러모로(아이러니의 사용이나 명민한 인물묘사) 루리는 제인 오스틴과 비견된다. 오스틴도 특정 계층에만 한정되기 때문에, 루리와 오스틴 모두 문학적 가치에 대한 논쟁을 낳기도 했다.[11] 루리는 영국과 미국에서 모두 인기가 많았다. 이는 미국 앵글로 개신교주의(WASPish)가 영국을 얼마나 애호하는지 그 정도를 표시해주며, 루리를 에디스 워튼(Edith Wharton)이나 헨리 제임스(Henry James) 같은 유럽화된 미국 소설 전통과 연결시키기도 한다. 루리의 소설은 보통 리얼리즘 모드로 쓰여졌고, 종종 자신에게 익숙한[12] 학계를 배경으로 하는 탓에 등장 인물들은 대학교수나 부인들이고, 이들의 성적 · 도덕적 딜레마를 작품에서 다루고 있다. 소설의 줄거리는 중심 인물의 삶을 혼란에 빠뜨리는 위협이나 낯선 상황으로 시작하고, 결국 소설의 결말에서 해결된다. 그러나 루리는 인물들의 관점과 생각의 과정을 대조시키는데, 특별히 여성과 남성을 절묘하게 대척점에 둔다. 이로써 아이러니와 모호함이 효과적으로 생성된다.

---

11 말콤 브래드버리(Malcolm Bradbury)의 글, "The Paleface Professor," *The Times*, Saturday, 19 January 1985. 6쪽을 보라.

12 루리는 코넬대학에서 영국문학을 시간제로 강의한다.

루리의 다섯 번째 소설인 『테이트 가족의 전쟁』은 미국과 영국에서 1974년 출판되어 대성공을 거뒀다. 주요 인물인 브라이언과 에리카 테이트는 부부이며, 슬하에 십대 자녀 둘을 두고, 코린트대학 캠퍼스에서 살고 있다. 브라이언은 대학의 정치학 교수이고, 에리카는 교수 부인이다. 브라이언은 여성과 남성은 서로 분리된 영역에 종사하며, 그의 영역은 경제적으로 돈을 벌어오는 역할을 하고, 아내의 영역은 가사와 육아를 전적으로 책임져야 한다고 믿는다. 소설은 초반부터 이런 역할에 대한 도전으로 시작하고 있다. 첫째, 테이트의 두 자녀는 쾌활하고 건전한 아이들이었지만, 지금은 뿌루퉁하고 반항적인 십대로 변화하는 과정에 있으며, 에리카는 자녀의 변화를 통제할 수 없고, 통제하려고 하지도 않는다. 두 번째, 에리카는 남편이 대학원생과 바람피고 있다는 사실을 알게 된다. 60년대 후반의 히피문화, 대안문화를 대변하는 웬디와 브라이언이 바람을 핌으로써 부부의 전통적인 생활양식은 급격한 변화를 겪게 되어, 이전의 안정된 삶에 대해 심각하게 질문하기에 이른다. 웬디는 브라이언의 아이를 임신하고, 브라이언은 자신의 아이를 낙태시킬 것을 종용한다. 이 사실을 알게 된 에리카는 일시적으로 웬디와 한 편이 되어 브라이언에 맞서면서, 브라이언을 집에서 내쫓는다. 그러나 소설이 진전되면서, 웬디는 낙태를 하고, 브라이언이 살고 있는 집으로 들어가 함께 산다. 이에 에리카는 외롭고 취약해진다. 결국 웬디는 다른 남자의 아이를 임신하게 되고 브라이언을 떠나 코뮨으로 들어간다. 결국 에리카와 브라이언은 일시적으로 다시 가까워진다.

소설 전체에 걸쳐 에리카와 브라이언의 관점이 교차되면서 서술된다. 결혼에서 발생하는 문제와 사건들은 전쟁의 메타포를 사용해서 묘사된다. 소설은 다양한 대립쌍을 도입하고, 이들이 붕괴되는 과정을 그리고 있다. 대립쌍은 테이트 가족의 분리된 여성 영역 vs. 남성영역(이들은 결국 분리되지 않았음을 소설이 증명한다) 뿐만 아니라, 급진적 학생운동 vs 보수적인 대학, 정치학과가 대변하는 학계의 논리적/이성적 사유 vs 크리슈나 책방의 대안적 신비철학이 대조되고 있다.

이론을 소설에 적용하기

『테이트 가족의 전쟁』은 1974년에 출간되었지만, 소설의 배경은 1969년이다. 1969년은 프리단의 『여성성의 신화』가 발표된 지 이미 6년이 지나서다. 『여성성의 신화』는 1950년대의 질병을 기록하고 있지만, 그 책의 충격은 1960년대도 여전히 생생하게 살아있었다. 루리의 소설은 여자 주인공 에리카가 '여성성의 신화'에 의해 잠식되어 있음을 보여주고 있다. 브라이언은 아내를 "쾌활한 아이 같으면서 동시에 진지하고 위엄이 있다"고 평가한다. "젊은 공주님"[13]이라고 부르기도 한다. 브라이언은 여성이 "본질적으로 남성과 다른, 신체적으로 약하고, 덜 이성적이면서, 더 부드럽고, 섬세하며, 더 민감하다"(262)고 생각한다. 그런 브라이언의 인식은 나중에 가차 없이 무너지게 된다. 여하튼 그는 다른 여성들과 마찬가지로 아내 에리카가 특별하고, 소중한 여성적 성격을 지니고 있기 때문에 에리카에게 적절한 자리는 가정이라고 믿는다.

> 브라이언은 나랏일이나 가정일이나 모두 각각 다른 영역이 있다는 원칙을 철석같이 믿어왔다. 자신의 결혼이 성공적인 이유는 부분적으로는 그 원칙을 잘 따랐기 때문이라고 믿었다. 그는 아내에게 중요한 정책 결정에 대해 조언해줄 수 있다. 하지만 통상 그는 그녀가 도맡은 집안일에 대해 질문하지 않았고, 에리카 역시 남편이 전문적인 삶에 간섭하려들지 않았다. (5)

결과적으로 에리카의 나날은 프리단이 묘사한 일상과 거의 비슷하게 닮았다.

> 수백만의 여성들은 미국의 교외에 사는 가정 주부들의 어여쁜 사진 속에 나오는 이미지 그대로의 삶을 살았다. 창문 앞에서 일터로 떠나는 남편에게 키스하고, 자동차에 아이들을 태워 학교에 데려다주고, 얼룩 한 점 없는 부엌 바닥을 새로 산 전기 왁서로 문지르면서 미소 짓는다. (『여성성의 신화』 16)

13 앨리슨 루리(Alison Lurie). *The War between the Tates* (London: Abacus, 1993), 55.

> 그녀는 일어서서 테이블을 닦고, 설거지를 하고, 하루의 일과를 시작한다. 아이들의 방을 건너 뛰면서 집을 치우고, 스웨터를 두 개 빨고, 한 시간 반쯤 그림을 그린다. 치킨 샌드위치를 만들어 점심으로 먹는다. 쇼핑을 가고, 은행에 간다.... 집으로 돌아와 사온 식료품을 정리하고, 랍스베리 무스를 만들어 레몬쿠키와 섞는다. 다니엘의 차가 진입로로 들어올 때까지. (『테이트 가족의 전쟁』 7)

아이들이 이제 십대에 들어섰는데, 브라이언은 아내가 대학에서 연구원으로 일하는 것을 싫어한다. 빈약한 보수를 받자고 다른 사람을 위해 일하기엔 집과 아이들에 대한 에리카의 임무가 너무나 막중하다고 생각하기 때문이다. 그는 에리카가 자신의 영역 바깥으로 나가는 것은 틀렸다고 믿는다.

'여성성의 신화'가 왜 나오게 되었는지 프리단이 지적한 이유들 몇 가지가 이 소설에도 그대로 나온다. 테이트의 전원 주택은 교외 주거지가 건설되고 있는 현장에 둘러싸여, 동네는 존스 크리크로(작은 개울가 동네, 역주)로부터 고급 랜치하우스가 가득한 글렌비유 하이츠(언덕 위 전원주택지, 역주)로 변모하는 중이다. 서서히 부상하는 소비 자본주의가 이 소설의 배경을 이루고 있고, 제멋대로 행동하는 십대 자녀들과 다른 몇 가지들이 소비 자본주의와 관련하여 에리카의 삶에 변화를 일으키고 있다. 아이들 문제는 온전히 에리카의 책임이라고 부부 모두 생각하고 있다. 게다가 십대 청소년으로서 당연해 보이는 행위를 에리카는 자신이 지나치게 무심하거나 과잉 보호해서 생긴 일이라고 생각한다. 그런 생각은 프리단이 비관하는 대중화된 프로이트 심리학의 영향을 받은 것인데, 프로이트 심리학은 여성성의 신화를 당연시하면서 엄마의 역할을 그 중심에 놓고 있기 때문이다.

비슷하게 소설은 섹슈얼리티의 문제가 여성성의 신화와 연결되어 있음을 보여준다. 브라이언과 에리카는 성적으로 늘 만족스럽지는 못한 부부다. 브라이언은 삽입 섹스를 선호하고, 에리카는 전희를 선호한다. 브라이언은 아내가 도전적이지 못하다고 여기고, 에리카는 남편이 너무 부담스럽다고 여긴다. 에리카가 대학에서 연구원을 할 것인지 말 것인지에 대한 논쟁에서 브라이언이 승리한 후, 그는 매우 조심스럽게 에리카와 사랑을 나눈다. 이에 에리카는 브라이언의 사려 깊은 사랑을 다시 경험해보기 위해 논쟁을 만들어 내려고 한다. 프리단은 섹슈얼리티에 대한 문제가 아닌데도 섹슈얼리티를 문제의 해결책으로 삼으려는 태도를 비판하고, 이런 태도는 여성이 가정에 갇혀있기 때문이라는 통찰을 제시한 바 있다. 이 소설은 프리단의 통찰이 지닌 진실성을 증명해주고 있다. 브라이언이 웬디와 바람을 피우고, 에리카는 대학 시절 자신을 좋아하던 남자 샌디 핀켈스타인과 점점 친밀해지는데, 이런 관계들은 딱히 성적 욕구이기 보다는, 자기 이미지, 젠더 역할, 가족 상황에서 발생한 문제에 대한 반응일 뿐이다.

브라이언은 조지 케난(George Kennan)[14]을 추종하여 누구든지 분리

14 조지 케난(George Kennan)의 글이 브라이언 테이트에게 끼친 영향을 살펴보려면, 쥬디 뉴만(Judie Newman)의 논문, "Sexual and Civil Conflicts: *The War between the Tates*" in *University Fiction*

된 영역에서 영향을 발휘한다는 원리를 신봉한다. 이는 프리단이 지적했던 기능주의와 맞아떨어지는 부분이다.

> 기능주의(functionalism)란 사회학을 보다 과학적으로 만들기 위해서 생물학에서 아이디어를 빌려온다. 그래서 사회 기관을 마치 근육이나 뼈의 기능처럼 연구하면서 시작되었다. 사회 기관을 오로지 사회 내의 기능으로만 연구함으로써, 사회학자들은 비과학적으로 보일 수 있는 가치 판단은 피하려고 했다.... 실제로 '그것의 기능은 이러하다'라는 기술적인 말은 종종 '기능은 이래야 한다'는 당위적 진술로 바뀌지곤 했다. (『여성성의 신화』 112-3)

브라이언은 조지 케난의 신봉자로서 학과 회의에서 열띤 토론을 한 후, 학과 갈등에 대한 구조적인 분석과 타협안을 제시한다(143). 분리와 견제를 강조하는 케난주의나, 사회에 대한 기능주의적 모델은 모두 다 현상을 유지하거나, 대책이 없다는 쪽으로 결론을 내리게 된다. 젠더 관계에서 이 모델을 적용하는 브라이언은 변화를 피하게 되고, 가능한 한 모든 곳에서 전통을 고수하고자 한다. 이러한 기능주의를 프리단이 비판하는데, 그런 비판은 『테이트 가족의 전쟁』에도 나타난다.

마찬가지로 프리단은 여성이 여성에게만 특화된 고등교육을 받아야 한다는 프로이트의 영향 하의 이런 주장을 비판하는데, 이런 비판은 소설에도 역시 나타난다. 브라이언은 에리카를 공부하는

(Amsterdam: Rodopi, 1990). David Beva가 편집한 책, 103-23쪽을 보라.

사람으로 인식하지 못한다. 에리카가 래드클리프에 다닐 때 무엇을 전공했는지 확실하지 않다. 확실한 것은 에리카가 졸업 후 아동도서 작가와 삽화작가로 일하면서 돈을 벌었다는 사실이다. 에리카에 대해 이 정도 설명에 그치는 것은 학자로서 브라이언의 커리어를 상세하게 설명하는 것과 크게 대조를 이룬다. 웬디는 사회심리학을 전공하는 대학원생인데, 브라이언은 여성에게 교육은 결혼을 위한 준비에 불과하다는 기능주의적 견해를 고수한다.

> 웬디는 똑똑하다. 하지만 그녀는 학문할 두뇌는 아니니다. 최근까지 웬디같은 여자는 제아무리 SAT 점수가 높아도 통상 대학원에 진학하지 않는다. 하지만 요즘은 웬디 같은 여자들이 학부 때 결혼할 사람을 찾지 못하면 대학원에 진학해서 남자를 찾는다. 종종 자신의 상황과 관련이 있는 심리학이나 사회학을 공부하면서 말이다. (31)

브라이언은 사회심리학 대학원 과정을 경멸한다. 과목들이 "상식과 허튼소리, 이미 알려진 사실과 잘못된 사실이 동등한 비율로 섞여있다"(28)는 이유다. 물론 브리이언의 견해가 소설에서 의문시되긴 하지만, 웬디는 분명히 생각이 모호하고 수동성을 전략으로 사용하며, 남의 말에 쉽게 동요하는 사람인 것은 맞다. 웬디가 이런 약점을 가지고 있음에도 불구하고 대학원 공부를 계속하고, 젊은이들의 시위에 참여하고, 크리슈나 책방과 관계를 유지하고 있다. 공부, 시위, 크리슈나책방은 모두 브라이언이 위협적으로 느끼는 여성화된 환경을 형성한다.

『테이트 가족의 전쟁』은 '여성성의 신화'라는 문제에 대해 프리단이 제안하는 해결책과 똑같은 몇 가지 해결책을 제시한다. 다니엘 지먼(Danielle Zimmern)은 버니 코텔추크(Bernie Kotelchuk)와 결혼 전 비공식적인 합의를 하는데, 그 합의에는 다니엘이 계속 학교에서 일하고, 은행 계좌를 각자 소유하며, 집안일을 함께 하고, 휴가는 따로 즐기는 약속이 포함되어 있다. 이는 프리단이 해결책으로 제시했던 결혼의 한 예다. 에리카도 브라이언과의 관계를 재개한다면 그땐 자신이 밖에서 일하는 것을 남편이 동의하리라 생각하고, 결혼 계약도 괜찮은 생각이라고 여긴다. 이로써 에리카와 브라이언의 결혼이 결국 변화하고, 일련의 사건들을 통해 젠더 영역의 분리라는 생각에 도전하게 될 것임이 분명하다.

루리의 소설은 『두 번째 단계』가 제시하는 새로운 입장과도 공유하는 부분이 있다. 소설은 『두 번째 단계』의 배경을 이루는 70년대 말, 80년 초에 있었던 경제적 침체와 뉴라이트 아젠다가 생겨나기 전에 출판되었지만, 소설은 프리단이 『두 번째 단계』에서 비판하는 첫 번째 단계 페미니즘 사유와 활동에 대해서도 소설 중반 이후에 언급하고 있다. 에리카는 친구 다니엘의 페미니즘은 장난감 목마(hobby horse)--"새빨간 흔들의자에 올라타고 있는 나무로 만든 큰 회백색 말, 못생기고 공격적인 암컷"(15)--에 불과하다고 회화한다. 다니엘이 페미니즘에 새롭게 관심을 갖는 이유는 오로지 결혼이 깨졌기 때문에 그로 인한 분노 때문이라고 에리카는 생각한다. 즉, 이성적인 신념체계나 정치적 행위가 아니라, 개인적 이슈에 대한 감정적 반응이라고 보는 것이다. 에리카는 자신의 결혼에 문제가 생겨서야 비로소 다니엘이 옳았음을 인정한다. 이렇게 소설은 페미니즘이 행복하게 결혼한 여성에게는 별로 도움이 될 게 없고, 페미니즘을 반가족적인 입장에 위치시킨다.

페미니즘에 대한 이런 입장은 낙태와 섹슈얼리티에 대한 소설의 관점에서도 분명하게 드러난다. 프리단이 "성정치학의 수사"(『두 번째 단계』, 49)라고 명명한 것은 웬디의 수사와, 웬디 세대 여성들의 성적 자유와 연결된다. 여성의 성적 자유는 통상 반가족적 입장으로 여겨지고, 남성들이 스스로 쾌락을 누리기 위하여 여성의 성적 자유를 이용하는 것이라고 생각되었다. 소설에서 웬디의 처지를 보면 성적 자유가 반가족적임이 분명하다. 웬디는 (합리적으로) 안정된 결혼을 위협하는 존재이기 때문이다. 여성의 성적 자유가 남성의 쾌락을 위해 이용된다는 관점은 소설에서 낙태를 취급하는 방식을 보면 분명하다. 소설의 챕터 하나가 통째로 웬디의 첫 임신과 관련된 대화 세 개에 할애되고 있다. 첫 번째 대화에서는 에리카가 의사로부터 낙태에 대한 정보를 구하려 하고 있다. 의사는 에리카가 임신했다고 추측하면서 임신을 지속할 것을 권유한다. 그는 낙태가 불법이고, 만일 친구를 도우려 한다면 범죄에 가담하고 있음을 에리카에게 준엄하게 상기시킨다. 낙태를 위해 친구로부터 도움을 구하는 사람은 결국 브라이언이다. 독자는 여기서 분명히 아이러니를 발견하지 않을 수 없다. 즉, 남자가 여성의 재생산 관련 결정을 통제하고 있으며, 남자가 낙태를 지지하는 입장을 취하고 있다는 아이러니다.

이와 대조적으로, 에리카는 브라이언이 웬디와 결혼하고 아이를 키워야한다고 결정한다. 이런 결정은 에리카가 웬디에게 아침식사로 계란을 부쳐주면서 일어난다. 이때 계란은 태어나지 않은 아이에 대한 명민하고 본능적인 메타포가 된다. 그러나 브라이언은 웬디가 낙태하기를 원하고, 결국 낙태한다. 그는 웬디와의 관계가 예전처럼 진행되길 원할 뿐 웬디와 아기가 함께하는 새로운 가족을 원하지는 않는다.

웬디가 다시 임신하자 아기의 아빠가 누구인지 불분명하다. 결국 웬디는 다른 파트너인 랄프와 함께 코뮨으로 떠난다. 웬디는 랄프의 견해, 결혼하지 않은 커플은 "언제든지 헤어질 수 있고, 만일 관계가 지속된다면 그건 진짜 좋아하기 때문이다"(300)라는 말을 인용한다. 에리카는 "웬디는 계속해서 순전히 이기적인 목적으로 남자가 한 말을 자기의 의견인 듯이 반복했다"고 생각한다. "결혼이란 사회 계약이야. 모든 사람이 네 친구처럼 생각한다면 가족은 해체되고, 부모는 제 아이들을 버리게 될 거야"(301)라고 에리카는 거듭 생각한다. 이 소설은 프리단의 『두 번째 단계』와 마찬가지로 분명히 성적 자유와 성정치학을 대항문화, 반가족주의과 동일시하고, 페미니즘을 남성이 전유해버렸다고 여긴다. 소설의 결론부분에서 묘사되는 여성과 동성애권리를 지지하는 다양한 그룹들, 모택동주의자들에 의해 평화 행진이 강제로 이용당하는 모습, 심지어 지역사업체와 서비스를 위해 이용당하는 아이러니컬한 이미지에서 분명하게 드러난다.

『테이트 가족의 전쟁』은 남성적 사유와 여성적 사유에 대해 『두 번째 단계』와 비슷한 주장을 한다. 프리단과 마찬가지로 에리카는 첫 번째 단계 페미니스트들이 남성적 특질 중에서 최악의 특질을 획득했다고 본다. "그들은 시끄럽고, 공격적이며, 경쟁적이고, 주로 남성이 보여주는 남보다 한 발 위에 서는 술책을 쓰고"(191), 못된 언어를 사용한다. 비슷하게 '인간 평등을 위한 여성들'(WHEN: Women for Human Equality Now) 그룹도 남자처럼 취급받고자 하는 실수를 저질렀고, 다른 사람을 위해 문을 잡아주는 행위들을 못마땅하게 여겼다. 이 소설은 여성들에게 소위 남성적 특질이나 알파 사유를 강요하지 않고, 베타 사유가 중요함을 보여주고 있다. 브라이언이 자기 행위를 정당화하는 방식은 알파적 특질로서 풍자된다. "그는 멈추고, 숨을 고르려 한다. 그는 정신을 가다듬고, 상황을 종합적으로 살펴보고, 구조적으로 분석하며, 관련 없는 데이터를 거부한다"(87). 소설은 결국 브라이언이 가정의 감정적 문제들에 직면하도록 만든다. 브라이언은 가정과 감정에 관련된 문제들은 통상 에리카의 영역으로 여겨왔었다. 프리단의 용어에 따르면 이 영역은 "남성에게는 너무나 낯선 개척지"이며 "모든 인간성의 핵심이면서도 오랫동안 남성들에게는 신비롭고 금지된 영역"(『두 번째 단계』 153)으로 여겨왔던 내면의 영역, "혼란스러운 느낌"의 영역인 것이다. 웬디는 작은 아파트에서 브라이언의 영역을 마구 침범하고 개인 위생품과 관련하여 전혀 부끄러워하지 않는다. 그러나 브라이언은 웬디의 침입으로 최근 저술이 방해받고 있으며, 아이들과의 관계가 날로 나빠지고 있다. 이런 점들은 바로 베타 사유의 중요성을 보여주고, 프리단이 지적했던 가정과 일터를 조화롭게 구조해야할 필요성을 잘 보여준다. 마찬가지로 에리카를 흠모하는 샌디 핀켈스타인과 그가 운영하는 크리슈나책방은 브라이언이 보기엔 비학술적이고, 엉성하고, 실패작이지만, 이들은 알파적 이성주의에 도전하는 심각한 위협으로 등장한다. 어쩌면 희망 없이 오랫동안 에리카를 흠모하는 샌디야말로 두 번째 단계에서 프리단이 남녀에게 꼭 필요로 하다고 주장하는, 새로운 감정과 가족형태를 제공할지도 모른다.

소설을 통해 이론 다시 보기

그러나 소설 『테이트 가족의 전쟁』은 프리단의 두 책들 안에 있는 분석의 모호함과 문제들을 잘 드러내준다. 프리단은 50년대 '여성성의 신화'를 훌륭하게 묘사하지만, 과연 50년대 여성들을 제대로 정확하게 묘사하고 있는지 의문시 되었다. 프리단은 여성들이 20세기 초기에는 튼튼한 지위를 지니고 있었는데, 50년대에 이르러 그 지위를 상실했다고 본다. 이런 현상이 여성성의 신화를 증명해준다는 프리단의 견해는 많은 비판을 받았다. 또한 프리단의 여성성 신화에 따르면 2차 세계대전 이후 많은 여성들이 집밖에서 일하지 않고 집에 머물렀음을 기정사실화하는데, 이 역시 비판을 받았다. 라일라 J. 루프(Leila J. Rupp)와 버타 테일러(Verta Taylor)에 따르면, "베티 프리단은 여성성 신화를 제2차 세계대전 이후에 나타난 새로운 현상으로 제시했지만, 사실 여성성 신화는 전통적인 이상으로 여겨지는 여성상의 특정 버전이고, 19세기 통용되던 '진정한 여성(True Womanhood)'개념의 연장선에 있다"[15]고 비판한다. 통계적으로 볼 때 2차 세계대전 후 이전보다 더 많은 여성이 집밖에서 일했다(루프와 테일러, 15).

'여성성의 신화'가 왜 생겼는가에 대한 프리단의 원인 분석도 의문시된다. 프리단은 '여성성 신화'의 원인으로 소비주의와 교외 이주, 광고주들의 "성적 판매술", 프로이트의 대중화된 심리학버전, 기능주의를 지목하지만, 이들은 모두 20세기 중반 자본주의, 가부장제 이데올로기가 드러난 것일 뿐이다. 프리단은 이런 이데올로기(이런 단어를 사용하지는 않지만)가 경제사회적 요인과 어떻게 관련되는지, 이런 이데올로기가 개인이 주체성이나 자아를 경험하는 것과 어떻게 관련되는지 분명하게 말하지 않는다. 샌드라 디크스트라(Sandra Dijkstra)는 "프리단이 피상적인 적을 공격할 뿐, 진짜 원인은 가만두고, 여성의 종속적인 상황을 유지시켰던 이데올로기적 수

15 라일라 J. 루프(Leila J. Rupp)와 버타 테일러(Verta Taylor)의 책, *Survival in the Doldrums: The American Women's Rights Movement, 1945-1960s* (Oxford: Oxford UP, 1987), 14.

단이나 매개만을 공격한다"[16]고 비판한다. 프리단은 공/사 영역이 왜 분리되고, 젠더화되어 유지되었는지 역사적 원인을 분석하지 않는다. 그러려면 좀 더 자본주의와 가부장제의 교차점에 대한 좀 더 철저한 역사적 연구가 필요하다. (3장 마르크시즘 페미니즘의 분석을 보라.) 예를 들어 프리단은 볼링장과 마켓에는 애들 놀이방이 있는데, 학교나 연구실과 정부 사무실에는 놀이방이 없는 현상의 중요성을 무시해버린다. 하지만, 사실 이는 중요한 문제로서, 볼링장과 마켓에서 놀이방을 제공하면 여성들이 그곳에서 돈을 소비하겠지만, 학교와 연구실과 학교에 놀이방이 없으면 여성들은 돈을 벌지 못하게 된다.

비슷한 방식으로 프리단은 여성은 자신의 통제를 넘어선 강력한 힘으로서 '여성성의 신화'에 휘둘린다고 말하다가, 또 어떤 때는 여성들이 '여성성의 신화'에 공모하고 있다고 비난하기도 한다. 각 장은 언제나 여성을 억압하는 힘에 대해 기술하고, 이런 힘에 저항할 것을 촉구하면서 끝난다. "이 자유로운 땅에서 수백만의 능력 있는 여성들은 교육이 그들에게 열어 놓은 문을 사용하지 않기로 선택했다. 집으로 서둘러 돌아가려는 선택 혹은 책임은 결국 자신의 몫이다"(『여성성의 신화』 159), 어느 정도까지 여성이 지배 이데올로기에 저항할 수 있는가에 대해 프리단은 분명하게 답하지 않는다. 이렇게 프리단은 개인적 차원의 분석에 머무르고 있는데, 이는 여성

---

16 샌드라 디크스트라(Sandra Dijkstra)의 논문, "Simone de Beauvoir and Betty Friedan: The Politics of Omission," *Feminist Studies* 6(1980): 293-303. 295.

이 젠더로 인해 특정한 사회경제적 위치를 갖고 있다는 자신의 함축적 주장과 모순된다. 질라 아이젠스타인(Zillah Eisenstein)은 프리단이 주장하는 여권은 개인적 차원의 권리일 뿐, 여성 전체 차원은 다루지 않는다고 주장한다. 여성 전체를 다루려면, 성적-계급적 분석(sexual-class analysis)이 필요하다고 주장한다.

루리의 소설에서도 분리된 성적 영역은 부정할 수 없는 삶의 현실이다. 그런 의미에서 루리의 소설은 『여성성의 신화』와 마찬가지로, 눈에 보이지 않지만 이데올로기의 분명한 존재를 인정한다. 그러나 루리는 프리단이 제기하지 않는 다른 문제들을 함께 제기하고 몇 가지 가능한 해답을 고려하도록 만든다. 이를 위해 여러 가지 장치들을 사용한다. 첫째, 주요 등장 인물의 관점들이 교묘하게 충돌한다. 두 번째, 등장 인물들에 대해 아이러니칼한 논평이 나온다. 세 번째, 새로운 인물과 상황이 등장하면서, 중심 인물이 변화하고 발전하고, 자신과 다른 태도들을 직면하지 않을 수 없게 된다. 에리카의 경우, 대학에서 조교직을 잡는 문제에서 그녀의 의견이 변화한다. 처음에는 밖에서 일하면 자존감이 높아지고 아이들과의 관계도 좋아진다는 다니엘의 의견에 동조하다가, 브라이언의 영향을 받은 후 에리카의 일은 오로지 집과 아이들 뿐이라고 생각이 변한다. 마침내 아이러니칼하게도 에리카는 자신이 가정을 저버리는 것은 이기적이고 탐욕스러운 짓이며, 그런 선택을 하는 자신은 도무지 생각이 없는, 믿을 수 없는 여자, 뭐하나 제대로 못하는 여자가 된다고 확신하게 된다(64). 그러나 그런 논쟁은 논쟁으로써 자체 한계가 있다. 이를테면 아이들을 돌보는 아빠의 임무에 대해서는 비교할 만한 참조점이 없다는 게 문제다. 또 논쟁이 에리카의 안녕 보다는 아이들의 안녕에만 초점을 맞추고 있다는 사실도 문제다. 이 문제들은 남녀는 분리된 영역이 있다는 이데올로기와 가부장제의 이득에 봉사하는 권력 구조를 드러내고, 이런 이데올로기와 협상해야 하는 개인의 경험들을 드러내야 해결 가능하다. 이야기가 진행되면서 웬디 가하간(Wendy Gahaghan)과 샌디 핀켈스타인(Sandy Finkelstein)과 같은, 에리카나 브라이언과는 전혀 다른 생활양식과 관점, 가치관을 지닌 사람들이 등장한다. 이런 인물들로 인해 독자, 에리카, 브라이언은 확고했던 성적 영역의 분리가 차츰 희미해진다. 그리고 젠더, 사회 역할, 가족 구조에 대한 (임시적이긴 해도) 새로운 대안적 이론을 만들어낼 수 있게 된다. 예를 들어 브라이언에 대항하는 여성 연대인 웬디, 에리카, 다니엘로 이뤄지는 여성 연대의 가능성은 주인공들의 전통적인 남녀 지위에 대한 논리와 가정에 의문을 제기하는 것을 가능케 한다.

이렇게 루리의 소설은 이데올로기에 온전하게 휘둘리지는 않지만 이데올로기에 호응하는 만큼 사회제도에 얽매여 있는 인물들을 능숙하게 제시한다. 프리단은 개인이 이성적이고, 자율적이어서 사회제도와 상관없이 결정을 내릴 수 있다고 보지만, 루리는 개인이 자유롭게 결정하는 데는 어려움이 있다고 주장한다. 즉, 정체성은 환경에 의해 휘둘리고, 다른 사람들의 행동에 의해 끊임없이 영향을 받고 있다는 것이다. 브라이언의 바람은 에리카를 광대극의 퇴짜 맞은 아내로 만들어버린다. 아이들의 행동은 에리카를 불성실한 엄마로 만든다. 새로운 전원 주택지를 조성하는 개발자들은 에리카를 교외의 전업 주부로 취급한다. 에리카는 처음엔 다른 이들의 영향에 대해서만 생각했었지만, 점차 에리카의 사유는 개인에서 사회로 확장된다.

> 마치 무대 위에 있는 듯했다. 조명은 호박색으로부터 파란색으로 변화하고, 배우들 뒤로 풍경이 바뀐다. 오두막과 정원이 보이는 커튼이 위로 올라간다. 마을 사람들은 움직이지 않는다. 그러나 지금 산과 폐허를 배경으로 하는 그들은 뭔가 어색해보이고, 작아 보이고, 옷차림이 지나쳐 보인다. 어쩔 수가 없다. 이게 바로 중년 여성이 겪는 최악의 상황이다. 이미 선택했고, 아직 미숙할 때 오래 전에 삶의 중요한 행동을 결정해버렸다. 지금은 너 자신과 세상에 대해 좀 더 잘 안다. 이제야 선택할 능력이 생겼지만 선택할 일이 남아있지 않다.
>
> 에리카는 생각한다. 다니엘의 말이 옳아. 남자는 처지가 훨씬 낫다. 브라이언은 중요한 일이 있고, 그는 결정을 내린다.... 그녀에겐 결정내릴 일은 없고, 오로지 반복되는 일상만 있을 뿐이다. 그녀가 할 수 있는 거라고는 견디는 것 뿐이다. (45-6)

위의 인용구는 개인이 자율적이고 스스로 결정할 수 있는 존재라는 생각을 비판한다. 그런 생각은 오로지 남자들만 가능하다. 그럼에도 불구하고, 에리카는 구조적으로 불가능한 중요 결정을 내릴 수 있게 되고, 결국 다른 사람에게도 영향을 미친다. 에리카는 마을 합창단의 단순한 멤버 그 이상의 역할을 하게 된다. 이런 방식으로 루리의 소설은 개인이 특정한 문화적 가치를 내재적으로 받아들이게 되는 복잡한 과정을 증명하고 있다. 이는 『여성성의 신화』에서 나타나듯이, 보울비(Bowlby)의 용어로 "희생이나 주체성에서 망설이는 태도"(보울비, 69)라고 볼 수 없다.

루리의 소설은 자아를 젠더화하는 이슈에 대해 프리단보다 더욱 명료하게 다루고 있다. 여자와 남자는 정말 다른가, 다르면 무엇 때문에 다른가? 이런 질문을 루리는 프리단보다 더 명확하게 질문한다. 프리단은 여성이 남성과 똑같이 온전한 인간이라고 주장하면서도, 인간에 대한 그녀의 정의는 문화적으로 남성적이다. 집밖의 일은 합리성/독립성과 동일시한다. 『여성성의 신화』에서 프리단은 "온전한 인간이 된다는 것은 .... 여성성과 딱히 똑같지 않다"(169)고 말한다. 물론 프리단은 남성성을 규범으로 보고 여성성은 규범으로부터의 일탈로 보는 문화적 코드에 대해 적절히 비판하긴 한다. 그러나 프리단은 여성들도 교육을 받아서 남성적 가치를 공유해야 한다고 주장하면서, 은근히 여성의 전통적인 역할을 폄하하고 정작 필요한 젠더 고정 관념을 무너뜨리려고 하지 않는다. 프리단은 젠더 차이가 왜 생겨나는지도 논의하지 않는다. 이에 반해 루리는 다양한 관점을 제시하는 덕에 젠더 차이에 대한 서로 다른 견해를 여럿 제시할 수 있다. 브라이언은 여성이 남성과 본질적으로 다르다고 생각하지만, 소설이 끝나갈 무렵 도전을 받게 된다. 다니엘은 여성을 억압받는 존재로 보고, 학생 활동가인 사라는 여성은 타고난 우월성을 지닌다고 브라이언을 가르친다. 에리카 역시 다양한 견해를 접하면서 성장하게 된다. 루리의 소설에서 남녀 관계에 대한 무엇보다 중요한 메타포는 바로 전쟁이다. 그러나 이러한 관점은 텍스트를 읽으면서 독자들이 선택할 수 있는 다양한 여러 관점 중 하나일 뿐이다.

『여성성의 신화』에 나타나는 계급, 인종 이성애적 편견은 늘 비판의 대상이다. 프리단의 아젠다는 백인 중산층 이성애 여성이 가정에서 벗어나 중산층 백인 이성애 남자의 가치와 생활양식을 따르는 것이다. 프리단은 노동자 계급 흑인 여성의 경험은 교외의 가정주부의 경험과 같지 않고, 집밖에서의 일, 육체 노동이나 비전문직의 일은 남녀 모두에게 착취적이며 육체적으로 고단하다는 사실을 무시하고 있다. 또한 프리단은 양쪽 부모가 모두 밖에 나가서 일하면 어린 아이들은 누가 돌보고, 집안일을 누가 할지에 대해서도 모호하다. 또한 동성애에 대해서도 인지하지 못하고, 핵가족 이외 생활 양식도 인지하지 못하고 있다. 『여성성의 신화』에서 프리단은 페미니즘이 초래하는 최악의 결과는 남성 동성애의 증가라고 지적한다. 마치 남성 동성애는 명백하게 회피해야 할 것으로 여기고 있는 것이다.

루리의 소설도 마찬가지로 백인 중산층 이성애 맥락이지만, 이러한 맥락은 학생들의 대안적 삶의 방식과 크리슈나 책방의 존재에 의해 위협받고 있다. 이들은 프리단의 책에서 규범적(normative)으로 여기는 환경이 사실상 제한적임을 강조하고 있다. 브라이언은 웬디가 낳은 흑인 아기를 키워야 하는 가능성에 어쩔 수 없이 직면하기도 한다. 브라이언은 웬디와 처음 만나면서 매우 리버럴한 성적 행위를 경험하게 되지만 결국 그녀는 코뮨으로 떠난다. 결국 이런 위협들은 작품의 끝에서 해결되긴 해도 위협들은 여전히 브라이언과 에리카가 사는 세상에 대한 아이러니컬한 대척점으로 작용한다.

비슷하게 루리의 소설은 섹슈얼리티, 모성, 육아에 대해 프리단이 갖는 문제점들을 지적해내고 있다. 프리단의 『여성성의 신화』에 나타나는 모순 중의 하나는 여성성의 신화가 성적인 기능장애의 원인이 되면서도, 섹슈얼리티가 성과 관련없는 문제를 해결할 수 있다고 주장하는 점이다. 섹슈얼리티가 문제의 증상이면서 동시에 문제를 해결할 수는 없기 때문이다. 비슷한 모순이 모성과 양육 문제에도 나타난다. 여성성의 신화는 엄마 역할을 중시하고 소중하게 여긴다. 그래서 엄마 역할을 잘해야 하고, 엄마 역할을 잘 못하면 비난도 받는다. 에리카는 아이들에 대해서 비슷한 모순을 경험한다. 아이들에게 대해 책임을 느끼고, 아이들에 대해 소홀한 것에 대해 자신을 힐책하다가, 행여 아이들을 질식시키는 것은 아닐까 두려워한다. 에리카는 가끔씩 생물학적인 이유로 양육을 여자에게 떠넘기는 사회 제도가 불공정하다고 느끼면서도, 가끔은 생명을 창조하고 양육하는 여성 능력이 귀하고 독보적이라는 생각을 한다.

웬디의 관점도 에리카처럼 들쑥날쑥 모순된다. 낙태에 동의하다가, 거부하고, 결국 낙태를 하고, 그 다음엔 또 임신을 하게 된다. 에리카와 웬디가 비슷하게 경험하는 것은 독자가 양육과 모성을 둘러싼 모순을 느낄 수 있도록 해주고, 이에 대해 반응할 수 있도록 한다. 둘은 논쟁하면서, 논쟁하는 용어들이 제한적임을 드러낸다. 에리카는 결혼이라는 사회 계약이 핵가족을 강화시킨다고 주장하는데, 웬디는 뱃속에 있는 아이와의 관계는 본능적이고 본질적이라고 맞선다. “아기는 정말 무거워요. 난 아기를 떠나지 않아요. 난 언제나 온전히 아기에게 속해요”(300). 모성에 대한 생물학적 이해와 사회적 문화적 이해라는 대립적 입장은 끝까지 해결되지 않고, 계속되는 대화 속에 불편하게 남아있다. 루리는 그 긴장을 명시하고 있는 반면, 프리단을 그 긴장을 묻어 두고 있다.

루리 소설이 제시하는 해결책은 프리단보다 훨씬 더 모호하다. 루리의 소설은 개인이 특정한 이데올로기의 파국으로부터 벗어나 자신의 길을 개척하는데 능력의 한계가 있음을 보여주지만, 불가능하다고 말하지는 않는다. 그러나 소설은 여성의 상황을 향상하기 위해서 교육 제도가 발휘할 수 있는 역할에 대해서 훨씬 덜 낙관적이다. 『여성성의 신화』에서 가장 불만족스러운 요소는 여성 교육을 “이름 없는 문제”에 대한 해결책으로 강조하는 것이다. 이전 장에서 교육이라는 것에 당대의 이데올로기가 얼마나 깊이 새겨져 있는가를 설득력 있게 제시했고, 어떻게 교육이 여성성 신화를 재교육하는 도구로 사용될 수 있는지를 이미 증명했으면서도 말이다. 루리의 소설은 에리카와 브리이언의 관계가 일련의 사건들을 통해서 변화될 것인지에 대해 답변하지 않는다. 소설은 단지 ‘보여’줄 뿐이다. 교육 제도는 특정한 지성적 사회적 성향에 의해 휘둘리고 있으며, 행위하는 능력은 언제나 문화적 맥락과 관련되어 있음을 증명해줄 뿐이다.

『두 번째 단계』도 첫 번째 책과 똑같이 비판의 여지가 있다. 예를 들어 이성애 핵가족과 백인 중산층 여성에만 초점을 맞추는 한계, 현존하는 자본주의 시스템 안에서만 움직이는 것, 개인의 미래를 결정하고 이데올로기적 세뇌에 맞서는데 개인의 능력에만 의존하는 것들이다. 주디스 스테이시(Judith Stacey)는 이를 "자유주의의 실패에 대한 자유주의자의 해결책, 페미니즘의 실패에 대한 페미니스트의 해결책"(스테이시, 224)이라고 불렀다. 하지만, 루리의 소설은 프리단이 『두 번째 단계』에서 개진하는 새로운 주장 중 세 개에 대해 문제를 제기한다. 루리의 소설에서 가장 놀라운 요소 중 하나는 젠더 관계에서 정치적 군사적 메타포를 폭넓게 활용한다는 점이다. 정치 군사 메타포는 그 책이 출판되던 당시 미국의 문화와 사회에 큰 충격을 주었던 베트남 전쟁과 관련이 있다(Newman, 104-5 참조). 그러나 전쟁 군사 메타포는 에리카와 브라이언의 관계를 넘어 더 큰 규모의 남녀 관계들과 관련되면서, 언어가 개인의 주체성에 영향을 끼치며, 자아와 사회가 연결되어있다는 사실을 훨씬 폭넓게 일깨운다. 에리카가 전쟁의 담론을 취하면서 이를 브라이언과 맞서기 위해 사용할 때, 개인적인 것은 정치적인 것에 진정 영향을 끼치고, 또 거꾸로도 영향을 끼칠 수 있음을 알게 된다. 이러한 연관성은 페미니즘 운동의 급진적 진영에서 주장하는 것과 정확하게 똑같다. 이런 급진적 주장들에 대해서 프리단은 『두번째 단계』에서 비난한다. 이들이 자유주의 페미니즘의 아젠다를 빼앗아 법적 개혁을 희생하면서 성정치학(사적이고 친밀한 성적 관계와 행위가 지니는 정치적 성격)을 강조하고 있다고 비난한다. 프리단은 페미니즘 제2물결의 가장 중요한 통찰에 저항하면서, 섹슈얼리티를 그저 개인적인 이슈로 "차단해 버리는"(bracketing off) 것이다.

루리의 소설은 프리단의 입장이 순진하다고 본다. 브라이언이 에리카에게 말하길, 웬디는 "당신이 신경 쓸 일이 아니야"라고 말하자, 이에 에리카는 응답한다. "내가 신경 쓸 일이 아니라는데 난 동의하지 않아요.... 그것은 소위 '선량한 독일인'이 한 말이죠." 프리단은 『여성성의 신화』에서 가정 주부가 되는 일을 2차 세계대전 수용소의 인간 말살과 비교했는데, 여기서 프리단은 개인적인 것이 정치적이라는 타당한 견해를 표명한다. 하지만 두 번째 책에서는 이를 아젠다의 중심에 놓지는 않는다. 프리단은 여성의 낙태 권리를 여성이 자신의 몸과 섹슈얼리티 대한 통제력을 가지고 있다는 주장의 맥락이 아니라, 여성이 아이를 '갖도록 선택'할 수 있는 권리의 맥락에서 주장하고 있다. 소설은 핵가족이 여성을 억압하는 잠재적 장소가 될 수 있음을 보여주지만, 이런 인식에 프리단은 동조하지 않는다.

루리의 소설은 변증법적으로, 혹은 해체적으로 읽힐 수도 있다. 변증법적 독법으로 보면, 일단 정립 명제(thesis)은 이성애 결혼 커플이 분리적 젠더 영역에서 잘 사는 모습이다, 반정립(antithesis)은 웬디의 생활양식인데, 이는 정립된 가정에 의문을 제기한다. 그리고 정립과 반정립을 포함하는 종합(synthesis)에 이르게 된다. 소설은 독자들이 이러한 변증법적 과정을 따르면서 양쪽을 아이러니칼하게 바라보도록 권고한다. 소설이 끝나면 독자는 인물들의 삶에 중요한 변화가 일어났고, 이는 사회의 변화를 반영하고 있다고 볼 수도 있고, 혹은 진전되는 과정이 애매하다고 느끼고 현상태로 돌아갈 수도 있다. 소설을 해체적 독법으로 읽는다면, 두 개의 반대 쌍, 반대지만 서로 의존하는 대립 쌍들을 발견해낼 것이다. 대립쌍의 한쪽은 더 많은 권력과 지위를 가지고 있기 때문에 지배하는 위치에 있다. 이를테면, 브라이언/에리카, 남자/여자, 대학/크리슈나책방의 대립 쌍을 예로 들 수 있다. 소설이 진행되면서 애초 보이듯이 둘이 분리된 것이 아님이 드러나고, 소설이 끝날 때엔 둘 사이의 구분이나 위계적 관계가 붕괴해버린다. 그러므로 이 소설은 프리단의 변증법적 모델을 반복하면서도 이에 의문을 던진다. 프리단의 경우 정립 명제는 여성성의 신화에 대항하는 첫 단계 활동이고, 프리단의 반명제는 페미니스트의 신화가 지나쳐서 여성들에게 알파사유 혹은 남성성을 획득하라고 요구하는 것이다. 페미니스트 신화는 성정치학에 집중하여 급진적 아젠다를 강조함으로써 평범한 여성들을 페미니스트 운동으로부터 떨어져나가게 했다고 프리단은 생각했다. 프리단의 종합 명제는 전통적으로 여성적인 특질들(양육, 베타사유)을 다시 재평가하여 가치를 인정하고, '여성적인 특질'을 '젠더 고정 관념'과 구분해버린다. 그래서 그 여성적 특질들이 여성과 남성 모두의 우선적 가치가 된다.

소설의 끝부분에서 꼬마 하나가 이렇게 묻는다. “엄마, 전쟁이 이제 끝날까요?”(310). 이 질문에 대해 소설은 확실한 답변을 제시하지 않고 모호하게 남겨둔다. 루리의 소설은 인간이 변증법적으로 진보한다는 모델이 너무 이상적이라고 본다. 인간이 진보한다는 모델은 직선적, 합리적, 진화적 함축성을 지니기 때문에 확실히 남성적인 젠더 편견을 고스란히 보여준다. 루리의 소설은 프리단이 제시하는 남성적인 발전 모델은 베타 사유를 우선시해야 한다는 자신의 주장과 모순을 일으킴을 지적하는 셈이다. 또한 루리의 소설은 프리단의 『두번째 단계』에서 젠더 정체성을 인식할 때 모순이 있음을 지적한다. 즉, 프리단은 젠더 정체성은 젠더 고정관념적 인격 특성으로부터 해방되어 양성적 미래를 향해 변증법적으로 진보한고 있다고 주장하는데, 동시에 전통적인 여성적 특질을 긍정적으로 평가하는 것은 모순이다.

결론

루리의 소설은 프리단의 책에 드러난 많은 모순들을 전면에 드러나게 한다. 프리단의 모순은 겉으로 적나라하게 드러나는 것이 아니라 내재적으로 함축된 수준에서 작동하고 있는데, 루리는 그 모순들을 쉽사리 타협시키지 않고 소설의 전면에 드러나게 한다. 루리의 소설은 여러 등장 인물들의 견해가 서로 충돌하는 가운데 모순을 드러내고, 이야기가 진행되면서 프리단의 책들이 제기한 비슷한 문제에 대해서 독자들 스스로 의견을 갖도록 만든다. 그래서 독자는 자유주의 페미니즘에 대해 몇 가지 중요한 결론에 이르게 된다. 자유주의 페미니즘은 개인이 사회/이데올로기와 갖는 관계에 있어서 문화적으로 용인되는 입장을 고수하고 있고, 젠더 차이에 대해 규범적인(모순적이지만) 모델에 따르고 있으며, 정치적 행동과 진보와 변화에 대해 전통적인 입장을 고수한다. 이런 점에서 자유주의 페미니즘은 우리 사회의 현재 있는 그대로의 구조를 유지하는 데 노력을 투자하고 있으며, 그 구조 밖으로 움직이려고 하지 않는다. 이 점이 가장 큰 한계다. 그래서 자유주의 페미니즘이 페미니즘 이론이나 정치적 운동에서 가장 인기 있고, 동시에 가장 덜 위협적인 이유다. 그렇기 때문에 자유주의 페미니즘은 그들의 아젠다를 전략적으로 동등권 법안을 통과하는 캠페인과 같은 특정한 페미니즘 목적을 위해 활용될 수 있다.

Chapter 3

마르크스주의 페미니즘

페미니즘 이론과 비평 • Chapter 3

마르크스주의 페미니즘

서론

자유주의 페미니즘은 우리가 살고 있는 사회를 '변화'시키는 것은 꺼렸다. 자유주의 페미니즘은 그 점에서 한계가 있지만, 마르크스주의 페미니즘은 다르다. 대다수의 마르크스주의 페미니스트는 자본주의 가부장사회에서 여성의 해방이 불가능하다고 생각한다. 그래서 마르크스주의 페미니스트는 마르크시즘과 페미니즘을 결합하여, 더욱 발전시키고 변형함으로써 여성의 억압을 설명하고 종식시킬 수 있다고 믿는다. 이와 같은 특정한 이론적 입장은 마르크스주의 페미니즘이라는 이름 이외에도 사회주의 페미니즘, 유물론적 페미니즘이란 이름으로 불리기도 한다. 이는 좌파사유라는 보다 넓은 전통과 함께 하거나, 유물론적 입장을 딱히 마르크스 전통에 한정시키지 않으면서 세상의 물질적 측면을 중시하기 위함이다. 이러한 구분이 별로 중요하지 않다고 볼 수도 있지만, 실은 중요하다. 랜드리(Landry)와 맥린(MacLean)은 매카시즘의 충격에 대해서 논의하면서 이렇게 말한다.

> '사회주의자'(socialist)는 폭넓고 보다 포괄적인—하지만 역사적으로 덜 정치적인 함축을 지닌—용어인데도, 마르크스 전통 텍스트나 논쟁을 직접 다룰 때에도 종종 사용되곤 한다. 유물론이란 단어를 사용함으로써 사회주의를 피할 수 있을지는… 두고 볼 일이다.[1]

마르크스주의 페미니즘이 미국에 전혀 없는 것은 아니지만, 주로 영국에서 중요하다. 이는 영국 노동 운동과 사회주의 지적 전통이 영국에서 더 큰 영향을 주었고, 정치적으로나 제도적으로 더 중요했기 때문이다.[2]

마르크스주의 페미니즘을 이해하려면 마르크스의 사상 중에서 페미니스트에게 가장 중요했던 부분을 분명하게 밝힐 필요가 있

---

1 도나 랜드리(Donna Landry)와 제랄드 맥린(Gerald MacLean)의 책, *Materialist Feminisms* (Oxford: Blackwell, 1993). 32.

2 이에 대해 클라라 코놀리(Clara Connolly)와 린 세갈(Lynne Segal) 등이 쓴 논문, "Feminism and Class Politics: A Round-Tale Discussion," *Feminist Review*, 23(1986): 13-30을 참고.

다. 마르크스주의 페미니즘에서 가장 영향력 있는 텍스트는 바로 마르크스의 공동 연구자인 프리드리히 엥겔스의 저작 『가족, 사유재산, 국가의 기원』(1884)이다. 마르크스 자신은 여성을 별로 언급하지는 않아도, 마르크스 사상의 상당 부분이 페미니스트 작업을 구체적으로 발전시키는데 기초를 마련했다. 마르크스 사상 중 가장 영향력이 큰 부분은 세상을 인식하는 방식인데, 이름하여 반관념주의(anti-idealism)다. 우리는 통상 인간이란 세상에 대한 '관념'을 지닌 '자유로운 개인'이라고 가정하는 경향이 있다. 그 관념은 우리가 사는 세상에 영향을 주고, 다른 개인들과 맺는 관계에도 영향을 준다고 본다. 그런데 마르크스의 유물론은 이런 생각을 뒤집는다. 마르크스에 따르면, 삶의 경험과 세상에 대한 우리의 관념은 주변 물질적 조건의 결과물이다. 사회를 유지하고 재생산하기 위한 수단을 위해서, 사회는 경제적으로 조직된다. 이때 관념이란 경제적 조직의 결과물이라는 것이다. 변증법적 역사 유물론은 주장하길, 역사는 물질적 조건 속에서 끊임없는 변화하고 발전하고 있으며, 물질적 조건이란 특정한 생산 모드나 사회의 경제를 조직하는 방식에서 불가피하게 만들어지는 갈등의 결과라고 본다. 그러므로 마르크스는 사회체제가 봉건주의로부터 자본주의 경제시스템으로 전환될 때 특정 사회 계급에 속한 개인들의 삶이 결정적으로 변화되었다고 본다. 자본주의 체제하에서는 부르주아 지배 계층이 언제나 피지배계층인 노동자 계층인 프롤레타리아와 지속적으로 투쟁중이다. 이윤의 증식만이 중요하고, 부르주아의 사적 소유가 지배하는 자본주의에서 프롤레타리아가 제공할 수 있는 것은 오직 하나, 노동력 뿐이다. 노동자는 노동에 대한 대가로 자신과 가족의 생존을 지탱해줄 임금을 받게 된다. 그러나 그의 노동으로 창출된 잉여 가치는 자본가가 따로 떼서 더 많은 이윤을 창출하기 위해 사용된다. 자본가는 더 많은 이익을 창출하려고 하고, 노동자는 자신이 공헌한 이윤에 대한 몫을 증가시키려고 하기 때문에 둘 사이의 긴장은 결국 혁명을 일으킬 것이다. 이어 생산 수단을 집단이 소유하는 공산주의 경제 시스템이 만들어지게 될 것이다. 그렇게 되면, 역사의 어느 순간, 개인이 세상과 타자들과 갖는 관계는 경제시스템에서 자신이 차지하는 계급적 위치와 역할에 의해 좌우될 것이다[3]. 그런데도 이를 깨닫지 못하는 이유는 바로 이데올로기 때문이다. 이데올로기란 사회의 특정 계층과 경제적 구조를 유지시키는데 봉사하는 사상, 신념, 집단 인식을 말한다. 마르크스는 "어느 시대든지 지배계층의 사고가 바로 그 시대를 지배한다"[4]고 말한다. 다시 말해서 지배 이데올로기는 지배 사회 그룹의 이득을 유지하는 역할을 한다.

이제까지 나는 노동자를 지칭하기 위해 남성 대명사를 사용했는데, 이는 의도적이다. 마르크스는 노동자를 가정에 있는 아내와 아

3 마르크스주의 이론에 대한 소개와 문학작품에 적용하는 방법을 보려면 테리 이글턴(Terry Eagleton)의 책들, *Criticism and Ideology: A Study in Marxist Literary Theory* (London: Verso, 1978) 과 *Marxism and Literary Criticism* (London: Routledge, 1992)을 참고할 것.

4 칼 마르크스(Karl Marx)와 프리드리히 엥겔스(Friedrich Engels)의 책, *The German Ideology* (London: Lawrence and Wishart, 1974), 64.

이들을 위해 집밖에서 일하는 전형적인 남성으로 가정했다. 이런 남성과 여성의 노동 분업에 대해서 마르크스는 명시적으로 논의하지는 않지만, 엥겔스는 그의 『가족, 사유재산, 국가의 기원』에서 중요하게 다룬다. 엥겔스는 생산 뿐만 아니라 재생산의 영역을 다루기 때문이다. 엥겔스는 여성에 대한 남성의 지배는 부르주아 계층이 자꾸만 늘어나는 자본을 자신들의 적자(嫡子)가 상속받도록 하기 위해서 자본주의와 함께 출현했다고 주장한다. 엥겔스에 따르면, 자본주의 이전 사회는 여성이 집안 살림과 유산을 통제하는 모권 사회였다고 한다. 여성의 억압에 대한 엥겔스의 해법은 여성이 임금 노동으로 진입하는 것인데, 이것이 20세기 초반에 걸쳐 여성운동에 대한 마르크스주의의 공식 노선이었다.[5] 마르크스주의 페미니즘 이론은 "무엇보다 여성들을 참여시키고, 여성들을 점진적으로 변화시키고, 궁극적으로 마르크스주의 문제들을 상당 부분을 포기하려고 시도한"[6] 역사를 가지고 있다. 마르크스주의 페미니즘은 일반적인 신마르크스 주의(neo-Marxism)의 한 부분으로 여겨졌는데, 신마르크스주의 이론은 정통 마르크스주의 원리들에 대해 의문을 제기하면서 이를 더욱 발전시키려고 시도한다. 애초 마르크스주의 페미니스트들은 전통적인 마르크스주의의 용어를 이용하여 여성들만의 특정한 상황에 대해 논의했다. 예를 들어, 여성들은 아이를

---

5 참고로, 안네트 쿤(Annette Kuhn)과 앤마리 월프(AnnMarie Wolpe)가 편집한 책, *Feminism and Materialism: Women and Modes of Production* (London: Routledge, 1978)의 8쪽을 보라.

6 루이스 C. 존슨(Louise C. Johnson)의 논문 "Socialist Feminisms," in *Feminist Knowledge: Critique and Construct* (London: Routledge, 1990). Sneja Gunew 편집. 304-31. 326.

낳음으로써 다음 세대의 노동력을 재생산하고, 여성이 육아와 집안 일을 함으로써 남성들이 밖에서 임금노동 하는 것을 가능하게 해왔다고 주장한다.

마르크스주의 페미니즘은 또 세대를 넘어 계속되는 여성의 일상을 분석했다. 특히 초반의 관심은 가정 주부의 무보수 노동이 잉여가치(혹은 자본가가 빼돌린 이윤)를 생산할 수 있는가의 문제였다. 이런 작업이 과연 자본주의에서 여성이 억압된 사실에 대한 설명이 될 수 있을까? 여성의 가정 무보수노동은 "가족임금"[7]을 통해 보상받아야 하는가? 나중에 이론가들은 이 작업이 다른 결점들도 있지만, 무엇보다도 집밖에서 임금 노동을 하는 여성들에 대해서는 논의하지 않는다고 비판했다.

많은 마르크스주의 페미니스트들은 여성의 종속을 설명하기 위해서, 여성이 노동 현장의 예비군(reserve-army)으로서 값싼 노동력을 제공한다는 점을 중요시한다. 즉, 자본주의자들이 자본 축적을 위해 필요할 때엔 여성 노동력을 활용하고, 필요하지 않으면 다시 집으로 되돌려 보내는 형태야말로 여성의 종속을 설명하는데 중요하다는 것이다[8]. 그런가하면 성에 의한 직업의 분리 (여성이 밖에서 일한다 해도, 통상 집에서 하던 일, 즉, 육아와 세탁과 같은 직종에 몰려있다는 사

7 가정 노동에 대한 논쟁을 보기 위해서는 로베르타 해밀튼(Roberta Hamilton)과 미셸 바레트(Michle Barrett)가 편집한 책, *The Politics of Diversity: Feminism, Marxism and Nationalism* (London: Verso, 1986)의 "Towards Feminist Marxism" 섹션에 들어있는 챕터들을 참고할 것.

8 버라니카 비취(Veronica Beechey)의 논문, "Women and Production: A Critical Analysis of Some Sociological Theories of Women's Work," in *Feminism and Materialism: Women and Modes of Production* (London: Routledge, 1978). Annette Kuhn and AnnMarie Wolpe 편집. 155-97.

실)도 여성의 종속에 중요한 요소다.[9] 또 여성들은 밖에서 일한다 해도 집안에 돌아와 다시 일해야 하므로, 여성의 "갑절 노동"(double day of work)을 지적하는 사람들도 있다. 또한, 이것 저것 맞물린 여성의 역할들, 즉, 집밖에서 생산에 참여하고, 또 집안에서 재생산에 참여하는 양쪽의 역할 때문에, 더 어느 쪽에도 온전하게 전념할 수 없다는 사실이 여성 종속의 한 요소가 될 수 있다고 논의하기도 한다.[10]

마르크스주의 페미니스트는 특별히 자본주의와 가부장제의 연관성을 이론화하는 작업에 관심을 기울였다. 전통적인 마르크스주의는 가부장제를 자본주의의 한 증상으로 보았고, 자본주의는 공산주의와 함께 사라질 것이라고 믿었다. 반면 마르크스주의 페미니즘은 가부장제가 자본주의보다 먼저 생겨났다고 주장한다.[11] 그렇다고 마르크스주의 페미니즘이 가부장제를 단순히 초역사적으로 설명하는 것은 아니다. 이들은 가부장제의 역사적 상황을 정확하게 분석하고, 특히 경제적 측면을 분석해야 한다고 주장한다. 다시 말해서, 가부장제와 자본주의가 어떻게 함께 작동하는지 설명할 필요가 있다. 즉, 가부장제와 자본주의는 종종 서로 강화하기도 하

9 하이디 하트만(Heidi Hartmann)의 논문 "Capitalism, Patriarchy and Job Segregation by Sex," *Capitalist Patriarchy and the Case for Socialist Feminism* (New York: Monthly Review Press, 1979), Zillah R. Eisenstein 편집. 206-47.

10 질라 아이젠스타인(Zillah Eisenstein)의 논문 "Some Notes on the Relations of Capitalist Patriarchy," *Capitalist Patriarchy and the Case for Socialist Feminism* (New York: Monthly Review Press, 1979). Zillah Eisenstein 편집. 41-55.

11 질라 아이젠스타인의 논문 "Developing a Theory of Capitalist Patriarchy and Socialist Feminism" *Capitalist Patriarchy and the Case for Socialist Feminism* (New York: Monthly Review Press, 1979). Zillah Eisenstein 편집. 5-40.

고, 특정 상황[12]에서는 가끔씩 갈등하기도 하는데, 이에 대해 설명하는 것이 필요하다. 마르크스주의 페미니즘은 정통 마르크스주의를 넘어서게 되는데, 이는 정통 마르크스주의가 인간의 행위를 설명하기 위해서 이데올로기, 섹슈얼리티, 인종, 무의식을 함께 고려해야 함을 받아들이지 않기 때문이다. 이데올로기가 특정 사회의 경제 시스템으로부터 과연 얼마나 독립적인지, 이 골치 아픈 질문은 젠더 이데올로기의 경우에서 아마도 가장 분명해진다. 이제 곧 알게 되겠지만, 마르크스주의 페미니즘은 가부장제를 분석하는데, 이데올로기가 경제 요소들 만큼이나 물질적이고 중요하다고 주장한다. 마찬가지로 마르크스주의 페미니즘이 개인의 삶에서 젠더가 계급만큼 중요함을 증명하면서, 인종, 민족, 섹슈얼리티도 중요한 영향을 끼칠 수 있다고 주장한다.[13]

---

12 하이디 하트만(Heidi Hartmann)의 논문, "The Unhappy Marriage of Marxism and Feminism: Towards a More Progressive Union,' *Women and Revolution: A Discussion of the Unhappy Marriage of Marxism and Feminism*(London: Pluto Press, 1981), Lydia Sargent 편집한 책 참조.

13 이러한 초기 견해를 살펴보려면 미셸 바렛(Mich le Barrett)과 메리 맥킨토쉬(Mary McIntosh)의 논문, "Ethnocentrism and Socialist-Feminist Theory," *Feminist Review*, 20(1985): 23-47을 참조.

실라 로보섬, 『여성의 의식: 남성의 세계』 (1973)

실라 보로섬(Sheila Rowbotham)은 『여성의 의식: 남성의 세계』(Woman's Consciousness: Man's World)(1973)의 첫 머리에서 베티 프리단의 『여성성의 신화』를 논의하고 있다. 여기에서 보로섬은 자유주의 페미니즘과 마르크스주의 페미니즘의 차이를 명확하게 밝혀준다. 로보섬은 프리단이 말하는 "이름 없는 문제"에 대한 설명은 칭송하면서도, 프리단이 제시하는 치유책은 "자본주의 안에서 질질 끌고 있다(shuffling about)"[14]면서 비판한다. 프리단과 대조적으로 로보섬은 여성의 억압과 해방을 논의하려면 다음과 같은 이해가 필요하다고 주장한다.

> 여성은 자본주의가 시작하기 이전부터 남성에게 종속되었다. 그 영향으로 자본주의 사회에서도 여성은 계속 종속적 위치에 놓였다. 그러나 우리가 투쟁하는 억압은 특정 사회와 관련이 있다. 특정 사회란 인간의 창조능력이 사유재산에 의해 도용되고, 인간의 생산품이 모두 상품으로 교환되는 사회를 말한다. (xiii)

자유주의 페미니즘은 사회의 경제 구조를 고려하지 않고, 그런가 하면 정통 마르크스주의는 가정이 여성에 대한 억압적인 이데올로

14 실라 로보섬(Sheila Rowbotham)의 책, *Woman's Consciousness: Man's World* (Harmondswortht: Penguin, 1973), 5.

기를 생산하는 장소이고, 가사노동을 통해 여성을 착취하는 장소라는 중대한 사실을 간과하고 있다고 로보섬은 주장한다. 여성이 임금 노동과 가사 노동이라는 이중의 부담을 안고 있음을 이해해야만 해방이 성취될 수 있다고 본다.

로보섬이 쓴 책의 구조를 보면, 로보섬은 여성의 지위를 설명하는데 젠더 이데올로기에 상당한 중요성을 부여함을 알 수 있다. 2장에서 로보섬은 자신이 일곱 살 때 페미니즘에 대한 부정적인 이미지를 지니고 있었고, 대학에서 정통 마르크스주의를 만났으며, 이후 마르크스주의 안에서 여성으로서 자신의 경험을 이해할 수 있는 여지를 찾으려 노력했다고 말한다. 3장에서는, 젠더 이데올로기가 작동하는 방식, 즉, 여성을 억압하는 사실이 잘 보이지 않도록 교묘하게 작동하는 방식을 설명한다. 로보섬은 세 쪽짜리 화장대 거울에 비유해서 설명하는데, 거울을 볼 때 자신의 이미지를 끝없이 반복해서 보여주는 특정한 각도가 있는데, 이를 통해, 가부장제 자본주의 사회에서 여성의 이미지가 복수로 파편화되고, 인위적으로 조작될 수 있음을 지적한다. 억압을 종식시키려면, 억압된 그룹은 이런 자기 이미지를 제대로 인식해야 하고, 이를 바꾸기 위해 노력해야 한다. 여성이 해방되려면, 언어, 무의식, 몸과 섹슈얼리티 모두가 중요한 영역으로서, 여성이 이들 모두를 스스로 통제할 수 있어야 한다고 주장한다.

이 책의 가장 중요한 강점은 특별히 마르크스적인 의미로 개인적인 것을 정치적으로 영역으로 위치시킨다는 점이다. 그리하여 독자는 의식화(consciousness-raising) 과정을 따라 '개인적인 사유'로부터 추상적이고 '정치적인 사유'로 움직이며, 궁극적으로는 둘의 구분에 대해 의문을 제기하게 된다. 그 나머지 장에서는 가정에서 여성의 역할, 임금 노동시장에서 여성의 역할, 소비자로서 여성의 역할을 논한다. 자본주의 가부장제 이데올로기는 가정을 임금 노동하는 잔인한 남성세계로부터 동떨어진 안전하고 여성화된 장소로 여기도록 만든다. 이러한 노동 분업은 경제적 원인보다는 생물학적 원인에서 비롯된 결과다. 가사와 육아는 상품시스템에 속하지 않기 때문에 "진짜 일"(real work)이 아니라는 견해도 있지만, 이 일이야말로 노동력을 재생산하고, 자본주의 체제를 유지하는데 틀림없이 중요하다. 여성이 가정 밖에서 일하는 동등한 기회를 가지는 것은 페미니스트의 중요한 요구이긴 하지만, 구조적인 노동 분업을 바꾸지는 못한다. 여성들은 여전히 집안에서 대부분의 일을 도맡기 때문에 결국 이중의 부담을 떠안게 된다. 결과적으로 자본주의 시스템은 여성의 값싼 노동력을 착취하고, 노동력을 분할하며, 여성을 여성성의 특정한 이데올로기에 걸맞거나 집에서 늘 하던 일과 같은 일을 하는 일터에만 일자리를 한정시키고 만다.

여성이 어떻게 해방을 성취하는가, 로보섬의 해답은 현대 자본주의의 변화에 집중한다. 즉 자본주의의 모순성을 여성들이 잘 깨달아야 해방을 성취할 수 있다는 것이다. 가정은 이전 봉건주의적 인간 관계의 흔적을 보유하고 있기 때문에, 여성의 의식 속에, 로보섬의 언어로 "마찰"(friction)(63)을 일으킨다. 가정의 봉건주의적 잔해 때문에 "가족이 만들어지기도 전에 가족은 벌써 실현될 수 없는 희망의 무게로 축 처지게 된다"(60). 가정은 "자본주의 체제를 유지하는데 효율적이지만, 인간노동을 재생산하는 조직시스템으로서는 비합리적이다. 현재의 조직 시스템은 상품을 효율적으로 생산하도록 기능이 설계되어 있어서 이전의 소유 관계에서는 완전히 벗어났다"(66). 동시에, 여성의 집밖 노동과 가사노동이 긴장관계에 있다는 사실은 "부드럽고 손상되기 쉬운 돈가방을 억지로 잡아 열려는 쇠지렛대와 같다"(102). 가사는 여성들에게 만족스럽지 않다. 가사는 자꾸만 상품화되어서, 집에서 음식과 옷을 만들기 보다는 이제 밖에서 생산된 상품을 사는 형편이 되었기 때문이다. 섹슈얼리티도 점점 더 상품화되어가고 있어서, 여성에게는 실현 불가능한 의미를 갖는다. 이러한 변화로 인하여 "교체와 분열이 일어나게 되고, 새로운 운동 [여성해방운동과 같은] 의 성장을 가능하게 한다"(116). 이런 상황에서 노동자 여성은 가장 애매한 위치에 서게 되고, 그런 까닭에 잠재적으로 가장 전복적 위치에 서게 된다. 그래서 마르크스주의 페미니스트는 노동자 여성들과 함께 시작해야만 한다고 로보섬은 주장한다.

미셸 바렛, 『오늘날 여성의 억압』 (1980)

미셸 바렛(Michéle Barrett)의 책 『오늘날 여성의 억압』(*Women's Oppression Today*)은 원래 『마르크시즘 페미니스트 분석의 문제들』이라는 부제를 달고 있었는데, 이 책의 첫 판은 "영국 백인 유물론자 최고의 페미니즘이 지닐 수 있는 모든 강점과 약점을 다 지니고 있는 모범적인 책"(랜드리와 맥린, 25)이라는 평가를 받았다. 이 책은 "현대 자본주의에서 여성의 억압에 대해 분석하는 것을 목표로 하고 있는데, 여성의 억압을 분석하려면 마르크시즘과 페미니즘 시각을 종합해야만 가능하다고 본다."[15] 바렛에 따르면, 뉴라이트 이데올로기가 부상하고, 좌파의 이데올로기가 개인 삶의 정치적 성격을 고려하지 못하고, 그런가 하면 급진적 페미니즘 역시 분석적으로 약점이 있는 상황이기 때문에, 여성의 억압을 설명하려면 마르크스주의와 페미니즘을 결합하여 분석하는 작업이 반드시 필요하다는 것이다.

바렛의 책은 먼저 마르크스주의 페미니즘 분석에서 개념적인 문제들, 즉, '가부장제' '재생산' '이데올로기'와 같은 개념들을 철저하게 비판하면서 시작한다(8). 바렛은 급진주의 페미니스트들이 '가부장제'라는 용어를 사용할 때 그들의 비역사성과 생물학주의

15 미셸 바렛의 책, *Women's Oppression Today: The Marxist/Feminist Encounter*, revise ed. (London: Verso, 1988), 1.

(biologism)를 비판한다. 또 바렛은 대부분의 마르크스주의 페미니스트들이 가부장제를 자본주의와 완전히 구분해서 독립시켜 버리거나, 가부장제를 자본주의의 한 증상으로 받아들일 뿐임을 인정한다. 결과적으로 가부장제라는 용어가 마르크스주의 페미니즘에서는 매우 한정적으로 사용되고 있다고 바렛은 주장한다. 또한 바렛은 마르크스주의 이론은 여성이 가정에서 일함으로써 노동력을 재생산하는 여성의 역할을 강조하는데, 바렛은 이에 대해 회의적이다. 바렛의 주장에 따르면, 가사 노동 관련 논쟁은 생물학적 재생산과 사회적 재생산을 뒤섞어버려 혼동시키고 있으며, 그렇기 때문에 여성이 왜 집안일을 담당해야하는가를 구체적으로 설명하지 못하고 있다. 노동이 성별로 분리된 것은 비록 자본주의에 의해 이용당하고 있긴 하지만, 애초 자본주의 때문에 생겨난 것은 아니라고 바렛은 주장한다. 마지막으로 바렛은 이데올로기에 대해 논의하는데, 이데올로기를 정통 마르크스주의보다 좀 더 융통성 있게 경제적 맥락으로부터 조금 자율성을 지닌 것으로 정의할 것을 제안한다. 그래야만 특별히 현대 자본주의사회에서 여성의 억압을 잘 설명할 수 있다고 주장한다.

이와 같이 바렛은 자신의 이론적 입장을 밝힌 후, 더 나아가서 여성의 억압을 섹슈얼리티, 문화, 교육, 노동 분업, 가족, 국가의 차원에서 각각 논의한다. 2장 섹슈얼리티에 대한 논의에서는 여성의 성적 착취에 대한 급진적 페미니즘의 견해를 부정한다. 급진적 페미니즘은 여성의 출산 능력을 남성이 통제하기 때문에 여성이 성적으로 착취당한다는 입장이지만, 바렛은 이 입장을 받아들이지 않는다. 또한 정통 마르크스주의는 '자본주의'와 '남성 지배 핵가족'이 기능적으로 딱 들어맞는다고 보지만, 바렛은 이에 대해서도 의문을 제기한다. 대신에, 바렛은 성적 행위를 규제하는 것은 바로 이데올로기라고 주장한다. 물론 이데올로기는 자본주의 경제시스템의 뒷받침을 받고 있기 때문에, 둘은 결국 상호 영향을 교차하는 가운데 성적 행위를 규제하긴 한다. 성적인 규제는 젠더 정체성과 성적행위를 동일하게 보기 때문에 이뤄진다. 즉, 어떤 특정한 형태의 에로틱한 행위를 통해 젠더를 결정하는 것과 같다. 또, 성적 규제란 생물학적 재생산을 가능한 성적 행위만을 적절한 것이라고 결정해 버리는 것이다. 바렛은 여성이 문화적으로도 억압되어 있음을 분석하기 위해서 문학 작품에 초점을 맞춘다. 즉, 문학 자체의 생산과 소비의 조건들이 작품 속에서 내용 만큼이나 중요하다고 주장한다. 다시 말해서, 우리가 문학 텍스트를 분석할 때에는 책 속의 내용 만큼이나, 텍스트가 쓰이고, 출판되고, 읽혀지는 조건을 고려해야 한다는 뜻이다. 텍스트의 내용을 젠더 이데올로기로 분석할 때, 다음과 같은 과정들을 주의 깊게 살펴보아야 한다. 즉, 고정관념을 만들어 내는 과정, 보상(여성들의 무기력함을 도덕으로 가치 있는 것으로 바꿔버리면서 여성에 대한 잘못된 이미지를 만들어내는 것), 결탁(여성이 억압당한 것은 여성 자신이 책임이 있거나 공모했다는 제안), 만회(현 상태를 위협하는 아이디어/개인의 전복성을 희석시키는 것)하는 과정들에 주의를 기울여야 한다고 주장한다.

바렛은 교육 제도가 계급 관계와 가부장적 젠더 이데올로기를 재생산하는 매체가 되고 있다고 본다. 마르크스주의는 젠더 억압 분석에서 교육의 중요성을 간과하고 있다고 바렛은 비판한다. 교육은 자본주의를 유지하는 수단으로서, 여성을 임금 노동 안에서 자신의 자리를 적합하게 여기도록 만들고, 가사 노동에서 여성의 역할을 중시하도록 부추긴다. 이런 교육은 여러 가지 방식으로 이루어진다. 여성으로서 적절한 행동이 무엇인지, 남성으로서 적절한 행동인 무엇인지를 결정하는 젠더 이데올로기를 권장하고, 교직에서 남녀를 위계적으로나(상위 교직은 여성보다 남성의 비율이 많다) 전공별로(과학교사는 여성보다 남성이 다수다) 구분하고, 학생들을 성별에 따라 다르게 수강 지도 하며, 소위 "합법적인 지식"(147)을 정의하면서 여성과 연결되는 과목과 학습의 가치를 평가 절하하는 교육방식 등을 통해 여성을 억압한다.

바렛에 따르면, 가족은 이데올로기와 관련해서 더 많은 설명이 필요한 또 다른 영역이다. 바렛이 명명한 "가족주의(familialism)의 이데올로기"야말로 여성의 억압이 가장 명확하게 인식될 수 있는 곳이다. 가족주의 이데올로기는 예를 들어 가루 비누 선전에 나오는 가족의 이미지를 상상하면 바로 이해될 수 있다. 그러나 가족주의 이데올로기는 대부분 가정의 실제 모습과는 별로 연관되지 않는다. 가족주의 이데올로기와는 다르게 여성은 늘 집밖에서 일을 해왔다. 가족의 형태는 "혈연 친척이 함께 모여 사는 작은 그룹"(63)이 함축하는 이미지보다 훨씬 다양하다. 어떤 특정한 사회 집단도

가족 제도로부터 확고부동하게 혜택만 입은 경우는 없으며, 자본주의가 생존하려면 현재의 가족구조가 반드시 필요하다는 것도 증명될 수 없다고 바렛은 주장한다. 그러나 '가족주의 이데올로기'와 '가정의 경제조직'은 서로 상보적인데, 특히 이들이 가정 용품의 소비를 부추긴다는 면에서 서로가 서로를 강화한다. 가족의 구조와 이데올로기를 변화시키는데, 육아를 재분담하는 것이 중요하다. 그래야만 여성이 해방될 수 있다.

바렛은 '페미니즘과 국가'에 대한 논의에서 국가는 이제까지 논의해 온 억압의 시스템들을 규제하는 역할을 해야한다고 역설한다. 국가는 가족의 임금을 지원할 수 있도록 복지와 세금 관련 법을 만들어야 한다. 의학과 사회복지 전문가들은 여성의 사회적 문제를 병으로 취급하여, 여성이 범죄를 저지르면 이를 사회적 종속 때문이 아니라, 정신 질병 때문이라고 설명하는 것도 문제다. 바렛은 자유주의 페미니즘이 주장했던 국가 정치에 적극적인 참여에 대해 강조한다. 바렛은 개혁주의의 위험성을 경고하긴 한다. 즉, 개혁주의는 페미니스트 아젠다를 다시 회복시키거나, 여성에 대한 통제를 확대하면서, 여성이 억압되는 진짜 원인에 문제 제기하지 못하기 때문에 위험하다고 바렛은 경고한다. 그러나 바렛은 "개혁주의 차원의 투쟁을 모조리 거부하는 것은 아나키즘의 로맨스로 빠지게 되는 것"(246)이라고 주장한다. '여성 해방'과 '자본주의의 전복'은 연결되어 있으며, 양쪽 모두를 성취하려면 육아를 재분담하고, 여성이 남성의 임금에 더 이상 의존(실제이건 아니건)하지 않고, 젠더이데올로기를 변화시켜야 한다고 바렛은 주장한다.

도리스 레싱, 『황금 노트북』 (1962)

도리스 레싱의 『황금 노트북』은 많은 여성들에게 매우 중요한 소설이다. 게일 그린(Gayle Greene)은 자신이 『황금 노트북』을 읽는 경험을 기록하고 있다. 그린은 이 책을 읽음으로써 삶, 관계, 느낌에 대해 어떻게 의식화 과정을 만들어냈는지, 어떻게 많은 여성들을 결국 적극적인 페미니스트가 되었는지 증명해내고 있다.[16] 그러나 레싱은 운동으로서의 페미니즘에 대해서는 언제나 회의적이었고, 자신을 페미니스트로 명명하는 것조차 꺼렸다. 그린에 따르면 레싱이 꺼린 이유는 자신의 많은 에너지를 남로데지아(현재의 짐바브웨)와 영국의 공산주의 운동에 쏟았기 때문이다(그린 28). 레싱은 20대와 30대 내내 공산주의자였고, 1956년 소련이 헝가리를 침공하면서 공산당을 떠났다. 『황금 노트북』의 서문에서 레싱은 자신을 다소 아이러니컬하게 "늙은 빨갱이(Old Red)"[17]라고 소개한다. 레싱처럼 이 소설의 주인공 애나 울프(Anna Wulf)도 영국 공산당에 참

16 게일 그린 (Gayle Greene)의 책, *Doris Lessing: The Poetics of Change* (Anne Arbor, Mich: U of Michigan P, 1994). 16-19.

17 도리스 레싱의 소설, *The Golden Notebook* (London: Flamingo, 1993), 20.

여하고 있었다. 애나 울프는 남 아프리카에서의 경험을 담은 첫 번째 소설의 인세에 의지해서 살아가고 있으나, 지금은 작가로서 글을 쓰지 못해서 고통을 겪고 있는 중이다. 세상이 이토록 끔찍하다면 자신이 무엇을 쓰든지 간에 아무런 의미가 없다고 느낀다. 왜냐하면, 자신은 그저 현실의 부정확한 버전만을 창조해낼 뿐임을 알기 때문이다.

『황금 노트북』은 냉전이 시작되고 공산주의의 인기가 시들해지는 시기를 배경으로 하고 있다. 이 소설은 좌파 정치와 정통 마르크스주의 이론을 상세하게 설명하고 있다. 그러나 텍스트 전체를 통해 애나는 공산당의 독트린에 점점 더 실망하고 있다. 그녀의 실망은 여성으로서 자신을 이해하고, 자유로운 여성이 된다는 것이 무엇인가에 대한 고민과 연관되어 있다. 이 소설은 정치적 참여라는 문제에 포괄적으로 질문하고, 개인이 어떻게 국가/국제적인 일에 영향을 끼칠 수 있는가에 관심이 있긴 하다. 하지만, 그런 질문들은 계급 문제 만큼이나 젠더 정치학과 더욱 관련되어 있다. 이 소설은 출판 당시부터 매우 독보적이었다. 이 책은 여성의 섹스, 월경, 모성과 같은 신체 과정을 상세하게 묘사하고 있으며, 정상과 광기를 어떻게 정의할 것인가, 정신적 모험을 진지하게 다루고 있다는 면에서 매우 독보적인 소설이었다. 레이첼 보울비(Rachel Bowlby)는 『황금 노트북』을 "세계 문학에서 첫 탬폰"[18]으로 명명했다.

---

18 레이첼 보울비(Rachel Bowlby)의 논문, "For Etruscans," in *The New Feminist Criticism: Essays on Women, Literature, and Theory*, ed. Elaine Showalter (London: Routledge, 1989), 271-91.

그러나 소설의 모양과 구조도 주제적 관심과 밀접하게 연관된다. 서문에서 레싱은 "모양을 통해서 말하려는" 시도는 이 소설의 가장 중요한 측면이라고 밝힌 바 있다(13). 위에 말한 내용들 뿐만 아니라, 소설의 구조도 같은 내용을 말하기 위해서 혁신적으로 구성되었다. 애나는 네 가지 빛깔의 노트북을 쓰고 있다. 노트북 안에는 삶의 서로 다른 측면들을 구분하여 쓰고 있다. 검은 노트북에는 자신의 글 자체에 대해 다루고, 빨간 노트북에서는 정치를 다루고, 노란 노트북에는 새로운 이야기와 소설 가능성에 대해 실험한다. 그리고 파란색 노트북은 일기로 사용한다. 각 노트북의 발췌문들은 순서대로 나열되고, 모든 발췌문은 안쪽에 있는 '황금 노트북'에서 결론이 맺어진다. 바로 그 '황금 노트북'에서 그녀의 삶과 글쓰기의 분리된 측면들이 하나로 합쳐진다. 노트북의 발췌문들은 "자유로운 여성들"이라는 소설을 형성하는 글에 의해 틀처럼 둘러싸여 있다. 처음엔 "자유로운 여성들"이 애나 삶에서 일어난 사건들을 애나가 아닌, 전지적 화자가 쓴 객관적 진술로 보인다. 그러나 안쪽의 황금 노트북의 끄트머리에서 애나의 애인 솔 그린(Saul Greene)이 애나가 다음 작품을 위해 쓸 수 있도록 문장 하나를 준다. 바로 이 문장이 "자유로운 여성들"의 첫머리를 열었음을 알게 된 독자들은 "자유로운 여성들"은 애나가 마침내 작가의 블록(writer's block)을 끝내고 쓰게 된 소설임을 알게 된다. "자유로운 여성들"만 읽는다면, 독자들은 직선적인 서사, 쉽게 알아볼 수 있는 줄거리와 등장인물들, 독자의 이해를 돕기 위해 장마다 붙어 있는 요약 등등이 매우 전통적인 텍스트라고 느낄 것이다. 『황금 노트북』이라는 소설 속에 "자유로운 여성들"이라는 또 다른 작품의 위치는 그래서 매우 중요하다. 이는 레싱이 이제까지 써왔던, 그러나 지금은 거부하는 전통적인 리얼리즘 소설에 대한 패로디인가? 아니면, "자유로운 여성들"은 우리가 궁극적으로 되돌아가야 하는 어떤 것인가? 그런가 하면 『황금 노트북』은 소설 안에 또 다른 소설들로 가득하다. 또한 다른 작가의 소설 속 등장 인물들이 이 소설에서 재등장하기도 한다. 『황금 노트북』이 실험하는 전통적인 소설 형식의 혁신적 형태로 인하여 많은 비평가들은 이 소설을 포스트모던 소설(6장 참조)로 보았다. 하지만, 다른 비평가들은 레싱이 여전히 모종의 질서, 도덕성, 정치적 목적을 포기하지 않았다고 주장하기도 한다.[19]

이론을 소설에 적용하기

『황금 노트북』은 애나의 자각 과정을 그리고 있다. 애나는 마르크시즘이 실패하고 있다는 자각, 특별히 여성의 경험과 억압을 설명하는데 실패하고 있다는 자각에 이르고 있다. 그러나 애나는 마르크시즘에 여전히 충실하여 마르크시즘의 계급 기반 분석과 더불

19 앤 물킨(Anne Mulkeen)의 논문, "Twentieth-Century Realism: The 'Grid' Structure of *The Golden Notebook*," *Studies in the Novel* 4(1972), 262-74 참조바람.

어 가부장제에 대한 비판을 종합하려고 시도하고 있다. 그런 의미에서 로보섬과 바렛이 이론화하는 작업을 애나는 실제로 실천하고 있는 셈이다. 즉, 애나가 여성의 이슈를 공산당 이데올로기에 맞춰 보려고 시도하고, 젠더 문제를 소위 바렛이 말한 "삶의 경험에서 애초부터 우러나오는 사회주의적 투쟁에 대한 헌신"(biographically prior commitment to the struggle for socialism)(3)과 조화시켜 보려고 시도한다. 애나는 소설의 한 부분, 런던 북부지역 보궐 선거에서 어느 오후 공산당을 위해 다른 가정 주부들과 함께 유세를 하고 있다. 오후에 시간을 낼 수 있는 사람은 가정 주부들 뿐이기 때문이다. 이들은 모여서 노동자들이 사는 지역을 방문하려면 어떤 옷을 입어야 할지 얘기를 나눈다. 평소보다 옷을 허름하게 입는다면 그것은 "속임수"인가? 옷을 "너무 화려하게"(159) 입는다면 위협적일까? 애나는 현관에서 아이들 돌보느라 바쁜 여성들을 만난다. 아이들은 엄마들보다 더 좋은 옷을 입고 있다. 그 여성들은 남편을 따라 노동당에 투표한다고 말한다. 이에 애나는 생각한다.

> 다섯 명의 외로운 여자들이 홀로 조용히 미쳐가고 있다. 남편과 아이들에도 불구하고, 혹은 그들 때문에. 그들의 한결같은 공통점은 자기 회의다. 행복하지 않아서 그들은 스스로 죄의식을 가지고 있다. 그들은 이렇게 말한다. "나한테 뭔가 잘못된 게 틀림없어." HQ 캠페인을 하면서 오후에 캠페인을 맡은 한 여성에게 이 여자들에 대해 언급했다. 그 한 여성은 이렇게 말했다. "맞아요. 내가 유세하려고 어디를 가든지 그런 불안초초한 사람들을 만나죠. 이

> 나라는 홀로 미쳐가는 여자들로 가득해요." 잠시 멈칫했다가 그녀는 계속 말한다. 약간 공격적으로. 공격은 자기 회의의 또 다른 면이다. 내가 대화했던 여자들이 보여준 죄의식의 또 다른 면이기도 하다. "나도 그랬어요. 공산당에 참여하기 전까지요. 공산당에 들어와서 저는 삶의 목적을 갖게 되었지요." 나는 이 말에 대해 줄곧 생각해왔다. 사실 난 선거 캠페인보다 이 여자들에게 더 관심이 많다. 선거일. 노동당이 의회에 들어갔다. 그래서 다수당은 축소되었다. 공산당 후보는 보증금을 잃는다. (161)

위 인용문을 보면, 저자는 정통 마르크스주의는 여성의 종속에 대해서 전혀 무능함을 강조하고 있고, 여성의 종속은 가부장제와 자본주의를 교차해야만 잘 이해될 수 있음을 함축하고 있다. 여성이 가사 노동과 사회적 재생산 둘 다 참여한다는 사실은 중요하지만 옷과 외모에 신경 쓰는 모습에서도 젠더 이데올로기의 중요성을 확인할 수 있다. 여성들은 아이들을 위해서 자신의 안녕을 희생하고, 마음 속 불만을 사회 문제의 결과로 보지 않고 개인의 실패나 초기 정신병으로 이해하고 있다. 그러나 순전히 가부장제에서 파생되는 억압에만 집중하는 분석은, 여성들이 제각각 계급에 따라 분리된다는 사실, 그 계급에 따른 분리로 인해서 해방을 위한 여성의 연대를 가로막는다는 사실을 간과한다. 위의 인용구에는 여성이 국가 정치에 참여할 때 바렛이 확인했던 문제들과 똑같은 일이 발생하고 있음을 알 수 있다. 투표는 이 여성들의 삶에 별 의미가 없다. 왜냐하면 가부장제가 여성은 남편과 똑같이 투표하도록 정하고 있기 때문이다. 공산당 후보는 보증금을 잃고, 노동당 표를 분열시키지 못한다. 이는 최다 득표자를 당선시키는 영국 선거 제도가 과연 민주적인지 그 애매모호함을 증거해 주고 있다.

진 바커(Jean Barker)는 소수당 관리의 아내인데, 애나가 진 바커에 대해 생각할 때 자본주의와 가부장제의 교차점에 대해 또 다른 중요한 논점을 지적한다. 진 바커는 공산당 노선에 어긋나는 말을 거침없이 토로한다.

> 진은 구내 식당의 매니저다. 오랜 시간 일하지만, 집과 아이들, 자신도 잘 관리한다. 지역당 지부의 총무이기도 하다. 진은 스스로에게 불만족스럽다. "내가 하는 일은 충분하지 않아. 공산당도 충분하지 않고, 이젠 지겨워. 그냥 서류일 뿐이야. 그냥 직장인 듯 아무런 의미도 없어." 그리고 신경질적으로 웃는다. "조지(남편)은 이렇게 말해. 그건 올바른 태도가 아니라고. 하지만 왜 맨날 내가 절절 매야하는지 모르겠어. 그들도 종종 틀리잖아? 안그래?" 그녀는 웃는다. "뭔가 가치 있는 일을 해보려고 해. 변화를 위해서... 다른 뭔가를 해보려고 해. 그래서 토요일 오후마다 좀 뒤처지는 애들을 가르쳐요. 공산당원의 아이들은 아니에요... 그냥 평범한 아이들이죠." (162)

진은 구내 식당 매니저(이 일은 성별로 분리된 직종)로서 임금 노동에 참여하면서 동시에 가사에 종사하고 있는데, 사실상 이중의 부담을 떠안고 있다. 게다가 공산당을 위해 자원 봉사까지 하고 있지만, 진은 불만족스럽다. 그 어떤 일에서도 자신이 가치 있다고 느끼지 못한다. 왜냐하면, 현재 맡고 있는 모든 역할은 종속된 위치에 있고, 거기에서 자신의 재능을 발휘하는 것은 불가능하다. 진의 남편은 진의 불만스러운 태도가 옳지 못하다고 주장한다. 이에 진은 저항한다. 남자들도 종종 옳지 못하고, 자신이 남성에게 종속됨에 의문을 제기하면서 저항한다. 그런데, 진은 남성 지배와 공산주의 통설에 대해 비판하면서도 이를 자신의 잘못으로 돌리거나, 씁쓸하게 웃어 넘기려 한다. 이 경우에서 가부장제와 자본주의가 서로 강화하는 것이 분명하고, 공산당 구조와 정통 마르크시즘 이데올로기가 함께 가부장적 억압을 지원하고 있음을 분명하게 보여준다.

『황금 노트북』은 여성이 가정과 일터에서 맞물린 이중 역할의 무거움을 분명히 보여준다. 레싱은 그 어느 역할도 제대로 해내지 못하는 여성 인물들을 등장시킨다. 애나는 첫 소설로부터 나오는 인세가 있기 때문에 딱히 먹고 살기 위해 일할 필요가 없다. 딸이 있긴 하지만, 결혼도 안했고, 전통적인 핵가족의 일원도 아니다. 애나는 친구 몰리와 함께 이것저것 생각해본다. 여성을 자유롭게 하는 것은 이런 특별한 환경일까? 자신에게 남자가 없지만, 여전히 남자와의 관계로 자신이 규정되는 것일까? 이런 면에서 소설은 바렛의 주장, 즉, 가족주의 이데올로기는 가족이라는 정통 마르크스주의적 정의에 순응하지 않는 여성에게도 여전히 영향을 끼친다는 바렛의 주장을 확증해주고 있다. 또한 가족의 전통적 역할을 다하지 못한 여성들이 실제로 당하는 억압의 예들을 보여준다. 애나/몰리와 대조를 이루는 인물은 마리온이다. 마리온은 몰리의 전남편, 사업가인 리처드의 현재 아내다. 마리온은 세 아이를 키우고, 집안을 돌보며, 남편의 사업을 돕기 위해 디너 파티를 준비한다. 그러나 리처드가 바람피고 있다는 사실을 알게 된 다음부터 술을 많이 마시기 시작한다. 마리온 역시 바렛이 지적했던 "사회의 문제가 개인적 심리의 의학적 모델로 수용되는 교활한 과정"(283)의 예가 될 수 있다. 이야기가 진행되면서 마리온은 서서히 결혼과 남자에 대한 의존으로부터 빠져나오고, 애나를 롤 모델로 삼는다. 그러나 애나 역시 마리온을 괴롭히는 문제들로부터 면역되어 있는 것은 아니다. 딸을 돌보고, 연인인 마이클과의 관계에서 애나 역시 소위 "가정 주부의 질병"으로부터 마리온 만큼이나 고통 받고 있다.

> 아마도 6시인가 보다. 무릎이 뻣뻣하다. 늘 말하곤 했던 "가정 주부의 질병"에 나도 걸린 모양이다. 내 안의 긴장, 평화는 이제 사라져버렸다. 벌써 긴장의 스위치가 켜졌기 때문이다. 재넛을 옷 입히고, 아침을 먹이고, 학교에 데려다 주고, 마이클의 아침을 챙겨주고, 차가 떨어졌어, 잊지 말아야지, 등등. 쓸데없는, 그러나 도저히 피할 수 없는 긴장 때문에 분노도 함께 켜진다. 무엇에 대한 분노란 말인가? 부당함. 사소한 일에 내 시간을 쏟아 부어야 한다는 사실. 분노는 마이클에게 집중된다. 나의 지성은 분노가 마이클과 아무 관계가 없음을 잘 알면서도. 그럼에도 나는 그에게 분노한다. 그는 자신이 쉴 수 있도록, 다양한 능력을 지니고 있는 여성들, 비서, 간호사의 도움을 받으면서 하루를 보낸다... 오래 전에 나의 분노와 억울함이 딱히 개인적이지 않다는 사실을 알게 되었다. 이것은 우리 시대 여성의 질병이다. (298)

애나는 여성의 일상적 집안 일의 무게가 남성에 비해 훨씬 무겁다고 적절하게 지적한다. 성별로 분리된 일은, 여성을 노예처럼 부리는 가부장제 이데올로기와 합쳐져서, 마이클의 일상적 일은 다른 여성들이 대신해주고 있다. 마이클 개인은 가부장제 자본주의 시스템의 혜택을 누리고 있지만, 그 구조적 불평등에 대한 책임이 온전히 그에게 있지는 않다는 사실을 애나는 잘 알고 있다. 질병이라는 메타포는 몸의 정치학에서 아주 적절하다. 개인은 더 큰 시스템의 한 부분으로 자리잡고 있으며, 개인의 문제는 언제나 사회적 원인을 가지고 있는 것이다. 육아의 책임은 여성에게 특별히 무겁다. 이는 애나가 점차 자유를 갈망하면서 재넷을 어쩔 수 없이 기숙학교에 보낼 때 분명히 나타난다. "재넷이 태어난 이래 난 제 시간에 맞춰 편안하게 움직여본 적이 없다. 아이를 키운다는 것은 늘 시계를 의식하면서 어떤 특정한 시간에 해야 할 일로부터 결코 자유로울 수 없음을 의미한다. 재넷이 태어나면서 죽어 버렸던 애나의 한 부분이 다시 살아나고 있다"(480).

그러나 『황금 노트북』은 바렛과 로보섬과 마찬가지로, 가부장제와 자본주의 하에서 여성의 억압을 설명하려면 섹슈얼리티와 몸과 판타지를 말하지 않을 수 없음을 안다. 소설의 남성들은 한결같이 성적 쾌락을 기계적으로 이해하고 있는 반면, 여성들은 "훨씬 센스가 있어서, 마치 몸과 감정이 분리되어 있는 것처럼 몸과 감정을 따로 사용하지 않는다"(48). 여성의 성적 경험은 질 오르가즘이 존재하나 안하나... 등등의 질문들로 축소될 수 없다. 여성의 성적 경험은 사랑과 신뢰 같은 감정과 밀접하게 연결되어 있다. 그런 방식으로 레싱은 바렛처럼 섹슈얼리티를 재생산이나 본질적인 젠더 정체성으로부터 분리시켜 버리고, 섹슈얼리티가 사회적 압박에 어떻게 반응하는지 증명한다. 애나의 소설에 나오는 인물인 엘라(Ella)는 사랑하지 않는 남자와는 오르가즘에 이를 수 없다고 말한다. "나 같은 여성에게 중요한 진실은 순결이나 정결이 아니다. 어떤 낡은 언어들 중 그 어떤 것도 아니다. 나에게 진실은 오르가즘이다"(292). 남성의 보호와 지위에 의존하는 여성에게 성적 쾌락은 감정적인 안정성에 의존하기 마련이다. 로보섬이 주장했듯이, "우리가 오르가즘을 느끼는 것은 남성과의 온전한 관계 뿐만 아니라, 우리의 몸, 다른 여성, 바깥의 세상과의 관련에서 우리의 총체적인 상황에서 비롯된다"(44). 여성은 자신의 몸과 섹슈얼리티를 남성이 정의하는 방식대로 배우게 된다. "우리는 우리의 성기, 월경, 오르가즘, 갱년기를 남성이 결정한 경험으로 대체해버린다"(35). 이러한 "식민"은 애나가 생리를 시작하던 날의 경험을 말할 때 분명하다. 애나는 생리를 시작하면서 더럽고 짜증나는 느낌에 저항하려고 노력한다. 왜냐하면 그런 느낌은 자신의 신체적 느낌이기 보다는 사회적 기대와 더욱 관련됨을 깨닫고 있기 때문이다. 로보섬과 바렛에 따르면, 여성이 해방되려면, 여성은 자신의 '섹슈얼리티'와 '개인의 정치학'을 탐색해야 한다. 『황금 노트북』은 바로 이런 탐색을 시작하고 있다. 『황금 노트북』은 로보섬이 묘사하는 '의식화'와 똑같은 과정으로 독자를 초대하고 있다.

하나의 개념을 '만난다'는 것과 그것을 '이해한다'는 것은 별개

> 다. 남성의 헤게모니를 이해하려면, 자신이 어떤 영향을 받고 있는지 순간 순간 느끼지 않으면 안된다. 그러면 각 순간들이 이해되면서, 각 순간들은 여성이 자각하는 총체적 과정의 한 부분이 된다. 이런 방식을 통해서 우리는 언어를 사용하기 시작하고, 자신 만의 성찰을 할 수 있게 된다. 우리의 이해를 더욱 확실하게 하려면 조직하고 행동해야만 한다. (39)

애나를 둘러싸고 있는 여성성의 이데올로기가 경제 시스템과 얼마나 연결되고 있는지는, 『황금 노트북』에서 레싱이 관심을 기울이는 이슈다. 바렛은 이데올로기가 사회의 물적 기반에 의해 결정되긴 하지만, 동시에 어느 정도 자율성을 지니면서 여성의 삶에 영향을 끼친다고 주장한다. 또 포스트모더니즘과 포스트구주주의가 주장하는 바대로, 언어와 담론은 실재를 반영하는 만큼이나 실재에 대한 이해를 구성한다고 주장하는데(이 문제에 대한 진전된 논의를 보려면 5장과 6장을 참조), 바렛은 이와 관련된 논의도 진행한다. 『황금 노트북』은 애나가 작가적 블록을 극복하고, 진실하고 가치 있는 뭔가를 쓰기 시작할 때 이 문제를 다룬다. 애나는 자신의 소설 "전쟁의 프런티어"가 남아프리카의 경험을 믿을 수 없을 만큼 향수에 젖어 썼음을 잘 알고 있다. 그래서 자신의 검은 노트북에는 이 경험을 좀 더 진정성 있게 다시 써보려는 노력으로 가득하다. 그러나 자신이 이 점에서 실패했음을 알고 있다. "오늘 다시 읽어보았다. 그것을 쓴 이래 처음으로. 소설은 향수로 가득하다. 단어 하나 하나가 모두 향수에 젖어있다. 그것을 쓰면서 나는 '객관적'이려고 노력했음에도 불구하고"(150). 『황금 노트북』에는 여러 다른 텍스트들로 가득하다. 신문 오려낸 것, 서평, 소설 습작, 소설 구상, 이야기, 연극과 영화 대본 등등이 들어있는데, 작가의 블록 때문에 고통 받는 사람치곤 좀 아이러니칼하다. 이러한 각각의 텍스트들은 실재에 대한 서로 다른 버전을 보여주는데, 이는 텍스트들, 담론과 언어가 실재의 버전을 구성한다는 생각에 쉽게 동의하게 만들고, 이데올로기는 세상을 설명하는데 경제적 요인 만큼이나 "물질적"이라는 생각에도 동의하게 된다. 그러나 『황금 노트북』은 궁극적으로 경제가 이데올로기와 담론을 뒷받침한다는 사실을 분명하게 보여준다. 예를 들어, 영화제작자는 애나의 소설 "전쟁의 프론티어"를 팔도록 계속 종용하는데, 조건이 있다. 영화가 상업적으로 성공하려면 줄거리와 인물을 상당히 변경해야 한다는 조건이다. 또한 애나는 자신이 경제적으로 독립하기 위해서는 소설의 성공에 의존할 수밖에 없는 상황이다.

애나가 불가피하게 상업적 고려를 할 수밖에 없는 상황은 바렛이 한 말의 진실성을 확인시켜 준다. 즉, 바렛은 작품을 해석할 때 작품 생산의 조건과 작품에 대한 반응을 고려하는 것이 매우 중요하다고 주장했다. 애나가 경제적으로 독립할 수 있다면 차기작의 종류를 결정하는데 훨씬 자유로울 것이다. "전쟁의 프론티어"를 상업화하고 상품화하는 시도를 거부하려면, 애나가 경제적으로 절박하지 않을 때만 가능하다. 그러므로 문학을 쓴다는 것은 상품 생산이라는 자본주의적 시스템의 한 부분이 될 수밖에 없다. 그러면서도 레싱의 노트북은 특혜를 받은 듯 "대항문화"의 개인적 형태처럼 보이게 만든다. 잠정적으로, 레싱의 소설 자체도 이윤을 추구하는 출판사가 출판했음을 잊게 만든다. 어쩌면 출판 산업은 판매를 증진시키기 위해서 이 소설이 20세기 페미니즘에서 차지하는 중요성을 이용하고 있는지도 모른다 (예를 들어 플라밍고판의 표지에 있는 광고문을 보라).

소설을 통해 이론 다시 보기

레싱은 『황금 노트북』의 서문에서 소설의 상품화에 대해 논평하는데, 교육 기관에서 자신의 소설을 필독서 목록에 올리는 것은 잘못된 일이라고 지적한다. "왜 책 한 권에 대해, 심지어 한 작가에 대해서만, 수 천 개의 말을 쓰면서 몇 달, 몇 년을 소비한단 말인가, 읽어야 할 책들이 수 백 권이 있는데 말이다. 당신이 이런 유해한 시스템의 희생자임을 당신은 알지 못한다"(16-7). 하지만 텍스트를 읽는 경험은 마르크스주의 페미니스트들이 비판하는 경제 이데올로기적 억압 과정을 학생들이 깨닫고 스스로를 변화시키는 경험이 될 수도 있다. 서문의 결론은 문학에 대한 좀 더 긍정적인 인식을 보여준다. 즉, "문학은 살아있고, 힘이 있고, 보람 있으며, 사유와 토론을 촉발할 수 있다는 것이다. 단, 문학의 계획, 구조, 의도가 잘 이해되지 않을 때만 그렇다. 왜냐하면 계획, 구조, 의도가 보이는 순간 더 이상 끄집어낼 것이 없게 되기 때문이다"(21). 레싱은 의미를 파악하고 해석을 위해 애쓰는 것은 좋은 일이고, 의미와 해석의 과정에 참여함으로써 이데올로기적이고 경제적인 자신의 현 위치에 대해 질문을 던지고 저항할 수 있게 된다고 말한다.

이런 식으로 레싱은 로보섬과 바렛의 이론에 대해 핵심적 질문을 제기한다. 핵심적 질문이란, 자본주의 가부장제 시스템에서 개인의 자율권이 어느 정도인지, 한 시스템이 자체를 유지하고자 할 때 얼마나 효과가 있는가에 대해서다. 이런 문제는 두 개의 방식으로 논의되는 경향이 있다. 하나는 시스템이 완전무결해서 개인이 저항할 자유가 없다고 논의하거나, 또 다른 하나는 시스템이 불완전해서 시스템의 결함으로 인해 개인이 전복시킬 수 있는 기회를 제공한다는 논의다. 로보섬은 서로 다른 지점에서 두 가지 논의를 다 제시한다. 바렛의 경우, 개인을 지배하는 시스템의 권력을 인정하면서도, 후기 자본주의에서 사회적 변화는 여성에게 어느 정도 해방의 여지가 있을 지도 모른다고 주장한다.

레싱은 자신의 텍스트가 (좀 더 정확히 말하면, 좀 더 마음을 열고 소설을 읽을 경우에) 전통적인 자유주의 휴머니즘의 목적을 완수할 수 있다고 본다. 즉, 자신의 소설은 독자들이 생각하고, 의식을 향상하고, 개인적인 성장을 권장하도록 만든다는 것이다. 그러므로 레싱이 생각하는 개인과 경제 이데올로기 시스템과의 관계는 로보섬이나 바렛과는 매우 다르다. 로보섬이나 바렛은 개인이 행동하고 사유할 수 있는 자유에 대해 훨씬 더 회의적이다. 개인은 늘 시스템에 의해 영향을 받고 있기 때문이다. 『황금 노트북』도 역시 이 문제에 대해 회의적으로 시작하지만, 명백한 허무주의로부터 한 걸음 나아가 개인으로서 애나는 스스로 사고하고 결정할 수 있는 능력을 지니고 있으며, 그 사고와 결정은 환경에 영향을 미칠 수 있다고 주장한다. (이런 주장은 황금 노트북의 중요성이나 핵심적 위치, 황금 노트북에 포함되어 있는 자기 실현을 보면 알 수 있다.)

그러나 『황금 노트북』에서 애나는 도덕, 정치, 문학적 책무에 대해 다룰 때 회의적인 태도를 보이는데, 이 또한 중요하다. 레싱이 자신의 소설에서 시도하는 실험성과 기술적 혁신을 보면, 레싱이 텍스트와 이데올로기를 우선시할 가능성이 많다. 그렇다면, 바렛이 집착하는 유물론이나 경제주의와는 궁극적으로 다를 수 있다. 만일 『황금 노트북』을 포스트모던 텍스트로 읽는다면 (이런 방식의 독해에도 문제가 있다고 이미 지적했다), 세상에 대한 이해는 우리가 어떤 텍스트나 담론에 몰입하고 있는가와 밀접하게 연관되는 사실을 이 소설이 인정한다고 볼 수도 있다. 애나가 신문을 이것 저것 일기에 오려 붙일 때, 이는 단순히 신문 조각들이 보여주는 공포스러운 세상을 논의하는 것 뿐만 아니라, 신문의 사건들과의 우리 관계란 전적으로 텍스트에 의존한다는 것을 의미할 수도 있다. 사건들의 이런 저런 버전들을 어떻게 구별할 것인지, 그 어려움은 애나에게 절박한 문제다. 예를 들어, 정신분석학은 애나의 문제를 설명해줄 수 있는 한 방식이다. 애나는 "마더 슈거"라고 별명을 지은 분석가와 함께 정기적인 치유 세션을 갖고 있다. "마더 슈거"의 진짜 이름은 (아이러니칼하게도) 마르크스 부인(Mrs Marks)이다. 애나는 자신의 일기 속에서 꿈을 얘기하고 해석하는데 집중하고 있다. 레싱은 굳이 정신분석적 해석과 마르크시즘이나 페미니즘의 해석과 조화를 이뤄보려고 시도하지는 않는다. 대신에 소설에서는 각각의 해석들이 애나의 상황을 설명하는데 동등한 능력을 지닌 서사로서 서로 겨루도록 제시하고 있다. 이와 같은 "메타 서사에 대한 불신"[20] 혹은 세상을 설명하기 위해서 단 하나의 전능한 틀을 찾는 게 별 의미가 없다는 태도는 아마도 바렛과 로보섬의 마르크시즘에 대한 가장 명백한 비판이다. 바렛과 로보섬은 우리 사회의 물질적, 경제적 기반은 개인의 삶과 사회조직을 결정하는 가장 중요한 요소라고 보기 때문이다.

『황금 노트북』은 인종 문제를 계급/젠더와 연결하여 논의할 때 더 큰 유연성을 보이고 있다. 바렛 역시 자신의 책 『오늘날 여성의 억압』에 대한 교정판을 내면서 새로운 서문에 인종과 다른 문제들과 관련하여 자신의 약점을 인정하고 있다. 바렛은 자신의 분석에서 흑인 여성의 가정/일터 경험이 백인들과 다를 수 있다는 사실에 충분히 주의를 기울이지 않았음을 인정한다. 또한 흑인 여성에게 가족은 일터 만큼 반드시 억압의 장소는 아님을 인정한다. 바

20 이 말은 장 프랑수아 료타르(Jean-Fran ois Lyotard)의 책 *The Postmodern Condition: A Report on Knowledge*, Geoff Bennington and Brian Massumi 옮김 (Manchester: Manchester UP, 1984), xxiv

렛의 책은 제목에서도 보이는 바와 같이 계층, 인종, 섹슈얼리티와 같은 변수와 상관없이 모든 여성은 억압되어 있다고 주장하지만, 레싱의 소설은 백인 중산층 여성이 흑인 남녀 보다 지배적인 위치에 선다는 사실을 특별히 선명하게 밝히고 있다. 전쟁 중인 남아프리카를 배경으로 하는 "마쇼피 호텔"이라는 시리즈 서사는 흑인 요리사인 잭슨에게서 절정에 이른다. 술에 취한 감상적인 백인 남자가 잭슨을 팔로 감싸 안으며 "잭슨 너 날 사랑하지? 아니야?"(145)라고 말했기 때문에 백인여주인은 잭슨을 해고해버린다. 계급, 인종, 젠더, 섹슈얼리티의 이슈는 세상을 설명하기 위해서 어느 하나가 우선시되지 않고, 제각각 골치 아프게 뒤섞여 있는 모양새로 제시된다.

『황금 노트북』은 몸, 생물학과 관련된 문제도 거론한다. 레싱은 우리의 신체적 경험이 순전히 사회적으로 구성된다는 생각의 한계를 지적한다. 바렛은 본질주의의 문제가 페미니즘의 골칫거리임을 안다. 왜냐하면 남녀의 신체적 차이의 중요성을 인정해버리면 필연적으로 여성의 사회적 열등성도 인정해버리게 되는데, 이것이 골치 아프기 때문이다. 바렛은 성/젠더의 구분이 정말 유용한지 의문을 던진다. 많은 페미니스트는 이 구분이 중요하다고 보았지만, 바렛은 '신체에서 비롯되는 경험과 젠더정체성'을 '사회적으로 생산되는 경험/젠더정체성'과 개념적으로 구분 짓는 것이 어렵다고 보았다. 대신 바렛은 이 문제들을 역사적으로 특정한 방식으로 살펴보아야 한다고 주장한다. 레싱의 경우, 등장 인물들은 자신의 신체적 경험이 남성들과 다르다고 느끼지만, 이에 대해 깔끔하게 정리해서 설명하지 않는다. 대신에 레싱은 왜 그런지, 독자들이 스스로 여러 가지 해답을 논쟁해 보도록 한다. 이미 보았듯이, 레싱은 여성의 종속적 지위 때문에 성적 쾌락을 얻으려면 가정적 안정이 확보되어 한다고 주장하는데, 이 때는 온전히 사회구성론적 입장을 견지하고 있다. 그런가하면 레싱은 급진적 페미니즘의 주장, 즉, 출산과 같은 기본적인 생물학적 차이는 여성의 심리에 중요한(긍정적인) 영향을 끼친다는 주장을 받아들인다. 몰리의 아들인 토미는 여성들이 사람을 완성된 개인이 아니라 발전해 나가는 존재로 본다는 사실에 분개한다. 이에 애나는 이렇게 답한다.

> 여성들은 사람을 그렇게 봐요. 특히 자신의 아이들. 무엇보다 아홉 달 동안 뱃속의 아이가 아들인지 딸인지도 몰라요. .. 그리고 아가들은 한 단계에서 다른 단계로 계속 성장해 나가지요. 그리고 어린이가 돼요. 여자가 어린이를 볼 때, 동시에 과거의 모습들까지 함께 보게 돼요. 내가 재닛을 보면, 작은 아기로 보기도 하고, 뱃속에 꿈틀거리는 아기로 느끼기도 하죠. 그리고 여러 크기의 작은 소녀로 보고, 또 한꺼번에 보기도 하지요. 그게 여자들이 사물을 보는 방식이에요. 모든 것을 연속적이고 창조적인 흐름 속에서 보죠. 당연히 그래야 하잖아요? (243)

위의 인용문은 여성의 정신적 과정이 지닌 특이성을 신체적 경험을 통해 설명하고 있다. 정신과 신체를 하나로 연결하는 흐름, 과정, 감각이라는 이미지들을 사용하고 있다. 그러나 인용문은 질문으로 끝난다. "당연히 그래야 하잖아요?" 이에 토미와 독자들은 반드시 긍정으로 답할 필요는 없다. 그러므로 『황금 노트북』은 여성의 신체적 경험이 사회적으로 구성되었는가에 대한 일관성 있는 답을 제시하는 대신에, 독자들이 여성의 몸에 대한 경험과 관련된 문제들을 숙고해 볼 수 있도록 이끈다.

결론

『황금 노트북』은 마르크스주의 페미니즘의 중요한 텍스트로 읽힐 수 있다. 이 소설은 우리 사회를 계급, 젠더, 자본주의, 가부장제의 교차점에서 분석할 필요성이 있음을 여러 번 주장하고 있다. 여성의 종속은 가정과 일터에서 맞물린 이중 역할과 관련이 있음을 증명하기도 한다. 또한 이데올로기가 섹슈얼리티, 몸과 판타지, 젠더 정체성까지 깊이 영향을 끼치고 있음도 인정하고 있다. 그러나 소설은 마르크스주의 페미니즘 분석을 넘어, 그 한계 몇 가지를 지적하고 있다. 레싱은 유물론적 분석을 완전히 떠나지는 않지만, 유물론적 분석은 젠더 정체성을 구성하는데 매우 중요한 역할을 하는 언어, 담론, 무의식을 충분히 강조하지 못한다고 본다. 비슷하게 유물론적 분석은 억압을 만들어내는 가장 중요한 요소로서 궁극적으로는 계급에 고착되어 있기 때문에 (젠더 문제를 교차점에 놓긴 하지만),

인종, 섹슈얼리티와 같은 이슈는 언제나 사후에 추가되는 방식으로만 고려할 뿐이다. 결국 자본주의 가부장제의 파국으로부터 개인이 빠져나올 수 있을지 그 가능성은 여전히 문제로 남는다. 마르크스주의 페미니즘은 개인이 이데올로기적 물질적 위치에 대항하여 저항할 수 있는 자유가 어느 정도인지 명확하게 밝히지 못하기 때문이다. 몸, 여성의 신체적 경험에 대해서 오로지 사회구성론적 입장만을 견지할 경우, 다른 페미니즘 이론가들과 충돌한다. 그러나 다른 페미니즘 이론들과 다르게, 마르크시즘 페미니즘은 이와 같은 이슈들에 대해 엄격한 자기 비판을 거치고 있다. 더러 자기 비판으로 인하여 마르크스주의 이론틀을 아예 떠나 버리는 경우도 있을 정도다.

Chapter 4

정신분석 페미니즘

페미니즘 이론과 비평 • Chapter 4

정신분석 페미니즘

서론

마르크스주의와 페미니즘과의 결합은 종종 "불행한 결혼"[1]으로 불리지만, "불행한 결혼"은 어쩌면 정신분석과 페미니즘의 결합에 더 잘 어울릴지도 모른다. 레이첼 보울비(Rachel Bowlby)도 비슷한 비유를 사용하고 있다.

1 리디아 사전트(Lydia Sargent)가 편집한 책, *Women and Revolution: A Discussion of the Unhappy Marriage of Marxism and Feminism* (London: Pluto Press, 1981).

> 정신분석과 페미니즘은 오랫 동안 함께 해왔고, 이제 지겨울 정도로 함께 하는 관계로 고정되었다. 그리고 양쪽 모두 서로에게 맹렬한 감정 표현을 반복해왔다. 열정적인 선언들이 잠잠해지다가, 이내 절박한 비난과 항변을 터뜨리기 일쑤였다.... 격정적인 부정과 격정적인 옹호가 둘 모두의 특징으로 자리 잡았다. 황홀한 첫 만남에서 한 사람은 "우리는 서로를 위해 만들어진 거야"라고 말하지만, 곧이어 "관계는 처음부터 잘못된 것이야"라는 씁쓸한 단계로 변형되었다. [2]

정신분석과 페미니즘의 관계를 서로 사랑하면서도 다투는 애증적 감정 관계로 은유하는 것은 아주 적절하다. 정신분석이 섹슈얼리티, 무의식, 가족 구조와 같이 정체성을 형성하는데 매우 중요한 요소들을 강조하고 있기 때문이다. 정신분석은 인간 행동을 설명하기 위해서 개인의 심리 안쪽을 들여다본다. 물론 개인의 정체성이 다른 사람들과의 관계에서 만들어진다는 사실을 간과하지는 않는다.

정신분석학의 "아버지" 인 지그문트 프로이트(Sigmund Freud)는 19세기에서 20세기로 넘어가는 즈음, 비엔나에서 생리학적으로 설명 불가능한 환자의 신경증과 히스테리를 치유하기 위해 "말하는 치료법"(talking cure)이라는 주요 원리를 개발했다. 실제 환자를 치료하는 정신 분석학은 환자가 자기의 문제들에 대해 말할 때 이를 잘 듣고, 무엇보다 "해석"하는 것이다. 특히 꿈, 판타지, 말실수와

2 레이첼 보울비(Rachel Bowlby)의 논문, "Still Crazy After These Years," 트리사 브레난(Teresa Brennan)이 편집한 책, *Between Feminism and Psychanalysis* (London: Routledge, 1989) 40-59.

같은 별로 대수롭지 않는 일들에 특별한 관심을 쏟는다. 그런 것들은 사소해 보이지만 실은 중요하다. 왜냐하면, 무의식에 억압된 걱정스러운 욕망들이 바로 그런 방식으로 드러나기 때문이다. 프로이트가 무의식을 발견한 것은 정신분석에 매우 중요하다. 인간의 심리 속 어딘가에 용납될 수 없는 욕망과 판타지가 보관되어 있음을 아는 프로이트는 심지어 가장 정상적으로 보이는 어른의 꿈과 몽상과 착각들(농담, 말실수, 일시적 망각)과 같은 괴이한 현상들까지 설명할 수 있게 되었다. 그러므로 무의식의 개념은 억압의 개념과 늘 동행한다. 마음을 괴롭히는 욕망을 억압함으로써 무의식이 만들어지기 때문이다. 그리고 억압은 괴로움으로부터 의식을 보호하는 주요 장치라고 볼 수 있다. 그러나 억압이 항상 성공적인 것은 아니다. 그래서 무의식 속에 억압된 욕망들이 신경증 환자의 증상에서 왜곡되어 나타나기도 하고, 도무지 설명할 길 없는 이상한 꿈속에서 다시 출현하기도 한다. 오로지 분석의 과정을 통해서만, 우리는 그런 압축되고 대체된 무의적 욕망들을 이해할 수 있다. 무의식의 욕망을 의식화해야만, 욕망은 우리를 더 이상 괴롭히지 않게 되고, 치유가 일어나게 된다.

의식적 마음이 무의식의 내용을 도저히 받아들일 수 없는 이유는 바로 무의식의 내용이 성적(sexual)이기 때문이다. 프로이트에 따르면 인간은 태어날 때부터 성적인 존재이며, 처음부터 쾌락 원칙(본능적인 리비도적 충동을 만족시키려는 욕망)에 지배 당하고 있다. 유아는 가족들과 상호 작용하면서, 성적 쾌락을 몸의 특정 부분들과 연결시키는 과정을 통해, 쾌락 원칙을 현실 원칙에 맞춰 조절할 수 있게 된다. 구강 단계에서 아이는 엄마의 젖을 빨면서 쾌락을 충족시키고, 항문 단계에서는 배설을 통제함으로써, 마침내 생식기 단계에서는 생식기로부터 쾌락을 충족하게 된다.

그러나 무엇보다 가장 중요한 것은 외디푸스 단계다. 프로이트의 모델인 외디푸스 콤플렉스의 시작은 여아와 남아 모두 첫사랑의 대상인 엄마와 자신을 동일시하면서, 엄마의 사랑을 쟁취하기 위해서 아빠를 경쟁자로 의식하는 것이다. 남아는 결국 엄마를 소유할 수 없음을 알게 되고 포기한다. 그때 아이는 아버지와 자신을 동일시하게 되고, 그에 따라 성공적으로 '정상적'인 성심리적 삶으로 진입할 수 있게 된다. 이런 과정은 거세 컴플렉스에 의해 진행된다. 즉, 남아가 엄마를 욕망하기 때문에 아버지는 아들을 거세함으로써 엄마와 다른 여자들처럼 된다는 두려움을 품게 된다는 것이다. 거세 컴플렉스와 외디푸스 컴플렉스를 해결하는 길은 아이가 아버지와 동일시함으로써 아버지가 소유하고 있는 가부장제 권력과 자신을 동일시하는 것이다. 그래서 사회적 관습을 받아들이는데, 받아들인 관습을 '초자아' 혹은 '양심'의 형태로 내면화하게 된다.

그러나 여아들의 과정은 훨씬 복잡하다. 프로이트는 남자의 성장 모델만을 정상으로 여기면서 이에 초점을 맞춘다. 이 점은 많은 페미니스트들에겐 문제로 인식된다. 프로이트에 따르면 여아는 자신과 엄마가 거세되었고, 지위가 열등함을 알아차린 후에는 사랑의 대상이었던 엄마를 버리고 아버지에게 욕망을 전이하게 된다. 여아의 페니스 선망은 먼 훗날 아들을 낳게 됨으로써 충족될 수 있다고 한다. 여아는 남아와 같은 거세 컴플렉스를 거치지 않는 까닭에(여아는 "이미" 거세되었기 때문에 거세를 두려워할 필요가 없고, 가부장제의 법에 의해 혜택을 받을 일이 없고, 법에 의한 권력을 휘두를 일도 없다), 여아는 남아와 비슷한 '초자아'나 '양심'을 발전시키지 않는다. 대신에 여아는 수동적인 여성적 역할을 어쩔 수 없이 받아들이게 된다는 것이다.

프로이트의 무의식이나 유아 성욕은 가장 영향력 있는 개념들이다. 프로이트에 따르면 무의식은 억압에 의해 통제되고, 유아 성욕은 외디푸스 콤플렉스에 의해 통제된다. 그리고 이러한 과정들을 통해 "정상적"인 성을 가진 성인의 정체성이 만들어진다. 바로 이것이 정신분석학의 초석이 된다. 그러나 프로이트 자신이 충분히 인식하고 있듯이, 이런 과정은 많은 어려움에 봉착하게 되고, 그에 따라 소위 "정상" 범위에서 벗어난 다양한 유형의 변칙 형태가 나타나게 된다. 그러므로 "정상" 범위란 종종 변하기 쉽고 또 환상에 불과하다.

프로이트의 외디프스 단계는 프로이트 이후 대상관계 이론가들에 의해 의문시되었다. 대상관계 이론가들은 아이가 전외디푸스 단계에서 "대상" 특히 엄마라는 "대상"과의 관계를 연구했다. 대상관계 이론은 앞으로 낸시 초도로우(Nancy Chodorow)의 『보살핌의 재생산』(The Reproduction of Mothering) (1978)을 설명하면서 더욱 자세하게 밝혀지겠지만, 특히 미국 페미니즘 이론에 매우 중요한 역할을 했다.

다른 중요한 정신분석 이론은(페미니즘에서는 덜 중요하지만) 칼 융(Carl Jung)의 이론이다. 칼 융은 원형적 꿈의 이미지들이 개별 문화를 넘어서는 집단적 무의식의 증거라고 주장했고, 꿈을 분석함으로써 그림자와 강박으로부터 개인의 개성화(individuation)를 성취할 수 있다고 보았다. 그러나 프로이트 이후 페미니즘에 가장 큰 영향력을 발휘하는 정신분석학자은 역시 자크 라캉(Jacques Lacan)이다. 라캉의 이론은 다음 장(포스트구조주의 페미니즘)에서 논의될 것이다. 왜냐하면 라캉의 이론은 페미니즘과 정신분석에 관련하여 이전의 작업들과 개념상 명확하게 구분되기 때문이다. 1920년대와 1930년대 몇몇 여성 정신분석가들은 프로이트의 이론에 반발했다. 카렌 호니(Karen Horney)와 멜라니 클라인(Melanie Klein)같은 분석가들은 전외디푸스단계, 즉, 유아가 엄마와 갖는 관계와 여성의 출산 능력의 중요성을 다시금 강조했다. 그리하여 성인의 성적 정체성을 형성하는데 페니스, 거세, 외디푸스 콤플렉스가 큰 역할을 한다고 보았던 프로이트를 반박했다. 프로이트의 생물학적 결정론, 반역사성, 그가 남성모델을 규범화하고, 인간의 정체성과 문화에 섹슈얼리티가 유일하게 결정적인 요소라는 그의 주장은 페미니즘 제2물결의 시작부터 페미니스트들의 공격을 받았다. 그러나 최근 들어 페미니즘 이론은 프로이트의 이론으로 귀환하기 시작했다. 프로이트로 귀환하는 이론 중에서 가장 의미 있는 초기 작업은 줄리엣 미첼(Juliet Mitchell)의 책, 『정신분석과 페미니즘』(Psychoanalysis and

Feminism)(1974)[3]이다.

줄리엣 미첼, 『정신분석과 페미니즘』(1974)

미첼은 프로이트의 정신분석학을 거부하거나 무시하는 것은 페미니즘에 치명적이라고 주장한다. "정신분석은 가부장제 사회를 추천하는 것이 아니라, 가부장제에 대한 분석을 제공한다"[4]고 말한다. 프로이트는 생물학적 결정론자가 아니라, 몸이 문화와 사회의 맥락에서 기능하고, 몸의 의미는 특정한 가부장적 환경에서 사회적으로 만들어진 것임을 주장하고 있다. 개인의 젠더 정체성은 여성이 열등하다고 가정하는 사회에서 '생물학적 몸'의 복잡한 의미를 협상해 나가는 과정 속에서 형성된다.

> 프로이트는 말하길, 남녀 두 성이 존재하는 것은 생물학적 사실이지만, 이 사실을 경험하는 것은 심리적 문제다. 남녀 두 성의 존재가 우리의 정신 생활을 결정하는 것이 아니라, 우리의 정신 생활이 남녀 두 성의 존재를 고려하는 것이다... 생물학적으로 남녀 두 개의 "위대한 안티테제"로서 성이 있다면, 우리는 심리학적으로

---

3 정신분석에 대한 유용한 입문서는 프로이트 자신의 책, *An Outline of Psychoanalysis* (London: The Hogarth Press, 1969), 제임스 스트래치(James Strachey)의 편역. 정신분석이론을 문학에 적용하는 흥미로운 예들은 수 바이스(Sue Vice)의 책, *Psychoanalytic Criticism* (London: Polity Press, 1995).

4 줄리엣 미첼. *Psychoanalysis and Feminism* (Harmondsworth: Penguin, 1990), xv.

> 도 양성적(bisexual)이다. 남녀의 심리는 서로 정반대일 것이고.... 남녀 양성성(bisexuality)이라는 개념은 남녀의 구분이 없는 유아의 유니섹스(unisex)의 단순한 개념을 넘어서, 한 개인의 정신이 지니는 양성성(androgyny)이 부조화를 이루거나 오락가락하는 복잡한 개념으로 옮겨가게 된다. (51)

마르크스주의 페미니즘이 우리가 살고 있는 역사 경제적인 상황을 설명하는 반면, 정신분석은 우리의 무의식에서 이데올로기와 섹슈얼리티가 어떻게 작동하고 있는지 설명해준다고 미첼은 말한다. 『정신분석과 페미니즘』(Psychoanalysis and Feminism)은 프로이트의 정신분석 이론 중에서 여성에게 가장 중요한 부분들에 대해 상세하게 설명하고 있다. 즉, 앞에서 말한 맥락에서 볼 때 프로이트의 이론이 페미니즘에게 유용할 수 있음을 증명하고 있다. 이 책의 두 번째 파트는 페미니즘 제2 물결 초기 페미니스트들에게 프로이트보다 더 인기 있었던 빌헬름 라이히(Wilhelm Reich)와 R.D. 랭(R.D. Laing)과 같은 급진적인 심리 치료사들을 다루고 있다. 미첼은 이들 작업의 함축성을 제대로 살펴볼 때, 그렇게 인기있을 이유가 없다고 본다. 라이히와 랭은 여성이 억압받고 있는 공간인 가족과 섹슈얼리티를 강조하기 때문에 급진적 페미니즘 정치학에 영향을 주긴 했지만, 그들은 실제로 생물학적 결정론으로 회귀하고 있으며, 프로이트 정신분석과 마찬가지로 비인격적 방법론으로 회귀하고 있다고 지적한다. 또한 미국에서 유행하는 프로이트 이론은 점점 "현상태"(status quo)(297)를 유지하기 위해 활용되기 때문에, 페미니즘 제2물결 초기의 많은 페미니스트들이 프로이트를 적대시했다고 미첼은 지적한다. 그래서 『정신분석과 페미니즘』은 시몬느 드 보부아르, 베티 프리단, 에바 피지스, 저매인 그리어, 슐라미스 화이어스톤, 케이트 밀렛과 같은 페미니스트들의 저작에 나타나 있는 프로이트에 대한 적대감을 나열하는데 대부분의 지면을 할애하고 있다. 미첼은 그들이 프로이트의 여성 연구를 프로이트 저작 전체의 맥락에서 보지 못한다고 비판한다. 그들은 정체성을 설명하기 위해서 "사회적 현실"과 "의식적 선택"(356)을 앞세우면서, 정작 꼭 필요한 무의식과 섹슈얼리티의 우선적인 중요성을 간과하고 있다고 비판한다. 책의 결론에서 미첼은 우리 사회에서 여성의 억압이 어떻게 왜 일어나는지 논의한다. 미첼은 외디푸스 콤플렉스가 어떻게 가부장제 시스템—남성이 여성을 교환하고, 근친상간을 금지하는 시스템—을 제도화하고 유지시키는지 설명한다. 그리고 가부장제가 자본주의에만 특화된 제도인지 아니면 보편적인지 논의하면서, 외디푸스 콤플렉스가 자본주의에만 한정될 수는 없지만, 다른 경제/사회적 맥락이었다면 분명히 다른 형태도 가능했을 거라고 논의한다.

낸시 초도로우, 『모성의 재생산』(1978)

『정신분석과 페미니즘』의 미첼은 프로이트가 가부장제를 규범을 보는 것이 아니라 가부장제를 기술했다는 근거 하에서 프로이트를 페미니즘적 시각으로 재활용하고 있다면, 낸시 초도로우(Nancy Chodorow)의 『모성의 재생산』(*The Reproduction of Mothering*)은 부제("정신분석과 젠더의 사회학")에서 보여주는 바와 같이 좀 다른 접근을 하고 있다. 미첼과 달리 초도로우는 프로이트의 이론들이 "가부장 문화의 전제들을 제대로 점검하지 못한다"[5]고 주장한다. 초도로우에 따르면, 프로이트는 젠더를 "서로 다른 두 개의 존재가 아니라, 남성성과 남성 성기의 존재 혹은 부재로 정의"(157)했다. 또한 프로이트의 작업은 남녀의 심리적 발달은 궁극적으로 인간이 재생산해야 한다는 생물학적 필요 때문에 서로 다르다고 전제하는데, 이는 생물학적 결정론이 맞다고 주장하는 것이다. 그러나 이와 대조적으로 초도로우는 대상관계 이론을 활용하여 아이가 사회적 맥락에서 대상과 상호작용하면서 젠더 정체성을 획득한다는 사실을 강조하고 있다.

초도로우의 책은 "왜 여성은 엄마 노릇을 하는가"라는 질문에 대답하고자 한다. 초도로우는 모성을 생물학적 본능이나 훈련받은

5 낸시 초도로우. *The Reproduction of Mothering: Psychoanalysis and the Sociology of Gender* (Berkeley, Cal.: U of California P, 1978), 142.

역할로 설명하기를 거부한다. 생물학적 이론들은 여성들이 왜 임신과 수유 이후에도 아이들을 양육하는지 설명하지 못한다. 모성은 훈련된 역할이라는 주장도 지나치게 기능적이거나 결정론적이어서 개인의 자율성이 개입할 여지를 주지 않고, 역사적으로 가족 구조에서 분명하게 나타나는 차이를 설명해주지 못하기 때문에 비판받을 수 있다.

초도로우에 따르면 정신분석만이 젠더 정체성의 획득을 자본주의 핵가족이라는 특정한 사회적 맥락에서 설명하기 때문에 이 문제를 제대로 답할 수 있다고 본다. 즉, "가족이라는 구조가 남녀에서 서로 다른 관계적 필요와 능력을 만들어내서, 여성에게는 엄마로서 재생산 영역을 담당하도록 만든다"(51)고 설명한다. 초도로우는 남아와 여아가 전외디푸스 단계와 외디푸스 단계를 서로 다르게 경험하기 때문에 여성이 기본적인 양육자의 지위를 재생산하게 된다고 주장한다. 즉 여아는 같은 성 누군가의 양육을 받아 성장하게 되기 때문에 남아와 달리 전외디푸스단계를 더 오래 갖게 되고, 따라서 외디푸스 콤플렉스가 남아들처럼 효과적으로 해결되지 않는다. 결과적으로 여성은 다른 사람과의 연결에서 남성들보다 유동적이고, 관계적이며, 서로 공감하는 감각을 발달시킨다. 남아들은 외디푸스 단계에서 어쩔 수 없이 엄마를 포기하고 아버지와 동일시하면서 분리와 개성화(individuation)를 발달시키고, 여아들보다 더 확고한 자아 경계(ego boundary)를 갖게 된다. 바로 이런 심리적 차이로 인해서 여성들이 엄마로서 보살피는 경험에 만족감을 느낀다는 것이다. 이는 이성애 관계만으로는 충족할 수 없는 필요와 욕구를 재확인해준다. 또한 남성이 다른 남성과의 관계가 중요한 것보다, 여성이 여성과 갖는 관계가 훨씬 더 중요한 이유를 설명해준다.

그러므로 아이를 키우는 양육자를 바꿔야만, 남녀의 심리적 구조가 변할 것이라고 초도로우는 말한다. 여성과 남성이 양육을 기본적으로 함께 함으로써만 여성을 억압하는 성적 노동 분업을 극복할 수 있다고 제안한다. 그렇게 해야만 아이들은 아래와 같이 될 수 있다고 주장한다.

> [아이들은] 태어나서부터 남녀 모두에게 의존할 수 있게 되고, 부모 모두와의 관계에서 개성화된 자아 감각을 확립할 수 있게 된다. 그래서 남성성은 의존을 거부하지 않게 되고 여성을 평가절하하지 않게 될 것이다. 여성적 인격은 개성화에 너무 집착하지 않을 수 있게 될 것이고, 아이들은 엄마의 무소불위적 권능을 두려워하지 않고, 여성 특유의 자기희생을 기대하지 않게 될 것이다. 그렇게 되면, 남성들이 자신의 남성성을 지켜야 한다는 강박에서 자유로울 수 있게 되고, 여성을 부차적이고 힘없는 존재로 여기지 않게 될 것이다. 그리고 여성들이 지나치게 관계에 몰입함으로써 잃어버렸던 자율성을 발달시킬 수 있을 것이다. (218)

마가렛 앳우드 『레이디 오라클』(1976)

마가렛 앳우드(Margaret Atwood)의 소설을 관통하는 중심주제는 젠더 정체성의 형성이다. 앳우드는, 여성의 어린 시절 경험, 남자 파트너와 사귀는 경험, 다른 여성들과의 관계, 남성이 지배하는 사회에서 여성이 주체가 되는 것이 얼마나 힘겨운지에 대해 소설 속에서 그리고 있다. 앳우드의 주인공 여성들은 대체로 창의적인 일을 하는 사람들인데, 글을 쓰거나 그림을 그리면서 위의 주제들을 탐구하고 있다. 그런가 하면 앳우드는 문학과 소설의 전통이나, 장르의 구분, 서사 방식 등에 대해 관심을 가지고 있다. 『시녀 이야기』와 같은 공상 과학 소설도 썼고, 특히 여성들에게 중요한 장르였던 로맨스, 고딕 소설, 동화를 섞어서 소설의 테크닉과 모티프에 대한 패로디를 맘먹고 창조해내기도 했다. 앳우드는 소설에서 캐나다를 배경으로 하는데, 미국과 유럽과 역사적으로 복잡하게 얽힌 캐나다 특유의 하이브리드 사회문화적 유산이 소설 속에 잘 나타나 있고, 이는 여성의 분열적이고 다원적인 정체성을 닮았다. 『레이디 오라클』(Lady Oracle)의 주인공 조앤 포스터(Joan Foster)는 캐나다와 여성 정체성의 연결성을 잘 인식하면서, 캐나다 국립 전시회의 쇼에서 캐나다 지도 위로 매인 높은 줄을 타고 걷고 있는 뚱뚱한 여자의 판타지 이미지를 만들어낸다.

이 판타지는 『레이디 오라클』에서 여성 정체성 이슈에서 핵심적인 이미지다. 조앤 포스터는 강박적으로 다중적 정체성을 만들어 냈는데, 이로 인한 어려움으로부터 탈출하고자 자신의 죽음을 가장하게 된다. 포스터는 살아오면서 몸이 뚱뚱하고 못생기고 마르고 멋진 단계를 모두 겪었고, 역사 로맨스(스스로 "변장 고딕"(costume gothic)라고 이름붙인) 작가이며, 널리 인정받은 시인이며(소설 속에서 시가 발췌 인용됨), 각양각색의 남자들을 사랑하는 여자이며, 심령술, 자동기술, 초자연적 현상을 옹호하는 사람이다. 소설의 시작에서 포스터는 이탈리아 테레모토에 있는 한 빌라에서 자신의 신분을 가장한 채 유배중이다. 포스터는 1인칭 회상록을 줄줄이 써나가면서 자신이 왜 죽음을 가장하고 사라질 수밖에 없었는지 저간의 사정을 설명하고 있다.

조앤 포스터는 신뢰할 수 없는 화자의 전형이다. 그래서 조앤이 설명하는 사건들은 자신의 정체성 만큼이나 모순적이고 환상에 불과하다. 다른 무엇보다 그런 점에서 이 소설은 정신분석학적 해석이 가능하다. 조앤의 1인칭 서술은 오로지 자기 자신과 독자들을 향한다. 어떤 면에서는 남편인 아더(Arthur)를 향한다고 볼 수도 있지만 그리 중요하지는 않다. 자신과의 대화는 정신분석의 "말하기 치료"와 상당히 흡사하다. 치료는 피상적이거나 사소해 보이는 증상, 꿈, 판타지로부터 시작해서 무의식에 감춰져있는 이들의 의미를 파악해내는 것이다. 미첼이 강조하듯이 프로이트의 치료 방법 역시 어른의 어린 시절 경험으로 되돌아가는 것이다. "역사는 뒤로 거슬러 읽어야 하듯이 사람도 거슬러야만 알 수 있다. 그래서 최근

일로부터 시작하게 된다”(27). 그러므로 소설의 형태와 서사 테크닉은 개인의 병력 조사서를 닮게 되고, 프로이트의 회복 구조(과거를 거슬러 돌아보는) 이론과 닮아있다.

이론을 소설에 적용하기

『레이디 오라클』을 읽는 독자들은 주인공 조앤의 심리 분석가가 되면서, 조앤의 삶에 무의식, 섹슈얼리티, 전외디푸스단계가 얼마나 중요한지 알게 된다. 특히 무의식, 섹슈얼리티, 전외디푸스단계는 특정한 사회문화적 맥락인 가부장제의 맥락에서 특별히 중요하다는 사실을 알게 된다.

조앤의 판타지와 몽상은 심리적인 방어를 위해 사용하는, 프로이트의 ‘압축’과 ‘대체’라는 장치들이다. 예를 들어, 뚱뚱한 여자에 대한 조앤의 판타지는 의심의 여지없이 몸매에 대한 조앤의 걱정과 관련된 자아상이다. 뚱뚱한 여자는 조앤이 캐나다 국립 전시회를 방문했던 경험을 압축하거나 합병시켜버린 이미지다. 국립 전시회에서 조앤은 실제로 뚱뚱한 여자를 보지 못했지만 그 이미지는 기억 속에 각인되었음에 틀림없다, 그리고 뚱뚱한 여자 판타지는 조앤이 어릴 적 무용 발표회에서 몸무게 때문에 나비 역할을 하지 못하고, 대신 좀약 역할을 해야만 했던 아픈 경험을 압축하고 합쳐버린 것이다. 조앤의 꿈속에서 뚱뚱한 여자가 캐나다 지도를 건너 줄타기를 할 때 군중은 웃음을 터뜨리고, 웃음은 천천히 외경심으로 바뀐다. 즉 조앤은 자신이 당하는 피해에 대해 피학적 쾌락과 동시에 다른 사람들의 비웃음을 이겨내는 승리와 자기 도취적 성공을 뒤섞어버린 것이다.

조앤의 의식이 무의식적 꿈의 의미를 너무 쉽게 파악해 버렸다 싶으면, 조앤의 무의식은 곧바로 다른 주요 내용을 포함하는 다른 이미지로 대체해 버린다. 그래서 때로 판타지 속 뚱뚱한 여자의 얼굴은 어릴 적 학교에서 보았던 다른 뚱뚱한 여자애의 얼굴, "미움받는 나의 동료 피해자"[6]로 대체되고, 그 여자애가 대신 "소형 핑크우산"을 들고 나타난다. "소형 핑크우산은 내가 그녀에게 붙여 주고 싶었던 날개의 대체물이다"(102)라고 말한다. 여성성에 대한 가부장제 이데올로기는 옷, 몸무게, 행동, 자축하는 국기 흔들기에서 드러나고 있는데, 가부장제 이데올로기는 조앤의 무의식 속에 벌어지는 꿈에 영향을 끼쳤고, 현재의 심리에도 영향을 주고 있다.

성적으로 조앤은 구강 단계에 고착되어 어릴 때엔 과체중이었고 끊임없이 먹어댔다. 조앤 자신도 알아채듯이, 멈추지 않는 식욕은 조앤과 엄마와의 관계와 밀접하게 연결되어 있다.

> 이 점은 엄마가 나를 결코 용서할 수 없는 것들 중 하나다. 처음

6 마가렛 앳우드(Margaret Atwood)의 소설, *Lady Oracle* (London: Virago, 1982), 103.

> 에 나는 그냥 통통했었다. 엄마의 앨범에 있는 내 사진들을 보면 나는 그저 건강한 아기였고, 대부분의 애기들보다 딱히 크거나 뚱뚱해 보이지 않았다. 단 하나 특이한 점은 사진 속 나는 절대로 카메라를 응시하지 않는다는 사실이다. 대신에 장난감이나 손, 혹은 우유병을 입으로 집어 넣으려는 중이다. 사진은 시간 순서대로 정리되어 있는데, 크면서 나는 살이 더 찌지는 않았지만, 소위 젖살이 빠지지 않았다. 여섯 살이 되면서 갑자기 내 사진들이 사라진다. 이때쯤 엄마가 나를 포기한 시점임에 틀림없다. 사진을 찍는 사람은 언제나 엄마였으니까. 어쩌면 더 이상 내가 크는 모습을 기록으로 남기고 싶지 않았는지도 모른다. 내가 그녀 맘에 들지 않을 거라고 이미 결정해 버렸던 것이다. (43)

조앤의 구강 고착은 계속된다. 조앤이 외디푸스 콤플렉스로 진입함으로써 구강 고착 문제를 해결해야 하는데, 해결하지 못한다. 그 이유는 엄마와의 결속은 강한데, 아빠의 존재감이 희미하기 때문이다. 미첼이 지적하듯이, 프로이트는 후기 저작에서 여성에게 전외디푸스단계인 엄마-딸의 관계가 중요함을 인식하고 있다. "그러나 딸이 엄마에 대해 수많은 이유로 적대감을 품기도 하지만(합리화처럼 나중에 깨닫게 되는 이유일 수도 있지만), 실은 일반적으로 엄마의 딸의 관계는 매우 양가적이다. 즉, 엄마와 딸 관계는 매우 중요하고 강렬한데, 그 이유는 사랑만큼이나 서로 미워하기 때문이다"(57). 조앤의 엄마는 딸의 외모와 행동에 간섭한다. 여성적 외모(날씬함)와 나긋나긋한 행동을 중시하는 가부장적 사회에서 딸이 잘 적응하기를 바라기 때문이다. 그러나 엄마의 바램에 대해 조앤은 저항하고, 조앤의 저항은 과식이라는 강렬한 구순애(orality)의 형태로 표출

된다.

조앤은 엄마에 대한 꿈을 꾸는데, 꿈 속에서 엄마는 세 쪽짜리 거울이 달린 화장대에서 화장을 하고 있다. 조앤은 그 모습에서 엄마가 머리 세 개를 가지고 있다고 생각한다. 이는 엄마에 대한 조앤의 양가적 감정을 드러내는 장면이다. 한 편으로는 엄마가 전외디푸스단계의 전지전능한 권력자로서 조앤의 요구와 욕망을 모두 다 충족시켜줄 수 있기를 바란다. 비슷한 꿈의 초반에서 문밖에 기다리고 있는 "이름 없는 남자"가 엄마의 분열된 머리 세 개를 보지 못하도록 애쓰는 장면에서 권력자 엄마를 꿈꾸는 조앤의 희망이 분명히 나타난다. 다른 한 편으로 조앤은 성장하면서 외디푸스단계에서 엄마로부터 아빠로 권위를 전이하면서, 엄마에 대한 자신의 의존이 마침내 해결될 수 있음을 깨닫게 된다. 그래서 조앤의 꿈이 변하게 되는데, 변경된 꿈에서는 "이름 없는 그 남자"(아버지 같은 존재)가 들어와서 엄마가 괴물이라는 비밀을 모두 알아 버리기를 욕망하기도 한다.

조앤의 아버지는 말 그대로, 혹은 은유적으로 조앤의 어린 시절 존재감이 전혀 없다. 전쟁 중 아버지는 가족과 떨어져 있는 동안 정보부에서 일했고 사람들을 죽였다는 사실을 조앤은 알게 된다. 지금은 의사로서 약 과용으로 자살하는 사람들을 다시 살려내는 일을 한다. 아버지로서 허약한 존재감(20세기 자본주의체제에서는 성별화된 노동 분업 때문에 아버지는 가정에서 존재감이 약한데 이는 통상 "정상"으로 여겨진다)과 더불어, 아버지가 하는 일의 양가성을 고려하면, 조앤이 외디푸스 단계를 거치면서 조앤을 콤플렉스로부터 떼어낼 만큼 아버지가 충분히 권위 있는 인물이 아님을 알 수 있다.

> 나는 엄마가 말하지 못하는 삶에 대한 진실을 아버지가 대신 말해주길 바랬다. 아버지는 삶의 진실에 대해 뭔가 알고 있을 것 같았다. 아버지는 의사였고 참전 용사이기도 하니까. 아버지는 사람을 죽이기도 하고 살리기도 했다. 아버지가 내게 줄 충고를 기다렸다. 내게 경고를 주고 나를 가르쳐주길 기다렸다. 그러나 그는 그 어느 것도 하지 않았다. (77)

결과적으로 조앤은 엄마와의 관계를 제대로 해결하지 못한다. 미첼에 따르면 이런 상황은 잠재적으로 신경증을 일으킨다. "정신병에서는 여아가 절대로 아빠와 외디푸스적 관계로 진입하지 못한다. 아버지는 중요한 의미에서 여아의 세계에서 존재하지 않는다... 아버지의 부재는 문자적이 아니라 상징적이다"(288).

따라서 조앤이 강박적으로 다중 인격을 만들어낸다든가, 자신의 삶에 대해 모순적인 이야기들을 늘어 놓는다든가, 현실과 판타지를 구분하지 못한다든가, 그와 같은 행위를 해석할 수 있는 한 가지 방법은 이 모든 행동을 정신병 환자의 징후로 보는 것이다. 소설의 끄트머리에서 조앤은 가장 혼미한 상태에 빠져있는데, 누군가 자신을 뒤쫓고 있다는 둥, 다시 살아 돌아가서 현실과 맞닥뜨려야 한다는 둥, 두려움에 사로잡혀있다.

바로 이 지점에서 조앤이 토레모토에서 마무리하고 있는 "변장 고딕" 이야기의 발췌문들이 『레이디 오라클』의 텍스트 안으로 침투해 들어온다. 변장 고딕 소설의 제목은 "사랑에 사로잡혀"(Stalked by Love)인데, 조앤이 창조한 소설 속 허구적 인물들이 그녀 삶에 실존하는 인물들과 뒤죽박죽 섞여버린다. 조앤이 혼동하는 실존 인물들 중에는 이모 루(Aunt Lou), 전시회 쇼의 뚱뚱한 여자(이번엔 나비 의상을 입고 있는데, 조앤이 자아상을 대체할 수 있는 능력이 저하되고 있음을 증명해준다), 아버지, 폴란드 백작, 왕족 조세핀, 조앤의 남편 아더가 들어있다. "사랑에 사로잡혀"라는 고딕 소설의 주인공은 이제 더 이상 샬롯이 아니다. 샬롯은 관습적이고 비위에 거슬리는 주인공인데, 이제는 조앤 자신을 모델로 만들어냈던 악당녀 펠리샤가 주인공이 되어 버린다. 발췌된 부분은 학대 판타지인데, 남자 주인공이었던 레드몬드(Redmond)가 그의 소유 고딕 스타일 대저택의 미로에서 부인을 몇 명씩이나 감금해온 소설의 진짜 악당임이 밝혀지는 부분이다. 이 부분에서 조앤의 정신이 완전히 붕괴해버리고, 현실과 판타지의 구분이 사라져버리고, 정체성이 파편화되어버리는 상태임이 분명해진다. 이런 상태는 가부장제 사회에서 소위 '정상적인' '여성스런' 여성이 되기 위해서 조앤이 겪어야 했던 압박과 연결되어 있다.

비록 조앤이 마침내 소위 '정상적'인 성인의 여성성을 획득했을지라도, 조앤은 미첼이 명명했던 "여성성의 표식"을 지니고 있다. 프로이트 식으로 말하면, "여성성의 표식"이란 마조키즘, 수동성, 허영심, 질투, 정의감의 부족을 말한다. 미첼은 프로이트의 마조키즘 혹은 고통의 쾌락이란 "여성적인 곤경의 전형"(114)이라고 주장한다. 수동성이란 여성의 외디푸스 컴플렉스가 제대로 해결되지 않은 까닭에 생기는 결과이며, 허영심과 질투는 페니스 선망과 거세콤플렉스에 대한 보상의 결과다. 여성에게 정의감이 부족한 것은 여성의 경우 외디푸스적 아버지의 금지 명령을 내면화하지 못하고, 아버지의 금지 명령으로부터 비롯되는 수퍼 에고, 혹은 도덕률 역시 잘 내면화되지 못하기 때문이다. 조앤은 자신에게 고통을 주는 것들, 예를 들어, 만족스럽지 못한 연애나, 가족 관계를 변화시키는 적극적인 결정을 내리지 못한다. 대신에 조앤은 회피하거나 관심을 다른 곳으로 돌리는 등—죽음을 가장하는 것과 열등한 정체성을 대체하기 위해서 새로운 정체성을 꾸며내는 것—과 같은 수동적인 전략을 사용한다. 조앤은 종종 질투심도 강하다. 때로는 어릴 적 자신을 괴롭혔던 마린(Marlene)을 질투하기도 하고, 살이 빠진 후 자신의 외모에 대해 허영심에 가득하기도 한다(현란하고 특이한 의상을 좋아하는 면). 조앤의 정의감 부족은 샘과 마린이 조앤을 살해한 혐의로 체포될 위험에 처했는데도 조앤은 거짓말하고, 말 흐리고, 기만하는데서 분명히 드러난다. 그러나 미첼이 말하듯이, 프로이트는 "이와 같은 소위 여성의 특질은 '사회적 관습', '사회적 조건' 때문에 생겨난다고 본다. 인간문화가 요구하는 것들(프로이트에겐 가부장제)과 특정한 가부장제 사회는 서로 맞물려있다"(117). 여성의 이상형은 마르고, 예쁘고, 수동적이어야 한다는 이데올로기에 자신을 맞춰보려고 조앤이 무던히 애쓰는 것은 놀란 만한 일이 아니다.

미첼에 따르면, 페미니즘이 급진적인 심리 치료를 대중적으로 수용하고 있지만, 여성의 억압에 대한 급진적 심리 치료의 설명은 지나치게 단순하고, 젠더에 대한 생물학적 논의와 잘못된 객관성(논평자들은 프로이트가 주장했다고 하지만 실은 찾아볼 수 없는 부분)에 의존하고 있다. 비슷하게 『레이디 오라클』도 급진적 정치학에 대해 회의적인 입장을 보인다. 이는 조앤의 남편 아더의 정치적 열정이 풍자되는 부분에서 분명하게 드러난다. 아더의 급진적 정치학은 열정적이지만, 일시적이고, 복잡한 문제를 너무 손쉽게 다룬다는 점에서 풍자된다.

> 나는 곧 알게 되었다. 내가 여럿인 만큼이나 아더도 여럿이라는 사실을. 차이가 있다면, 나는 동시적이고, 아더는 연속적이라는 사실이다. 여러 명분 중 어느 하나에 그가 꽂혀있을 때 아더는 새벽 6시면 칼같이 일어나서 거의 잠도 못한 채 서류를 정리하고, 연설하고, 피켓을 들고 다녔다. 그러나 아무 것도 하지 않을 때엔 침대에서 거의 나오지도 않았다. (211-12)

아더의 다중 정체성은 "연속적"이고, 직선적이며, 목적론적(특정한 목적을 완수하기 위해 전진하고 있음을 믿는 것)이다. 반면 조앤은 "동시적"이고, 순환적이고, 퇴행적이다. 앳우드는 아더형을 남성성과 연결하고, 조앤형을 여성성과 연결한다. 그러나 앳우드는 이러한 특성들이 기본적으로 문화적인 규범임을 분명히 주장하고 있다. 조앤의 정체성이 분열되고 다중적인 이유가 타고난 광기 소질이 아니라, 가족의 기대, 고등 학교의 압박, 남성의 태도 때문임을 지적하고 있다. 아더의 급진적 정치학이 여성의 억압을 설명하는데 약하다는 사실은 조앤의 뚱뚱한 여자 판타지를 아서가 어떻게 해석할지 상상하는 부분에서 명확해진다.

> 그는 분명히 이렇게 말할 것이다. 창피한 일이야. 사회의 태도란 얼마나 파괴적인지 몰라. 저런 우스꽝스러운 분홍색 타이즈와 스팽글, 꽉 끼는 구닥다리 발레화를 신게 하면서, 내겐 잘 맞지도 않는 여성성의 틀로 나를 강제로 밀어 넣으면서 나를 파괴하고 있어. 나를 내 모습 그대로 받아들이고 남들이 나를 받아준다면 얼마나 좋을까. 정말 그래… 맞아. 그러나 그게 그렇게 단순하지는 않아. 나는 그런 것들, 보송보송한 치마, 번쩍거리는 왕관이 갖고 싶거든. 그런 것들이 좋아. (103)

아더는 여성의 억압에 대해 논의하면서 옷과 같은 피상적인 것들 아래에서 찾아낼 수 있는 본질적인 여성성과, 그 위에 걸쳐 입힌 강요된 비본질적 여성성에 대해 논의한다. 하지만 조앤은 우리의 몸, 섹슈얼리티, 정체성에 대한 이해는 모두가 사회에서 형성되었음을 받아들이지 않고는, 우리가 누구인지 알아내는 것은 불가능함을 인정한다. (미첼에 따르면 이 점은 프로이트도 인정한다고 주장한다.)

미첼은 자신의 책 결론에서 20세기 자본주의 핵가족에서 외디푸스 콤플렉스의 중요성을 강조했는데, 이 점은 초도로우의 책 『모성의 재생산』의 핵심이 되고, 『레이디 오라클』에서도 중요하다. 조앤은 루 이모를 제외하고는 친척이 없고, 오로지 조앤의 엄마가 딸의 신체적 감정적인 양육을 온전히 책임지고 있다. 조앤의 엄마는 가정과 자녀 양육 역할만으로는 만족하지 못한다. 그리고 집밖에서 어떤 일을 한다 해도(예를 들어 여행사 직원, 실내 장식가), 모든 일이 성별화되어 있고, 여성성 규범에 맞는 일거리밖에 없기 때문에 충분히 도전적이지 못하다. 결과적으로 조앤의 엄마는 조앤을 자신의 프로젝트로 삼는다. "엄마는 매니저이고, 창조자이며, 에이전트가 되었고, 나는 그녀의 생산품이 되었다"(67). 게다가 아버지는 밖에서 일하기 때문에 집에 없고, 조앤에 대한 관심이나 책임감이 부족한 터라, 조앤을 프로젝트로 삼은 엄마는 초도로우가 전외디푸스적 엄마와 딸 관계의 전형적 성격인 유연성(fluid), 합동(merging), 서로 침투하는(permeability) 관계를 만들어내게 된다.

> 딸의 엄마들은 딸과 동일한 젠더이고, 그들 자신도 소녀 시절을 겪었기 때문에, 아들과 다르게 엄마는 딸을 자신과 분리된 존재로 생각하지 않는 경향이 있다.... 청소년기에서 전외디푸스단계의 엄마-딸의 이슈가 다시 떠올라 중요해지는데 (불안, 강렬하고 배타적인 애착관계, 구순애와 음식, 딸의 몸을 엄마가 통제하려는 욕망, 기본적인 동일시 등), 이러한 현상은 전외디푸스적 엄마-딸의 관계 요소가 엄마와 딸의 심리 속에 연장되어 보존되고 있다는 주장을 임상적으로 확인시켜주고 있다. (109-10)

『레이디 오라클』에서 조앤과 엄마가 서로 합쳐지고 분리되는 문제들은 결코 해결되지 않는다. 조앤이 이모의 유산을 받기 위해서 살을 빼기 시작했을 때 이제는 조앤이 엄마가 바라는 이미지에 부합될 수 있고 마침내 엄마로부터 분리될 수 있을 것이라고 기대한다. 그러나 조앤이 놀랍게도 갑자기 살을 빼게 되자 엄마는 불같이 화를 내면서 과일칼로 딸의 팔을 찌를 정도에 이른다. 이런 괴이한 사건을 설명할 수 있는 방법은 오로지 엄마의 두려움 뿐이다. 딸이 살을 빼서 이모의 유산을 찾아 집을 떠나게 된다면, 엄마는 딸에 대한 통제를 잃게 된다. 엄마는 통제를 상실하는 것을 두려워한다. 조앤이 말하듯이, "나를 날씬하게 만드는 것이 엄마의 마지막 남은 프로젝트였어... 이제 엄마가 할 일이 없는 거야. 엄마가 영원히 살기 위해서 내가 필요했던 거야"(123). 엄마의 사망 소식을 알기 직전, 조앤은 엄마의 모습을 보게 된다. 조앤이 어릴 적, 루 이모와 함께 심령 교회를 방문했을 때 한 영매가 그때는 살아 있었던 엄마의 메시지를 받을 적이 있다. 바로 그 영매는 엄마의 죽음 후 나타난 모습이 엄마의 아스트랄체가 나타난 것이라고 설명한다. 아스트랄체란 "마치 긴 고무줄 같은 것으로 나와 묶여있지만, 그 자체로 둥둥 떠나닐 수 있는 몸"(111)이다. 이는 마치 "탯줄"처럼, 엄마와 딸의 강력한 결속을 비유하는 적절하고도 놀라운 메타포다.

초도로우에 따르면, 요즘의 양육 방식 때문에 발생하는 남녀의 심리적 차이로 인하여 이성애적 관계는 남녀 모두 만족시키기 힘들고, 특히 여성의 경우에는 여성들과의 관계가 더욱 더 중요해지는 결과가 생겨났다. 『레이디 오라클』에서 조앤은 남자들과 로맨틱한 관계가 성적으로나 정서적으로 모두 불만족스럽다. 조앤은 이렇게 말한다.

> 사랑은 그저 도구에 불과하다. 미소도 역시 도구다. 사랑과 미소는 모두 뭔가 특정한 목적을 달성하기 위한 도구들이다. 그들은 마술이 아니라 화학이다. 나는 누구도 진정으로 사랑하지 않았다고 느꼈다. 나의 사랑으로 그들을 윤이 나도록 닦았고, 빛이 나기를 바랬다. 나의 모습을 더욱 고양되고 반짝이는 모습으로 반영할 만큼 충분히 환하게 빛나기를 바랬다. (282)

조앤은 다른 사람을 사랑한다는 것이, 사랑하는 대상에게 감정적으로 몰입함으로써 자신을 분열시키면서도 동시에 자기애적 요소가 있음을 깨닫게 된다. 또한 조앤의 남자 파트너들은 자기애적 사랑 그 이상의 대상이 될 자격이 없다는 인식에 도달하게 된다. 왜냐하면 남자들이 엄마와 경험했던 강렬함을 제공할 수 없음을 알기 때문이다. 다른 남성 파트너와 함께 엄마와 같은 강렬한 관계를 만들어보려고 하지만 실패하기 때문에 계속 새로운 연인을 찾아 헤맨다.

비슷하게 조앤이 다른 여성들과 갖는 관계에서도 엄마와의 관계에서 경험했던 의존, 분열, 동일시에 대한 불안이 들어있다. 어릴적 조앤은 친구들—엘리자베스, 마린, 린—의 괴롭힘에 대해 엄마에게 말할 수 없었다. 왜냐하면, "엄마가 무슨 말을 하든지 간에 사실상 엄마는 그 아이들에게 공감할 거라고 느꼈기 때문이다. '스스로 이겨내 봐. 어떻게 엄마의 딸이 바람 빠진 풍선 같을 수 있니'라고 엄마는 말했다."(59). 조앤이 어른이 돼서 마린을 만났을 때, 마치 "그녀의 잠들었던 과거가 울창한 삶 속으로 터져 나온다"(229)고 느낀다. 비록 마린이 조앤을 알아보지 못하지만, 조앤은 어릴 적의 불안과 분리될 수 없다.

소설을 통해 이론 다시 보기

미첼과 초도로우가 페미니즘을 위해서 정신분석을 서로 다르게 활용하는 데서 발생하는 몇 가지 문제점을 앳우드의 『레이디 오라클』이 지적한다. 미첼의 경우는 프로이트를 선별적으로 읽기 때문에, 이를테면 프로이트의 생물학적 결정론을 간과한다. 프로이트의 이론 중 어디를 선택해서 보느냐에 따라 다른 결과를 만들어낼 수 있다. 만일 프로이트의 이론 중 "죽음 충동"을 선택해서 주목한다면, 『레이디 오라클』은 "죽음 충동"에 대한 이야기라고 볼 수도 있다. 그렇게 되면 소설에 대해 전혀 다른 해석이 가능하다. 미첼은 죽음 충동에 대해 크게 언급이 없지만, 프로이트의 후기 저서에서 "죽음 충동"은 매우 중요하다. 무의식은 활력을 띠기 이전 상태의 안정과 온전성을 추구하는데, 무의식의 이러한 추구는 죽음을 향하는 충동이라는 것이다. 죽음 충동은 『레이디 오라클』과 분명히 관계가 있다. 조앤의 이야기는 이렇게 시작한다.

> 조금은 통제하려고도 했지만 내 삶은 이것에서 저것으로 미로처

> 럼 헤매는 삶이었다. 그러나 죽음은 삶보다 훨씬 더 계획적이었다. 나의 삶은 옆으로 퍼지고, 축 늘어지고, 전혀 절제되는 법이 없는 바로크 거울의 틀처럼 말려있거나 장식되어 있었다. 나는 죽고 싶었다. 그래서 삶과 다르게, 깔끔하고 단순하고, 과묵하고, 마치 퀘이커 교회처럼 다소 엄격하거나, 혹은 열다섯 살 때 유행했던 까만 옷에 흰 진주 목거리처럼 단정할 수 있기를 원했다. (7)

옷, 건축, 가구의 비유들을 통해서, 죽음은 삶에서는 찾아볼 수 없는 단순성과 규칙성과 자기 통제의 자아상을 제공해주기 때문에 조앤에게 매력적이다. 조앤은 죽음을 그저 가장하고 있지만, 소설은 다른 방식으로 조앤이 죽음에 몰입하고 있음을 알려준다. 이야기가 진행되면서 이모 루는 사망하고, 조앤이 집을 떠날 수 있도록 유산을 물려준다. 또 엄마가 사망하고 (알 수 없는 상황으로 엄마가 사망한다. 잠재적으로 아버지와 연루되어 있는 상황으로 보인다), 엄마는 가끔씩 심령술이나 초자연적 현상과 연루된다. 심령 교회와 관련된 내용은 좀 코믹하지만, 엄마가 죽은 줄도 모르는 상태에서 조앤이 엄마의 비전을 보는 장면은 진지하다. 자동 기술로 레이디 오라클의 시를 쓰는 장면도 심각한 의미가 들어있다. 그렇다면, 죽음은 조앤의 삶에 큰 부분을 차지한다. 만일 프로이트의 저서 『쾌락의 원칙을 넘어서』에 나오는 죽음 충동의 관점에서 조앤의 삶을 조명하지 않는다면 작품 속 죽음에 관련된 장면들은 그저 역설이 되고 만다.

미첼이 프로이트를 선별적으로 읽는 것은 사실상 불가피하다. 프로이트의 정신분석이 의견 충돌이 전혀 없는 과학이라고 볼 수 없기 때문이다. 프로이트의 이론은 사실상 담론이다. 다른 모든 이론과 마찬가지로 하나의 해석일 뿐이다. 프로이트의 이론이 담론이라면, 그의 이론이 과연 얼마나 보편적일 수 있는지 질문할 수 있다. 즉, 프로이트의 이론은 모든 맥락에서 적용 가능한가? 아니면 역사 문화적으로 특정한 맥락에서만 적용되는가? 미첼은 이 부분에 대해 불분명하다.

> 분명히, 정신분석은 특정한 시대와 장소의 맥락에서 형성되고 발전되었다. 그렇다고 해서 보편적인 법칙으로서 타당하지 않다는 말은 아니다. 단지 정신분석 법칙은 특정한 문제들, 특정한 물질적 조건으로부터 추출되었다는 뜻이다. 그래서 정신분석이 발전하게 된 역사적 환경을 알아야만 한다. 단지, 그것을 거기에만 한정시키지 않기 위함이다.... 정신분석이론은 보편적으로 보일지라도, 동시대이건, 역사적으로든 다른 사회이거나, 같은 혹은 다른 시대적 상황적 조건에도 다른 계층이라면, 정신분석학 이론이 똑같이 적용되어서는 안될 것이다. (xx-xxi)

미첼은 특정한 사회 맥락에서 정신분석학의 객관적 진리를 추출해내서, 결국 추출한 진리를 보편화해야 한다고 말하지만, 이는 모순적이고 혼란스럽다. 미첼은 책의 끝부분에서 정신분석은 근친상간을 금지하고 여성 교환을 제도화하는 가부장적 법을 보편적화하고 내면화하는 과정을 설명한다고 말한다. 그러나 이런 과정은 사회마다 다르다고 주장한다. 이런 주장은 똑같은 비판을 받을 수 있다. 즉, 가부장제는 사회를 위해서 꼭 필요한 것인가? 아니면 사회 안에서 불가피한 것인가? 만일 그렇다면, 우리는 어떻게 남성이 여성을 지배하지 않는 문화를 상상할 수 있단 말인가? 페미니스트 정치적 액티비즘은 가부장제적 상황을 변화시키기 위해서 무엇을 할 수 있단 말인가?[7]

미첼은 영국 사회주의 페미니스트의 특징인 마르크스 이론에 기대고 있는데, 여기에도 몇 가지 모호한 점이 있다.[8] 『정신분석과 페미니즘』은 일종의 이중 체계 이론을 제시하고 있는데, 여성의 경제 사회적 억압을 설명하기 위해서 역사 유물론을 사용하고, 동시에 무의식 속에 내면화된 가부장제 이데올로기를 설명하기 위해서는 정신분석을 사용한다. 그러므로 미첼은 이데올로기라는 개념을 사용하긴 하지만, 미셸 바렛의 『오늘날 여성의 억압』이 제시하는 경제적인 요인들과는 좀 다르게 상대적으로 독립된 개념으로서 사용하고 있다. 그러므로 미첼의 이데올로기는 바렛이 비판받았던 것과 똑같은 비판을 받을 수 있다. 어쩌면 미첼은 여성의 억압을 구성하는 요소로서 경제적 요인의 역할을 과소 평가하고, 지나치게 "사적인"(privatized)(Wilson, 68) 정신분석학적 설명에만 치중하고 있는지도 모른다. 그래서 미첼에겐 역사적인 설명이 불충분하다.[9] 그런

7 이 점에 대한 상세한 설명을 보려면, 엘리자베스 윌슨(Elizabeth Wilson)의 논문, "Psychoanalysis: Psychic Law and Order?" *Feminist Review*, 8(1981), 63-78을 참조.

8 『정신분석과 페미니즘』을 쓰기 전에, 미첼은 마르크스주의 페미니즘 책은 *Woman's Estate* (Harmondsworth: Penguin, 1971)로 더 잘 알려져 있다.

9 로이진 맥도노(Roisin McDonough)와 레이첼 해리슨(Rachel Harrison)의 논문 "Patriarchy and Relations of Production," *Feminism and Materialism: Women and Modes of Production*.

가하면, 미첼은 이데올로기를 경제적 개념에서 완전히 독립시키지는 않는다. 미첼은 이데올로기도 경제 만큼이나 물질적이며, 이데올로기가 여성의 지위를 설명하는데 중요한 요인이 된다고 본다. 『레이디 오라클』을 정신분석학적으로 읽는 것은 적절하고 흥미롭다. 그러나 정신분석이론의 다른 면이 강조될 때 다른 해석이 가능해진다. 마르크시즘같은 전혀 다른 이론이 적용된다면 해석은 달라진다. 정신분석과 마르크시즘을 이론으로서 교차하여 설명하거나, 무의식적 이데올로기와 경제 사회 환경을 이론의 대상으로서 교차하는 것은 『정신분석과 페미니즘』을 망쳐버린다.

『레이디 오라클』에서 가장 눈에 띄는 것 중의 하나는 서로 다른 종류의 글쓰기를 혼합하는 상호텍스트성이다. 앳우드는 다른 소설, 연극, 시, 동화(뿐만 아니라, 영화, 텔레비전 프로그램, 광고까지) 등을 다양하게 많이 언급하고 있다. 앳우드는 여성들이 자주 읽는 문학의 유형인 고딕 소설이나 로맨틱 소설에 대해서도 논평하고 있는데, 이들은 『레이디 오라클』의 중심 주제인, 대중 소설과 정전 소설을 구분하는 문제와 관련해서 상당히 중요하다. 조앤은 변장 고딕도 쓰고, 널리 인기 있는 시도 쓰는 작가다. 그러나 조앤은 고딕과 시를 딱히 구분하지 않는다. "다시 읽어보니, 그 책 [자신의 쓴 "레이디 오라클"이라는 산문시] 은 좀 독특하다. 사실상, 언어 선택을 빼면, 그 산문시는 내가 쓰는 변장 고딕과 꽤 비슷해. 물론 고딕 소설

Annaette Huhm 와 AnnMarie Wolpe 편집. (London: Routledge, 1987), 15-25.

이 잘못되었을 때 말이지. 그 산문시는 어쨌거나 거꾸로 뒤집혀진 거야"(232). 물론 중요한 것은, 로맨스든 시든 모두가 텍스트라는 점이고, 또 둘 다 특정한 모티프와, 인물 유형, 줄거리, 스타일을 지닌 담론으로 읽혀질 수 있는 사실이다. 로맨스와 시의 유사성은 그들이 정말로 똑같아서가 아니라, 하나가 다른 하나의 전도(inversion)라는 점에서 유사하다는 뜻이다. 마치 『레이디 오라클』이 대중 로맨스를 '다시 쓰기'한 패로디인 것처럼 말이다. 패로디로서 '다시 쓰기'는 여주인공의 전형적 인물을 뒤집음으로써 가능해진다(보통 로맨스의 여주인공은 날씬하고, 상처받기 쉬우면서도 혈기왕성하다. 하지만, 패로디에서는 뚱뚱하고, 거의 무너져 버릴 지경까지 상처에 취약하다).

그러므로 앳우드의 소설은 정체성을 구성하는데 있어서 언어의 중요성을 강조한다. 조앤의 다중 인격이 생겨나게 된 것은 바로 그녀가 자신의 역사 로맨스를 출판하고, 출판사와 서신을 교환하면서 자신의 이모인 루이자 K. 드라코트라는 필명을 사용하기 시작하면서다. 그런 의미에서 『레이디 오라클』은 정체성이 담론적으로 구성된다는 포스크구조주의적 개념을 보여주고 있음이 분명하다. 그런 점에서 미첼이 프로이트 이론을 텍스트나 담론으로서 해석하기를 거부할 때, 미첼의 프로이트 이론은 가장 약해진다. 제인 갤럽(Jane Gallop)이 논평하듯이, 언어의 개념을 끌어들이지 않고는 (갤럽의 경우는 특히 자크 라캉의 언어 개념을 말한다), 미첼은 "인간의 행동에 대한 이성적이고, 유용성을 기반으로 하는 설명이 맞다고 믿는 대화 상대(예를 들면, 페미니즘 제2물결 비평가들)의 상식으로 되돌아가고 있다"[10]고 생각한다. 갤럽이 보기엔 정신분석이 페미니즘에 뭔가 매력 있는 효용성을 부여한다면, 그것은 인간 주체가 담론적으로 구성되고, 그래서 인간 주체가 분열되고, 전복되고, 변화할 수 있음을 분명하게 알려주기 때문이라는 것이다.

『레이디 오라클』이 제시하는 정체성 개념은 모호함으로 둘러싸여 있다. 미첼의 주장대로 『레이디 오라클』은 가부장제 이데올로기가 산출해내고 정신분석학이 설명해내고 있는 자아 개념인 전통적으로 "정상적"이고 잘 적응된 자아 개념을 제공하는가? 조앤은 '자기 분석'을 통해 스스로 치유할 수 있을까? 조앤이 소설의 끝에서 자신의 문제를 해결하고, 자신을 마침내 이해할 수 있게 되는가? 그것은 가능하고, 또 바람직한 일일까? 작품에 대한 어떤 해석은 조앤이 작품의 끝에서 결국 살아 돌아가서 자신의 행동에 책임을 지고, 자신의 다중적 인격의 존재를 인정한다고 말한다.

그러나 소설의 마지막 두 단락을 보면서, 조앤이 이제까지와 똑같은 충동적 행동을 그대로 반복하기 시작한다고 해석하기도 한다. 조앤은 말한다. "붕대를 맨 남자에게 뭔가 있다... 난 그가 나에 대해 뭔가 알고 있는 단 한명인 듯 느끼기 시작했다"(345). 조앤은 어쩌면 자신을 발견한 기자와 로맨틱한 감정을 느끼기 시작할 수도 있다. 마침 조앤이 이전에 사랑에 빠짐으로써 문제를 해결하고 새로운 자아를 만들어내려고 했던 것처럼 말이다. 그렇다면 어떤 면

---

10 제인 갤럽(Jane Gallup)의 책, *Feminism and Psychoanalysis: The Daughter's Seduction* (Basingstoke: Macmillan, 1982), 9.

에서 조앤은 "말하기 치료"에서 실패한 예가 될 수도 있다. 마치 프로이트의 여성 환자 중 하나였던 도라처럼, 조앤은 분석에서 빠져나와, 조앤을 정상성에 적응시키려는[11] 독자의 시도에 저항하고 있는지도 모른다. 『레이디 오라클』이 제시하는 여성 주체는 욕망과 언어에 의해 분열된, 훨씬 더 급진적으로 불안한 주체다. 이러한 주체는 미첼의 결론이 상상하는, 무의식 속 독재적인 가부장제 구조와 이데올로기를 파괴하려고 기획하는 이성적이고, 의식적인 페미니스트 주체와는 양립하기 힘들다. 이제까지 보아왔듯이, 『레이디 오라클』은 혁명적인 정치적 액티비즘의 가치와 목적에 대해서 매우 냉소적이다.

『레이디 오라클』은 낸시 초도로우의 책 『모성의 재생산』이 지닌 몇 가지 문제점을 정확하게 보여준다. 초도로우도 미첼과 마찬가지로, 정체성을 형성하는데 언어의 역할을 고려하지 못한다. 초도로우는 전외디푸스시기에 대상 관계에서 양육의 차이에 따라 남녀가 다르게 형성되는 자아 개념에 대해 설명한다. 이 이론은 경험론적이고, 기능적이고 결정론적이라는 비판에 취약하다. 초도로우는 여성의 양육이 만들어내는 "정상"이 실패할 수 있다거나, 불안할 수 있다거나, 뒤집어질 수 있는 가능성을 용납하지 않는다. 토릴 모아(Toril Moi)가 논평하듯이, "초도로우는 '엄마의 양육을 재생산' 하지 않도록 여성들이 선택할 수 있다는 사실은 단순히 유기해버린

11 지그문트 프로이트의 논문, "Fragment of an Analysis of a Case of Hysteria", *Case Histories I:'Dora' and "Little Hans'*, *The Penguin Freud Library*, vol. 8 (Harmondsworth: Penguin, 1990).

다."[12] 『레이디 오라클』은 조앤이 아이를 갖고 싶어 한다고 말한 적이 없다. 또 초도로우는 정상적이고 안정적인 엄마로서의 정체성은 젠더 차이에서 비롯되는 심리 구조와 사회적 양육 배치에 의해서 만들어진 어쩔 수 없는 결과라고 주장하는데, 조앤은 이런 정체성을 획득하지도 않는다. 모성을 재생산하는데 심리적인 것과 사회적인 것이 어떻게 딱 들어맞게 되는지도 매우 골치 아픈 문제다. 초도로우의 모호함은 미첼의 모호함—이데올로기와 경제와의 관계에 대한 모호함—과 흡사하다. 사회적인 양육 배치와 정상성(여성이 양육을 떠맡는 것이 정상)이 심리적 내면화와는 상관없이 생겨나서 개인의 무의식 속으로 침윤되었단 말인가? 아니면 모종의 보편적 심리 원칙이 그런 사회적인 양육 배치를 만들어낸 것일까? 이런 상황을 변화시키기 위해 페미니스트 액티비즘이 개입하는 것은 어떻게 가능하고, 어디에서 가능해질 수 있을까? 엘리자베스 그로츠(Elizabeth Grosz)가 지적하듯이, "여기에서 관련되는 이슈는 단순히 누가 양육하는가의 문제가 아니다." 왜냐하면 "양육의 의미가 다를 것이기 때문이다."[13] 다시 말해서, 언어, 의미화, 의미의 변화와 상관없는 사회적 변화란 원하는 결과를 얻어내기 힘들다.

12 토릴 모아(Toril Moi)의 논문, "Patriarchal Thought and the Drive for Knowledge" Between Feminism and Psychoanalysis. Ed. Teresa Brennan (London: Routledge, 1989), 189-205. 191.

13 엘리자베스 그로츠(Elizabeth Grosz)의 책, *Jacques Lacan: A Feminist Introduction* (London: Routledge, 1990), 22-3.

결론

『레이디 오라클』에서는 어떤 특정한 정신분석학 이론 모델도 젠더 정체성을 형성하는 것과 관련된 설명에 실패하고, 차질이 생기고, 전복이 일어난다. 이러한 실패는 미첼과 초도로우의 정신분석학 이론에 중요한 약점이 있음을 말해준다. 즉, 그들의 이론은 지나치게 정상성과 적응의 개념에 의존하고 있기 때문에, 가부장제 구조를 오히려 재생산하게 된다. 정상적인 젠더 발전에 대한 심리적 모델로는 동성애와 레즈비어니즘을 설명할 수 없다. 또한 젠더 정체성이 인종적 차이에 의해 굴절될 수 있음도 설명하지 못한다. 초도로우의 주장에서 감춰져 있는 명백한 함축성 하나는 여성의 기본적인 성적 취향이 동성애라는 점이다. 왜냐하면 만족스럽게 해결되지 못한 여성의 첫 번째 애정관계는 동성과의 관계이기 때문이다. 『모성의 재생산』에 대한 레즈비안 페미니스트의 재평가(7장)를 해야만 감춰진 부분이 제대로 보이게 된다. 앳우드의 소설은 어떤 '정상적'인 젠더 정체성도 결국 실패할 수밖에 없다는 점을 보여준다. 앳우드는 정신분석을 활용하면서도 동시에 조롱한다. 『레이디 오라클』은 다양한 욕망과 언어를 포용하고, 어떤 욕망과 언어가 여성 해방을 위한 새로운 페미니스트 기획의 기반이 될 수 있을지 고민하기를 촉구한다.

Chapter 5

포스트구조주의 페미니즘

포스트구조주의 페미니즘

서문

이 장은 손쉽게 "프렌치 페미니즘"(French Feminism)이라고 불릴 수도 있다. 초기에 여러 논평가들이 엘렌 식수(Hélène Cixous), 루스 이리가라이(Luce Irigaray), 쥘리아 크리스테바(Julia Kristeva)의 저서들을 분석하면서 "프렌치 페미니즘"이라는 포괄적인 용어를 사용했기 때문이다[1]. 그러나 이 포괄적인 카테고리는 몇 가지 어려움이 있

1 예를 들어, 일레인 마르크스(Elaine Marks)와 이자벨 드 쿠티브론(Isabelle de Courtivron)의 책, *New French Feminisms: An Anthology* (Hemel Hempstead: Harvester Wheatsheaf, 1981)이나, 헤스

기 때문에 "포스트구조주의 페미니즘"이 더욱 적절하다. 첫 번째 이유로 세 명 중 어느 누구도 프랑스 출신이 아니다. 식수는 알제리아에서 태어났고, 이리가라이는 벨기에에서 태어났고, 크리스테바는 불가리아에서 태어났다. 그래서 아무런 문제 의식 없이 "프렌치"라고 분류하기에는 그들 모두가 매우 하이브리드적 정체성을 가지고 있고, 그들이 현재 살고 일하고 있는 프랑스와는 별로 상관이 없는 편이다. 두 번째로, 그들의 작업은 프랑스 주류 페미니스트 정치 활동이나 사유를 그 어떤 면에서도 대표한다고 볼 수 없다. 그들은 프랑스 주류 페미니즘이 남성적이고, 부르주아적인 정치 관행과 구조를 단순히 반복하고 있을 뿐이라고 비판하고 있기 때문이다. 세 번째, "프렌치 페미니즘"은 미국과 영국의 특정한 정치적/지적 아젠다의 필요에 의해 만들어졌다는 견해도 있다. 즉, 일종의 제국주의적 시도로서 영미 작가들에겐 좀 불편한 아이디어를 "프렌치"로 분류함으로써, 타자화시키고, 동시에 이국적인 느낌이 들도록 만들고, 그럼으로써 역설적으로 수용 가능하도록 만들기도 한다.[2]

"프렌치 페미니즘"의 "프랑스성"에 문제가 있다면, 식수, 이리가라이, 크리스테바를 페미니스트라고 분류하는 것도 실은 문제가 있

터 아이젠스타인(Hester Eisenstein)과 앨리스 자딘(Alice Jardine)의 책, *The Future of Difference* (Boston, Mass.: G.K.Hall, 1980)이나, 토릴 모아(Toril Moi)의 책, *Sexual/Textual Politics: Feminist Literary Theory* (London: Routledge, 1985)를 참조할 것.

2 크리스틴 델피(Christine Delphy)의 논문, "The Invention of French Feminism: An Essential Move," *Yale French Studies* (1993), 190-221.

다. 세 사람 모두, 페미니스트라는 용어에 불편함을 표현해왔다. 부분적으로는 위에서 말한 바와 같은 프랑스의 맥락에서 페미니스트의 의미가 그들 맘에 들지 않는다고 판단했기 때문이고, 그들은 페미니스트가 남성적 사유의 부분을 구성한다고 믿기 때문에 별로 유용성이 없다고 생각하기 때문이다.

이 장은 식수, 이리가라이, 크리스테바를 정의하는데 왜 "프렌치 페미니즘"이 적절하지 않은지 다소 방어적으로 말하면서 시작했다. 그렇다면 왜 그들에게 "포스트구조주의 페미니즘"이 더 적절한 지도 설명해야 할 것이다. 식수, 이리가라이, 크리스테바가 공유하는 뭔 가가 있다면, 그것은 국가, 젠더, 정체성 개념들이 잠재적으로 안정적이지 못하다는 감각이다. 국가, 젠더, 정체성 개념에 대한 회의적인 접근은 구조주의와 구분된다. 구조주의는 개념들이 기본적으로 안정한 구조를 가지고 있다고 전제한다. 페르디난드 드 소쉬르(Ferdinand de Saussure), 클로드 레비-스트로스(Claude Lévi-Strauss), 자크 라캉(Jacques Lacan)은 언어, 친족 관계, 정신 심리에 있어서 구조 관계 자체가 의미를 결정한다고 보았던 사람들이다. 이들은 모두 뭔가가 작동하는 근본적인 패턴을 발견하는 것이 가능하다고 전제했다. 이들을 제각각 다른 학문 분야—언어학, 인류학, 정신분석학—의 학자들이었지만, 그들 모두가 똑같이 인간 행동과 언어 사용에 있어서 기본이 되는 이원론적 대립(binary opposition)을 발견해냈다. 이원론적 대립이란 한 쌍의 용어들인데, 이들이 서로 의미를 구성하려면 서로 의존해야만 하는 대립쌍들이다. 이런 대립쌍들은 위계를 갖고 있는데, 하나가 다른 하나보다 더욱 가치 있는 것으로 여겨진다는 사실이다. 가장 쉽게 볼 수 있는 대립쌍은 "남성성"과 "여성성", "젊음"과 "늙음"이다. 구조주의는 다양한 표면 아래에 놓여있는 구조를 보려고 하고, 그 구조는 현상이 작동하는 실제 기능을 설명할 수 있다고 생각한다. 구조주의는 대립쌍들 각각의 고유한 본질적 의미보다는, 대립쌍들 사이에 작동하는 관계에 더욱 주목하여 설명하려고 한다. 그런 의미에서 본다면, "남성성"이란 개념은 "여성성"이라는 개념 없이는 설명될 수 없다. 왜냐하면 '남성성'은 '여성성'의 반대 개념으로서만 사유될 수 있기 때문이다. '남성성'과 '여성성'의 대립에서 '남성성'이 더욱 가치 있는 것으로 간주되면서 위계를 형성한다.

식수, 이리가라이, 크리스테바는 구조주의가 한창이었던 1960년대에 글을 쓰기 시작한 사람들이다. 구조주의는 세 사람의 학문 영역인 언어학, 철학, 정신분석학에 매우 커다란 영향을 끼쳤다.[3] 이론가이면서 작가로서 식수, 이리가라이, 크리스테바는 구조주의 선배들에 대한 존경스러운 유산을 공유하면서도 구조주의로부터 이탈하는 것까지도 똑같이 공유하고 있다. 자크 데리다(Jacques Derrida)와 같은 작가와 더불어, 이들은 언어의 다양성과 다원성을

3 철학을 빼고, 언어학과 정신분석학을 논의하면서, 특히 이라가라이와 크리스테바에 관한 최근 비평에서 의문시되었던 해석적 움직임을 여기서 되풀이하고 있다. (예를 들어, 티나 챈터(Tina Chanter)의 책, *Ethics of Eros: Irigaray's Rewriting of the Philosophers*(London: Routledge, 1995), 3; 존 레히트(John Lechte)m의 책, *Julia Kristeva*(London: Routledge, 1990), 14) 그러나 그들의 저서들이 영어로 번역되면서 그들의 작업이 언어학과 정신분석을 텍스트 해석과정에 직접적으로 연관되는 것으로 수용하고 있기 때문에, 철학을 빼고 언어학과 정신분석학을 선택한 것은 정당화될 수 있다.

총체화(totalizing)하려는 구조주의 언어학의 시도에 대해 회의적이다. 데리다의 사유는 문학 연구에 큰 영향을 끼쳤고, 식수, 이리가라이, 크리스테바 모두가 데리다에게 많은 빚을 지고 있다.[4] 나는 이들 넷 모두가 구조주의에서 등을 돌리고, 언어가 본질적으로 불안정하다는 개념으로 전향했다고 본다.

그러므로, 구조주의 언어학이 기저에 존재하는 대립쌍을 밝혀냄으로써 언어를 설명할 수 있다고 주장한 반면, 포스트구조주의는 언어의 최종적 의미는 항상 고정되지 않고 미끌어진다고(elude)고 주장한다. 식수, 이리가라이, 크리스테바 모두 그들의 저서에서 말장난, 인유, 인용, 신조어, 복합어, 시어들을 장치로 사용한다. 그 목적은 단어 혹은 개념이 다른 대립되는 단어나 개념과의 관련 하에서 '구성'되었을 뿐만 아니라, 항상 해체될 가능성이 있음을 보여주는 것이다. 단어의 의미는 끊임없이 다른 의미를 생산해내기 때문에 절대로 고정될 수 없다는 것이다. 마찬가지로, 이원적 대립은 본질적으로 불안정하다. 왜냐하면 대립쌍의 위계가 언제든지 뒤집어질 수 있기 때문이다. (여성성과 남성성의 예로 되돌아간다면, 여성성은 특정한 종교적 혹은 신비적 담론에서와 같이 언제든지 남성성보다 더욱 우세해질 수 있다). 혹은 제 3의 뭔가가 나타나서 대립쌍의 구분을 넘어서면서 불안해질 수 있다. 마치 다양한 종류의 퀴어 섹슈얼리티가 여성/남

4 식수가 데리다에게 빚을 지고 있다는 주장에 대해서는 토릴 모아(Toril Moi)의 책, 104-8쪽을 참조. 또 이리가라이가 데리다를 어떻게 넘어서는가에 대해서는, 마가렛 위트포드(Margaret Whitford)의 책, *Luce Irigaray: Philosophy in the Feminine* (London: Routledge, 1991) 123을 참조. 크리스테바에 대한 데리다의 영향에 대해서는 레히트(Lechte)의 책 95-9 참조.

성의 이원적 대립쌍의 요소들을 패로디하거나 같은 맥락에서 날카롭게 대립시킴으로써 남녀 이원론을 불안하게 만들어 버릴 수 있는 것처럼 말이다.

식수, 이리가라이, 크리스테바는 창작과 비평의 구분을 재점검할 것을 요청한다. 창작과 비평이 서로 다른 종류의 글쓰기를 분류하는 유용한 방법이지만, 그들은 이런 이원적 구분을 붕괴시켜 버린다. 포스트구조주의자들에게는 모든 글쓰기가 중요하다. 왜냐하면 우리는 언어를 통해서만 뭔가를 알 수 있기 때문이다. 언어가 인식과 경험을 항상 구성하는 것은 아닐 지라도, 항상 인식과 경험을 매개하긴 한다.[5]

자크 라캉은 구조주의 언어학의 통찰을 정신분석학의 이론과 임상에 적용하면서, 식수, 이리가라이, 크리스테바의 글쓰기를 위한 모델을 제공한다. 이 경우엔 데리다의 영향보다 라캉의 영향이 훨씬 더 직접적이다.[6] 라캉의 주장인 "무의식은 언어처럼 구성되어 있다"[7]는 우리가 정체성과 의식을 획득하는 것은 말하기를 배우는

---

5 구조주의에 대해서는 로버트 스콜즈(Robert Scholes)의 책, *Structuralism in Literature* (New Haven, Conn.: Yale UP, 1974)와 조나단 컬러(Jonathan Culler)의 책, *Structuralist Poetics: Structuralism, Linguistics and the Study of Literature* (London: Routledge, 1975) 참조. 포스트구조주의에 대해서는 로버트 영(Robert Young)이 편집한 책, *Untying the Text: A Post-Structuralist Reader* (London: Routledge and Kegan Paul, 1981) 참조.

6 루스 이리가라이는 프로이트학교에서 라캉과 함께 훈련을 받았다. 그런데 이리가라이가 *Speculum of the Other Woman*을 출판 후 학교에서 퇴출되었다. 식수, 이리가라이, 크리스테바에 대한 논평가들은 대부분 그들을 라캉과 연관 짓고 있는데, 그 이유는 분명하게 설명하지 않는다. 예를 들면, 모아의 책 99-101, 제인 갤럽의 책 *Feminism and Psychoanalysis: The Daughter's Seduction* (Basingstoke: Macmillan, 1982)와 엘리자베스 그로츠의 책 *Sexual Subversions: Three French Feminists*(Sydney: Allen and Unwin, 1989)을 참조할 것.

7 자크 라캉(Jacques Lacan)의 책, *The Seminar. Book III: The Psychoses, 1955-56* (London: Routledge, 1993). Russell Grigg 옮김. 167.

순간이고, 더불어 우리가 무의식을 획득하는 순간이라는 뜻이다. 이 점을 이해하려면, 바로 전 장에서 논의했던 프로이트의 외디푸스 단계와 라캉을 연결시켜야 한다. 프로이트에게 외디푸스 단계는 아이가 사랑의 대상으로서 엄마를 포기하고 아빠와 동일시하는 순간을 의미한다. 라캉의 주장에 따르면, 이 순간이 바로 아이가 소위 "상상계"에서 빠져나와 "상징계"로 진입하는 시점이다. 라캉의 "상징계"란 그가 "아버지의 법"이라고 명명했던 것, 바로 상징적 "팔루스"(phallus)에 의해 지배되는 어른의 세계, 규범적이고 이성적인 가부장적 세계를 의미한다. 상징계는 자아와 타자(특히 엄마)가 분리되고, 언어를 습득하고, 욕망이 만들어지는 특징을 지닌다. 상상계는 전외디푸스단계와 동일하다. 이 단계에서 아이는 자아와 타자와의 구분을 알지 못하고, 언어도 없고, 상실감도 없다. 따라서 욕망도 없다. 정체성의 형성은 언어를 습득하고 상징계로 진입함으로써 가능해진다. 이런 과정은 상상계의 한 부분을 형성하는, 엄마와 하나였던 느낌, 바로 그 느낌을 억압함으로써 무의식이 함께 만들어지는 과정이기도 하다. 상징계에 진입하더라도 상상계는 쉽게 극복되거나 사라지지 않는다. 이들은 상상계와 상징계를 직선적인 연속의 과정으로 보는 대신, 다른 대립쌍들과 마찬가지로 서로의 관계를 통해 의미를 획득한다고 주장한다.[8]

식수, 이리가라이, 크리스테바가 라캉의 통찰을 적용할 때, 그들

8 페미니즘과 관련된 라캉의 작업에 대한 유용한 입문서로서, 엘리자베스 그로츠(Elizabeth Grosz)의 책, *Jacques Lacan: A Feminist Introduction* (London: Routledge, 1990)을 참조.

은 젠더에 대한 라캉의 가정을 먼저 전면에 내세워 강조한 다음 의문을 제기한다. 데리다와 라캉 모두에게, 여성성은 '배제된 것'이고, 동시에 어떤 본질이다. 데리다는 여성성을 언어학적 불고정성에 대한 비유로 사용한다.[9] 라캉은 여성을 상징계에 존재하지 않지만 타자(엄마)에 대한 욕망을 억압함으로써 무엇보다 상징계를 창조해낸 그 무엇으로 여긴다. 다시 말하면, 남성 주체는 엄마를 부정함으로써 가부장제에서 특권적 지위를 갖게 된다는 말이다. 잠정적이긴 하지만 고정된 의미를 만들어내는 것은 바로 언어적 유희(linguistic play)(언어적 유희는 은유적으로 여성성과 동일하다)를 거부함으로써 가능하게 된다. 식수, 이리가라이, 크리스테바는 좀 다른 방식으로 여성 독자들, 여성 사상가들, 여성 작가들이 언어와 상징계로부터 본질적으로 배제되어있다면, 과연 어떻게 해야 할 것인가를 질문한다. 다음 분석은 맨 처음 식수의 「메두사의 웃음」을 다루고, 이어 이리가라이의 「우리의 두 입술이 함께 말할 때,」 그리고 크리스테바의 「한 정체성으로부터 다른 정체성으로」를 살펴볼 것이다. 각각 저서를 선택한 이유는 설명 과정 속에서 밝혀질 것이다.

9 특히 자크 데리다의 책, *Spurs: Nietzsche's Styles/Eperons: Les Styles de Nietzsche*. Barbara Harlow 옮김. (Chicago: U of Chicago P, 1979)을 참조.

엘렌 식수, 「메두사의 웃음」(프랑스판 1975, 영어판 1976)

엘렌 식수의 「메두사의 웃음」에서 가장 눈에 띄는 것은 시적이고 서정적인 스타일이다. 이 텍스트는 이제까지 살펴본 대다수의 이론서처럼 격식을 차리거나 체계적이지 않고, 문학 창작품같다. 이러한 "문학성"은 식수가 언어를 즐기고 있으며, 단일한 해석 그 이상을 의미하도록 언어가 지닌 유희적이고 제멋대로인 특성을 잘 활용하고 있음을 보여준다. 그렇기 때문에 영어로 번역하면 유희적인 특성이 사라져버리고 만다.(예를 들어 「메두사의 웃음」의 주석 7번과 8번을 보면 프랑스어 단어 몇 가지가 지닌 이중적 의미를 설명하고 있다.) 다른 예들, 즉, "신부들이 떨게 하라. 우리는 그들에게 종파(sects)를 보여줄 것이다"[10]라는 말에서 식수는 일부러 "섹스"(sex)와 "섹츠"(sects)를 유희하고 있는데, 이 언어 유희는 영어로도 여전히 유효한 유희다.

식수는 두 가지 목적을 위해서 언어적 모호함을 강조한다. 하나는 유희를 거부하는 문화와 글쓰기의 팔루스 중심적(말 그대로 팔루스에 중심을 두는)인 기반을 훼손하려는 목적이고, 또 하나는 여성 독자들을 위해 좀 색다르고, 진정한, 여성적 버전 글쓰기 방식을 보여주려는 목적이다. 식수는 가부장제 하의 문화와 글쓰기를 분석

10 엘렌 식수, "The Laugh of the Medusa," *New French Feminisms: An Anthology,* Elaine Marks와 *Isabelle de Courtivron 편집.* (Hmel Hempstead: Harvester Wheatsheaf, 1981), *245-64 (255).*

하면서, 여성은 늘 "타자", 문화를 창조하는데 최우선적으로 배제되어야 할 존재로 기능해왔다고 주장한다. 보부아르의 분석과 마찬가지로 서구 문화에 대한 식수의 분석에 따르면, 여성성은 언제나 남성성의 반대되는 것, 그 외의 어떤 것도 불가능했다. "글은 리비도적이고 문화적—정치적이고 남성적인—경제에 의해 쓰여졌다.... 이러한 중심은 성적 대립(성적 차이가 아니라)의 모든 기호들을 극도로 과장했고, 여성은 결코 발언할 수 있는 차례를 얻지 못했다"(249).

'대립'(opposition)과 '차이'(difference)를 구분하는 것은 참 중요하다. 정신분석학은 여성이 단지 팔루스가 없다고 말하면서, 여성 몸의 진짜 차이들은 제대로 인식되지 못하고 있다고 지적한다. 가부장제 기계(patriarchal machinery)의 기능을 방해하고 변화시키려면 바로 긍정적인 차이들이 여성적 글쓰기에 도입되어야 한다고 주장한다. "여성은 자신의 몸으로부터 추방된 것처럼 글쓰기로부터 추방당했다. 여성은 여성 자신을 글로 써야한다. 여성에 대해서 써야 하고, 여성을 글쓰기로 도입해야 한다—똑같은 이유로, 똑같은 법으로, 똑같은 치명적인 목표를 가지고"(244). 식수는 가부장제가 남성들에게 제공했던 권리와 특혜를 여성도 획득할 수 있어야 한다는 자유주의 혹은 개혁주의 아젠다를 거부한다. 왜냐하면, 그것은 궁극적으로 여성의 차이를 인식하지 못하기 때문이다. 식수가 여성의 몸과 여성의 글쓰기를 동일 선상에서 비유하는 목적은 성별화된 몸의 신체적/물질적 사실이 글이나 문화와 언듯 무관해 보일지라도,

사실은 함축적으로 (여성의 몸의 경우) 문화를 창조하는데 여성들이 배제되는 근간으로 늘 작용하고 있다는 역설을 지적하기 위함이다.

식수는 여성의 몸에 근거한 여성적 차이를 지닌 글쓰기를 요청할 때 생길 수 있는 위험을 일부러 감수하고 있다. 「메두사의 웃음」은 유창성(fluency), 유동성(liquidity), 유연성(softness), 괴물성(monstrosity), 질병(sickness), 어둠(darkness), 배제(exclusion), 노래, 히스테리아, 임신, 모성, 섹슈얼리티로 구성되는 여성적 이미저리에 의존한다. 식수는 가부장제가 규정하는 고정관념적 여성성을 그대로 답습하면서, 여성성을 육체적이고, 감정적이고, 비합리적인 것들과 등치시킨다. 식수는 가부장제의 현 상태에서 진정한 변화를 이끌어 내려면 이런 위험을 감수해야만 한다고 주장한다. 여성성의 이미저리는 미래의 어느 순간 폐기되겠지만, 지금은 다시금 그 가치를 드높여야 한다고 생각한다. 식수의 전략은 고정관념적 여성 이미저리를 반복적이면서 유머러스하게 사용함으로써 전복적인 특질을 갖게 만드는 것이다. 언어 그 자체가 불안정하기 때문에 어차피 내재적으로 전복성을 지니게 되니까 말이다. 그렇게 함으로써 식수는 현재의 질서를 뛰어 넘기를 희망한다. "시인이 잠시라도 여성에 대해 스치듯 언급할 때는, 지진에 의한 균열이나 물질적 대변혁으로 인하여 근본적인 변화가 일어났을 때다. 즉 모든 구조가 균형을 잃어버리고 잠시 황야가 질서를 쓸어 내버렸을 때다"(249).

「메두사의 웃음」은 '몸'과 '언어'를 강제로 합쳐버린다. 보통 '몸'과 '언어'는 대립적이다. 대립되는 둘을 강제로 합쳐버림으로써 식수는 두 가지를 말하고자 한다. 하나는 '몸'과 '몸의 성별화된 특질'은 담론적으로 구성되었다는 사실을 지적하기 위함이고, 두 번째는 언어는 깊이 뿌리 박힌 몸의 흔적을 지니고 있다는 사실을 알리고자 한다. 그래서 몸은 텍스트성을 지니고, 텍스트도 육체적이다. 바로 이 수수께끼 같은 지점에서 식수는 "여성적 글쓰기"와 "새로운 형태의 여성성"이 위태롭게 존재한다고 본다. 규범적인 남성성과 상징계 진입이 엄마와의 관계를 억압하면서 가능했다면, 여성이 글쓰기에서 엄마 관계를 다시 부활시킴으로써 문화 속에 새로운 형태의 여성성을 기입해 넣을 수 있게 될 것이다. 엄마와 딸의 친밀한 관계를 여성들은 쉽게 포기하지 않는다. 이전 장에서 보았듯이, 여성들은 엄마 관계를 포기하고 아빠와 동일시하는 일은 거의 일어나지 않는다. 엄마를 포기하면 아빠의 권력을 휘두를 수 있는 전망을 갖게 되는 남아들과는 다르다. 엄마 관계의 무의식적 힘을 언어로 방출하는 글쓰기, 그것이 바로 여성의 차이를 드러내는 글쓰기의 본질이다.

"엄마로의 귀환"은 식수의 양성성(bisexuality)에 대한 관심을 설명해준다. 여성의 첫사랑은 동성애다. 여성은 동성애를 결코 완전히 억압하지 않는다. "현재, 역사 문화적인 이유로 인하여, 이런 예지적 양성성에 마음을 열고 혜택을 입는 쪽은 여성들이다. 예지적 양성성이란 양성이 각각 지니는 차이를 굳이 없애버리지 않고, 오히려 차이를 부추기고, 추구하고, 차이의 숫자를 늘리는 것이다"(254)라고 말한다. 식수의 양성성이란 남성성과 여성성을 모두 갖는다는 뜻이 아니다. 만일 남성성과 여성성을 모두 갖게 되면 결국 팔루스가 궁극적으로 지배하는 섹슈얼리티 속에 여성성을 포함시킴으로써 여성적 차이를 무가치하게 만들어 버린다. 차라리 진정으로 차이를 인정하려면 욕망을 다원적이고 포괄적으로 개념화해야 한다. 다원적이고 포괄적인 욕망과 사랑은 잠재적으로 해방의 능력을 지닌다. "물론 여성은 질투심 많은 욕망이 아니라, 사랑이 충만한 욕망(loving desire)을 바란다. 여성이 거세되었기 때문이 아니고, 여성이 빼앗긴 것을 다시 채우려는 것도 아니다. 상처받은 사람이 스스로 위로하거나 복수를 꿈꾸는 것과는 다르다. 나는 내 몸을 장식해줄 페니스를 원하는 것이 아니다. 그러나 나는 타자를 위한 타자를 원한다. 온전한 타자, 남자든 여자든"(262). 식수는 가부장제하에서 욕망과 사랑은 언제나 경제적으로 기능한다고 본다. 그 세계에서는 교환의 시스템이 지배적이다. 남자는 감정적 혹은 성적으로 투자한 것에 대해 보답을 기대한다. 왜냐하면 상징계는 엄마에 대한 욕망을 포기한 대가로 가부장제의 권리와 특권으로 진입하게 된 세계이기 때문이다. 엄마에 대한 욕망을 포기함으로써 남성은 거세라는 두려운 처벌과, 엄마와 다른 여성들의 운명을 피할 수 있게 된다. 식수는 주장하길, 보상에 대한 생각없이 줄 수 있는 여성의 능력은 여성들 간의 관계를 남성들과 구분시키게 된다. 뭔가를 보상없이 줄 수 있는 여성의 능력은 이윤, 상실, 차용증에 욕망과 감정의 중심을 두는 남성의 리비도적 경제를 혼란에 빠지게 한다.

「메두사의 웃음」에서 식수의 목표를 제대로 이해한다면 글쓰기와 몸을 동일 선상에 두는 것에 동의하게 될 것이고, 그녀의 정치학에도 동의하게 될 것이다. 궁극적으로 식수는 언어를 사회와 동떨어진 시스템으로써 사회를 그저 잘 반영한다는 언어 재현이론을 거부한다. 대신에 언어와 사회 모두 서로 상호 침투하는 담론이며, 언어와 사회 모두 텍스트로써 읽고 해석하고 다시 쓰기하는 과정에 열려 있다. 쓰기와 문화가 서로 간섭하게 되면 결국 불가피하게 사회가 변할 것이다. 왜냐하면 둘을 분리하는 것은 잘못된 대립이기 때문이다. 전설 속 남자들을 돌로 변하게 만들었던 메두사는 프로이트같은 남성에게 거세 불안의 메타포였다.[11] 그런 메두사를 다음과 같이 씀으로써 식수는 차이를 만들어낸다. "메두사를 보려면 그냥 똑바로 보기만 하면 된다. 메두사는 무섭지 않다. 그녀는 아름답게 웃고 있다"(255).

루스 이리가라이, 「우리 두 입술이 함께 말할 때」 (프랑스어판 1977, 영어번역판 1980)

루스 이리가라이의 「우리 두 입술이 함께 말할 때」는 어떤 면에서 「메두사의 웃음」과 비슷하다. 식수의 글을 먼저 읽고 이어서

11 지그문트 프로이트. "Medusa's Head" *The Standard Edition of the Complete Psychological Works of Sigmund Freud*, vol 18, James Strachey 편집. (London: Hogarth Press, 1940), 273-4.

이리가라이의 글을 읽는다면 비슷하게 서정적이면서도 논쟁적인 스타일을 보게 될 것이다. 식수의 첫 시작을 보자. "나는 여성의 글쓰기에 대해 말할 것이다. 여성의 글쓰기가 무엇을 할지에 대해 말할 것이다"(식수 245). 그런가 하면 이리가라이는 "우리가 함께 똑같은 언어를 계속해서 말한다면, 우리는 똑같은 역사를 재생산하게 될 것이다"[12]라고 말한다. 서구의 가부장 문화에서 여성의 타자화에 대한 이리가라이의 분석은 식수와 닮았다. 그러나 이리가라이가 강조하는 것은, 가부장제는 여성을 남성의 반대, 혹은 열등한 복사본으로 만들면서(여성 질의 존재보다 페니스의 부재를 더욱 강조함으로써), 실제로 여성성을 남성성과 똑같은 것으로 규정해버린다는 사실이다. 즉, 팔루스가 존재하느냐, 존재하지 않는냐에 오로지 초점을 맞추기 때문에 똑같다는 뜻이다. "잘 들어보라. 우리 주변에 남자와 여자는 모두 다 똑같다. 똑같은 토론, 똑같은 주장, 똑같은 상황. 똑같은 당김과 분리, 똑같은 어려움, 똑같은 연결 불가능성. 똑같은... 같은... 언제나 똑같다"(205). 식수는 '타자성'과 '차이'가 구분되어야 한다고 주장한 반면, 이리가라이는 '타자성'이 '같음'을 감추기 때문에, 여성의 차이는 문화와 상징계 속에 기입되어야 한다고 주장한다. 그래서 여성으로서 여성의 부재에 도전해야 한다고 주장한다.

이리가라이는 유동성, 근접성, 접촉, 피와 같은 이미저리를 끌어

12 루스 이리가라이, "When Our Lips Speak Together," *This Sex Which is Not One*, Catherine Porter와 Carolyn Burke 옮김. (Ithaca, N.Y: Cornell UP, 1985), 205-18. 205.

들여 여성적 차이를 지닌 언어를 만들어내기로 한다. 이러한 전략은 여성성에 대한 가부장적 고정관념을 그대로 차용하는 위험을 일부러 감수하는 것이다. "나는 너를 사랑해. 몸은 공유되면서 분리되지 않는다. 너와 나 누구도 절단되지 않는다. 우리 사이에는 피를 흘릴 필요가 없다. 피가 존재함을 상기시키기 위해 상처를 필요로 하지 않는다. 피는 우리 안에서 흐르고, 우리 몸으로부터 흘러나온다. 피는 친근하고, 가깝다. 나는 빨갛고, 그리고 하얗다. 동시에 둘 다다"(206-7). 이리가라이는 식수의 선물 개념과 비슷한 개념을 제시한다. 돌려 받을 기대가 없기 때문에 한 여성이 다른 사람에게 주는 선물은 남성의 리비도적 경제를 방해한다. 리비도적 경제는 욕망의 자유로운 순환과 교환을 막는다.

식수와 이리가라이의 주요한 차이는 이리가라이가 레즈비안적 사랑을 환기한다는 점이다. 이리가라이의 에세이에서 말하는 목소리는 특정되지 않은 "너"에게 말한다. "너"는 화자와 욕망, 쾌락, 감정적 접촉을 공유하는 사람이다. 두 사람의 성이 무엇인지, 분명하게 특정되지는 않지만, 이리가라이는 두 개의 입술이라는 이미지를 반복해서 사용한다. 두 개의 입술이란 말 그대로 입술일 뿐만 아니라, 여성 질의 입술을 의미하고, 자신과 다른 여자의 입술을 의미한다.

> 입술을 열어라. 단순히 열지는 마라. 나도 단순히 열지는 않는다. 우리—너와 나—는 열지도 않고 닫지도 않는다. 우리는 단순히 분

> 리되지도 않는다. 우리의 입으로 단 한 마디도 발설되거나 생산될 수 없다. 너와 나의 입술 사이에는 여러 목소리, 여러 방식의 말하기가 끊임없이 울린다. 앞으로 뒤로. 하나는 다른 하나와 절대로 분리되지 않는다. 너는 날 동시에 접촉한다. 모든 감각으로. 왜 한 가지 노래만, 한 가지 말만, 한 가지 텍스트만 있단 말인가? 유혹하고, 충족하기 위해서, 내 '구멍'의 하나를 채우기 위해? 너와 함께 나는 아무 것도 가지고 있지 않다. 우리는 결여가 아니다. 뭔가를 기다리는 공백이다. 풍요로움이다. 다른 사람과 함께 완성된다. 우리의 입술로 우리는 여성이다. (209-10)

이런 언어의 암시에 따라 독자들은 몸과 담론이 서로 가깝고, 심지어 서로 섞어 짜여있음을 대면해야 한다. 텍스트의 섹슈얼리티, 그리고 그 반대로 섹슈얼리티의 텍스트성. 이리가라이의 텍스트적 섹슈얼리티는 아주 효과적으로 여성이 차이로서 존재함을 기입해준다. 왜냐하면, 레즈비안 섹슈얼리티를 환기하면서 이리가라이는 팔루스 중심적 문화에서 말할 수 없는 것을 말하고 있다. 이 경우 이리가라이의 글쓰기는 식수보다 더욱 효과적일 수도 있다. 왜냐하면, 여성성을 모성이나 양성성과 연결시킴으로써 발생할 수 있는 '만회'(recuperation)의 위험을 피하고 있기 때문이다. 이리가라이는 한 비평가의 표현대로 "기이한 입술 중심적(lipeccentric)"[13] 텍스트를 만들어 내면서 중요한 문제인 글쓰기와 문화가 은유적으로 기능하는 범위가 어느 정도인지 문제를 제기한다. 이리가라이와 식

13 매기 버그(Maggie Berg)의 논문 "Luce Irigaray's 'Contradictions': Poststructuralism and Feminism" *Signs*, 17(1991): 50-57, 65.

수는 모두 가부장제 사회에서 여성성은 문화 바깥에 있는 것에 대한 은유라는 사실이 여성에게 어떤 함축성을 지니고 있는 가를 묻는다. 이리가라이는 은유는 차이를 거부하고, 유사성, 동일성, 같음에 기반하여 작동한다고 주장한다. 즉 은유는 가부장제 규칙을 따른다. 이리가라이의 텍스트에서 입술이 과연 문자 그대로인지, 은유인지, 아니면 그 사이에 어떤 것인이 묻지 않을 수 없다. 이리가라이의 "기이한 입술 중심성"은 라캉의 상징계에서 팔루스를 특권화하는 것에 대해 대응하면서 의문을 제기한다. 이리가라이는 해부학과 문화를 새로운 형태로 표현하고, 텍스트와 몸 사이에 있었던 전통적이고, 은유적이고, 재현적 관계에 의문을 제기하는 것이다. 이리가라이에게 몸은 언제나 텍스트적(textual)이고, 텍스트는 육체적이다. "두 개의 입술"에서 강력하게 주장하는 바다. 잠시 식수와 이리가라이 에세이의 첫 머리로 되돌아간다면, 그 강력한 주장은 글쓰기 뿐만 아니라, 말하기에서도 강조할 가치가 있다.

쥘리아 크리스테바, 「한 정체성으로부터 다른 정체성으로」(프랑스어판 1975, 영어번역판 1980)

쥘리아 크리스테바의 「한 정체성으로부터 다른 정체성으로」는 밀도가 높아서 읽기 어려운 에세이다. 식수와 이리가라이의 서정적 스타일과는 대조적이다. 크리스테바의 에세이는 철학자, 언어학자를 폭넓게 언급하고 있으며 이론적 용어를 많이 사용한다(이들에 대해 항상 설명하는 것은 아니다). 크리스테바가 사용하는 "노에시스"(noesis)와 "노에미스"(noemis)와 같은 단어들의 정확한 의미를 여기에서 좇기보다는, 식수와 이리가라이와 연관된 주요 내용을 포착하는 것이 더 적절할 듯하다. 식수나 이리가라이와 마찬가지로, 크리스테바는 언어에 대한 재현이론에 대해 의문을 제기한다. 또 '말하는 주체'(speaking subject), 혹은 '쓰는 주체'(writing subject)가 어떤 의미인지에 대해서도 관심을 갖고 있다. 구조주의 언어학은 이 에세이가 쓰인 1975년 가장 영향력 있는 언어 이론이었다. 크리스테바의 목적은 구조주의 언어학이 예상 외로 과거의 언어 이론과 공통점이 많다는 것을 지적하는 것이었다. 크리스테바가 보기엔 그들 사이에 분명히 공통점이 있다. 왜냐하면, 구조주의 언어학은 아직도 "단정적인"(thetic) 주체와 언어라는 전통적 개념을 가지고 있기 때문이다. 이는 "단정적인" 주체와 자아란 자체 안에 들어있는 다름을 인식하지 못하는 자아다. 즉, "단정적인" 주체는 단일성, 정체성, 행위할 수 있는 능력, 언어학적으로 말해서 서술할 수 있는 능력 (긍정하고, 거부하고, 주장할 수 있는 능력), 진술할 수 있는 능력을 지니고 있다고 전제한다. 그런 의미의 주체와 언어 개념은 중요하다. 왜냐하면 언어의 그런 측면이 사회적 힘을 창조해내기 때문이다.

그러나 크리스테바는 더 나아가서 언어가 이질성 혹은 차이를 내포하고 있다고 주장한다. 시적 언어에서 크리스테바는 그녀가 만든 용어 "세미오틱 성향"의 증거를 발견한다.

> 시적 언어 안에는 의미와 의미화를 만들어내는 이질성(heterogeneousness)이 있다. 이 이질성은 유전적인 첫 음성 모방[옹아리]에서 발견된다... 이것은 후에 정신병 환자의 담론에서 다시 나타나고, ... 시적 언어에서는 음악적이지만 동시에 허튼 소리 같은 효과를 만들어 낸다. 결국 이것은 모두가 받아들이는 신념과 의미를 파괴하고, 뿐만 아니라 급진적 실험에서는 단정적인 의식을 보장하는 구문 자체를 파괴하게 된다.[14]

유아들은 말하기를 배우기 전 옹아리(babble)를 한다. 정신병 환자의 경우도 비슷한 언어적 효과를 만들어낸다. 유아와 정신병 환자 모두의 예에서 '말하는 주체'는 언어와 주체에게 논리적 의미를 보장하는 상징계의 바깥에 있다. 아이는 아직 상징계에 진입하지 않았고, 상징계의 규칙을 받아 들이거나 배우지 않았다. 정신병 환자는 (어쩌면 일시적으로) 규칙을 저버렸다. 이런 예들이 크리스테바에겐 흥미롭다. 바로 이런 예들은 모든 언어에 존재하면서도 시적 언어에 더욱 분명하게 나타나는 언어의 한 성향을 보여 준다. 시적 언어는 "센스와 넌센스, 언어와 리듬, '상징계'와 '세미오틱' 사이에서 논증할 수 없는 어떤 과정이 있음을 증명해준다"(103). 크리스테바는 시 속 문장의 리듬에서 '세미오틱'을 발견한다. 세미오틱은 문

14 쥘리아 크리스테바의 논문 "From One Identity to An Other" *The Portable Kristeva*. Kelly Oliver 편집. (New York: Columbia, 1997), 93-115. 101.

장이 다양한 의미와 함축성을 지니도록 허용하고, 욕망이 텍스트 속으로 분출하도록 외설스런 단어들도 허용한다. 시의 세미오틱한 성향은 독자들이 "자신의 판단을 깨뜨리고, 의식 속에 리듬 있는 충동을 향하여 통로를 내서 '주이상스'를 경험하게 한다"(110). 주이상스(jouissance)는 강력한 쾌락을 포함하여 매우 많은 의미를 지니고 있기 때문에 번역하기 힘든 단어다. 그러므로 시적 언어는 전통적 언어의 단정적 주체로부터 다른 종류의 주체성을 창조해 내야 한다. 크리스테바는 이를 "과정 중의 주체"(subject-in-process)(103)라고 부른다. 이런 주체는 분열되어 있고, 산만하고, 변화에 열려 있다.

크리스테바의 에세이에 따르면, 언어의 세미오틱한 성향은 사회적 질서를 본질적으로 파괴한다. 식수와 이리가라이처럼, 크리스테바도 정치와 텍스트를 겹쳐 놓으려 한다. 크리스테바가 그들과 다른 점은 세미오틱/차이를 여성성/몸과 얼마 만큼 연결시키는가, 그 범위의 문제다. 크리스테바는 세미오틱을 무의식/몸과 동일시하지만, 잠정적으로 모성적/여성적일 수도 있다고 주장한다. 크리스테바는 플라톤의 이미지인 '코라'를 빌려와서 세미오틱을 묘사한다. 즉, "이름 지을 수 없는, 사실 같지 않은, 하이브리드인, 이름 짓기에 앞서는, 단일한 하나에 앞서는, 아버지에 앞서는, 결과적으로 엄마를 함축하는 수용체다. 그런 범위 안에서 세미오틱은 '음절의 지위'에도 이를 자격이 없다"(102). 그래서 시적 언어는 근친상간에 해당한다. 왜냐하면, 여성을 사회적/언어적으로 교환하는 가부장제의 근간에 저항하기 때문이다(104). 이런 생각은 식수나 이리가라이와 비슷하다. 식수와 이리가라이는 여성이 언어로부터 배제되어 있고, 여성을 존재/차이로서 언어 속에 잠정적으로 다시 기입해 넣어야 할 필요성을 역설했다.

그러나 크리스테바는 '세미오틱'이 단순하고 직접적으로 접근되거나 존재하도록 만들 수 없다고 말한다. 이것은 오로지 상징계와의 긴장 속에서 언어 속에서 존재하게 되었을 뿐이다. 상징계와 세미오틱은 서로 적대적으로 오락가락하는 움직임 속에서만 의미를 갖게 되기 때문이다. "의미가 만들어지는 과정(signifying practice)에 대해 말하자면, 시적 언어(세미오틱 이질성)처럼 사회적으로 소통할 수 있는 담론은 의미의 상징적 기능과 분리될 수 없다"(102). 마찬가지로 세미오틱은 상징 언어가 함축하는 부성(paternal)과 긴밀한 연관 하에서만 모성적 함축성을 지니게 된다. 이 에세이의 마지막에서 크리스테바는 이렇게 말한다.

> '여성이 되는 것'은 어쩌면 필요하다(부성적 상징계 기능이 망가지면 궁극적으로 여성의 사회성이 보장될 수 있기 때문에). 이론적 추론을 포기하기 위해서가 아니라, 한계를 넘어선 목표를 부과함으로써 추론의 힘을 증가시키기 위해서다. 그런 입장이 의미화이론에 기반을 제공해 줄 가능성이 있다고 본다. 그 이론이 시적 언어를 설명해낼 수는 없겠지만, 적어도 의미에 이질적인 것들이 있음을 지적하기 위해서 활용될 수는 있을 것이다(즉 표시하고 예측하는 것). 본능적인 경제는 항상, 동시에 생물-생리학적, 사회-역사적으로 제한을 받게 된다. (113)

크리스테바는 여성성을 상징계의 질서를 넘어서는 위치로 규정한다. "넘어섬"은 항상 동시에 상징계의 흔적을 지닌다. 상징계에 의해 규정될 지라도 말이다. 크리스테바에겐 여성성이 전체 시스템에서 이론적으로 존재하지 않는 것을 역설적으로 보여줌으로써 여성성은 그 시스템이 어떻게 기능하는가를 보여주는 공간, 혹은 장소이다. 그러므로 여성성이란 세미오틱과 상징계가 만나는 가장자리에 있다. 그 곳은 "안"에 있기 위해서 매우 중요하고 필요한 위치다. 육체적 차이를 언어 속으로 써넣는 작전을 사용하여 여성을 가장자리나 한계로부터 움직여 중심 무대로 가는 것, 그것이 전략이다. 그 전략은 상징계의 질서를 변경시키지 않을 것이고 다만 상징계에 의해서 회복될 것이다. 그러나 앞선 인용에서 "어쩌면"이란 단어에 초점을 맞춰보면 여전히 모호함이 남아있다. 이 모호함은 다시금 성별화된 몸—생물-생리학으로 되돌아가게 한다. 성별화된 여성 몸을 지닌 여성이 성별화된 남성 몸을 지닌 남성보다 여성성의 지위를 차지할 가능성이 더 많을지라도, 식수와 이리가라이처럼, 크리스테바도 여성성을 생물학적 본질주의 개념으로 정의하고 있음을 암시해준다.

버지니아 울프, 『올랜도』 (1928)

버지니아 울프의 작업은 종종 두 개의 맥락에서 이뤄진다. 하나는 모더니즘, 또 하나는 페미니즘 맥락에서 논의된다. 울프는 주로 남성 작가들, 엘리어트(Eliot), 예이츠(Yeats), 조이스(Joyce), 파운드(Pound)같은 남성 작가들에 의해 지배되는 하이 모더니스트(high modernist) 정전(canon)으로 진입이 허락된 셈이다. 울프는 19세기 에드워디안(Edwardian) 리얼리즘 소설들을 비판했는데, 그들이 인간의 내면적 삶을 진실되게 그리지 못했기 때문이었다.[15] 울프는 인물묘사, 플롯, 이야기 서술의 전통을 실험한다. 그래서 생각과 느낌을 내적 독백, 서술 관점의 변화, 비전통적인 시간, 주관적인 시간 서술과 같은 기법을 사용하여 생각과 감정을 표현하는 방식을 창조해냈다. 울프의 소설 스타일은 서정적이고, 시적이고, 유희적이고, 아이러니컬하다.

울프의 글쓰기는 20세기 초반 폭넓은 문화적 변환의 한 부분으로 해석할 수 있다. 20세기 초에 일어났던 충격적인 사건들, 세계대전, 총파업, 경제 침체, 실업, 월스트리트 폭락에 대한 일종의 반응으로써 모더니즘으로 알려진 예술 운동은 이전 작가, 사상가, 예술가, 음악가가 지녔던 가정, 즉, 단순하고 객관적이고 외면적인 묘

15 버지니아 울프의 에세이, "Modern Fiction" *The Common Reader* (London: The Hogarth Press, 1968), 184-95를 참조할 것.

사를 가지고 세상에 대한 진리를 창조하는 것이 가능하다는 가정에 의문을 제기한 것이다. 울프의 모더니즘적 측면을 강조할 때, 그녀의 작품 중 『등대로』, 『댈러웨이 부인』, 『파도』를 "19세기적 합의"[16]에 대한 도전에 공헌하는 작품으로 거론한다.

울프를 페미니즘의 맥락에서 살펴보려면 다른 접근이 필요하다. 페미니스트 비평가는 울프의 순수한 형식주의적 측면, 해체적 측면, 잠재적으로 허무주의적 측면을 분석하기 보다는, 초기 20세기 사회에서 여성의 열등한 지위를 향상시키기 위해서 울프가 제안했던 실질적인 방안들에 더욱 관심을 기울인다. 1장에서 보았듯이, 울프의 글, 『자기만의 방』과 『3기니』는 여성이 남성과 동등해지려면 물질적 변화가 필요하다는 페미니즘 제1물결의 주장과 맞아떨어진다. 울프가 페미니스트 정치학에 기여하고 있음을 나타내는 증거로서 페미니스트 비평가들은 울프의 논픽션과 더불어, 『등대로』의 작중 인물, 릴리 브리스코와 램지 부인같은 여성 인물의 이미지에 초점을 맞췄다.

해체적 글과 페미니스트 글이 서로 모순되어 보이는 것은 분명하다. 실재를 객관적이고 진실하게 그려내는 능력에 대한 회의는 여성 문제를 정확하게 진단하려는 자신감과 서로 어울리지 않는다. 그러나 이러한 모순은 울프의 작품 자체 보다는 울프에 대한 비평에 해당될 뿐이다.

---

16 피터 포크너(Peter Faulkner)의 책, *Modernism* (London: Routledge, 1990), 2.

울프에겐 모더니스트 형식적 실험이 페미니즘이라는 정치적 목적과 분리되지 않는다. 최근의 울프 비평은 전통적인 가부장적 모더니스트 정전이 젠더 이슈와 상호 연관된다는 사실을 증명하고 있다.[17] 그리고 정전에 다른 여성 모더니스트를 포함시키고 젠더 차이를 설명하면서 모더니즘을 재정의하고 있다. 예를 들어, 1차 세계 대전은 남녀의 삶과 글쓰기에 서로 다른 영향을 끼쳤을 것이다. 1차 세계 대전으로 인해 여성들은 처음으로 집밖에서 일할 기회를 가짐으로써 1차 세계 대전은 여성들에게 해방적 효과를 줄 수도 있었다. 울프를 포함해서 많은 여성 모더니스트들은 아방가르드 스타일을 가부장제 현실을 공격하는 방법으로 활용했다.

소설에 이론 적용하기

해체하면서 동시에 재건하는 전략은 울프의 소설 『올랜도』에서 찾아볼 수 있다. 그래서 이 책은 포스트구조주의 페미니즘이론을 사용해서 해석 가능하다. 『올랜도』의 첫 문장은 식수와 이리가라이의 모호하면서 유희적인 해체 스타일을 연상케 한다. "그 남자—

17 예를 들어, 보니 킴 스코트(Bonnie Kime Scott)의 책들, *Refiguring Modernism vol 1: The Women of 1928* (Bloomington,Ind.: Indiana UP, 1990)와 *The Gender of Modernism: A Critical Anthology*(Bloomington, Ind.: Indiana UP, 1990), 그리고 조셉 분(Jeseph Boone)의 책, *Libidinal Currents: Sexuality and the Shaping of Modernism* (Chicago, Ill.: U of Chicago P, 1998)

당시엔 남자인지 여자인지 성을 감추는 것이 유행이긴 했지만, 그의 성은 의심의 여지가 없었다 —는 서까래에 매달린 무어인의 머리를 베려고 했다."[18] 올랜도는 젊은 르네상스 귀족으로서 전형적인 공격적 행동을 하고 있다. 그러나 그의 남성성은 의심되고 있는데, 남성성을 확신하는 구절에서 오히려 의심되고 있다.

이런 호사스러운 여담 혹은 방백은 소설의 중간 쯤 발생하는 모호한 중심 사건에 대한 복선이 된다. 중심 사건이란 주인공이 남성에서 여성으로 바뀌는 사건이다. 『올랜도』 전체에서 울프는 전통과 규칙을 전면에 강조하면서, 오히려 함축적으로 의문을 제기한다. 이를테면 전기(『올랜도』 소설은 전기를 표방한다), 소설, 섹슈얼리티, 젠더, 정체성에 대해 의문을 제기한다. 『올랜도』는 울프 시대 전기의 전통이 너무 경직되어 있다며, 그 따분함을 계속해서 지적하고 있다. 즉, 당대 전기는 태어나서 죽기까지 터벅 터벅 걸어 가듯 써내려 가면서, 불쾌하거나 부적절한 내용은 의도적으로 누락하고, 마치 성인전 같은 스타일이라고 지적한다. 부분적으로 울프의 아버지가 『국민 전기 사전』의 편집자였던 사실에 대한 살짝 농담식 논평일 가능성이 있다. 울프 당대에는 경직되고 따분한 방식으로 위대한 인물의 삶을 두툼한 책으로 기록하던 때였다. 소설의 화자는 올랜도의 삶에서 정말로 중요한 순간이 원고에 충분히 기록되지 않고 있다고 장난치듯 비판한다. 그런가 하면 올랜도가 생

---

18 버지니아 울프, *Orlando*. Rachel Bowlby 편집. *World's Classics*. (Oxford: Oxford UP, 1992), 1992), 13.

각하는 것 이외, 전기에 기록될 만한 가치 있는 일을 하지 않는다고 아이러니칼하게도 한탄한다. 당대 전기 전통이 반드시 기록했어야 할 삶이 무엇인지, 울프는 중요한 포인트를 지적하고 있다.

또한 『올랜도』는 젠더 문제와 관련하여 해체적 전략을 소개한다. 주인공이 남성에서 여성으로 변화하는 것은 화자가 젠더 정체성과 성적 차이에 대한 서로 다른 해석들을 가지고 유희하는 것을 가능하게 만든다. 울프는 소설에서 한 인물을 역사적으로 쭉 훑으면서 여성은 남성의 "타자"이면서 동시에 남성과 "같다"고 주장한다. (남성의 "타자"라는 것은 식수의 용어이고, 남성과 "같다"는 것은 이리가라이의 용어다.) 남성의 자기 정의를 위해서 여성이 왜 반드시 필요한지, 이 사실에 저항하기 위해서 남성이 얼마나 여성을 배제하고 억압하는지를 울프는 증명하고 있다. 올랜도가 여성이 된 이후 영국으로 귀향하면서, 올랜도는 남성성의 규칙을 잊지 않으면서 동시에 여성성의 규칙을 배워야 하는 야릇한 과도기를 통과하게 된다. 처음에 올랜도는 선상에서 부유한 여자의 게으른 수동성을 즐긴다. 뿐만 아니라, 여성스러운 옷을 화려하게 내보이고, 남성들의 요구를 교태스럽게 거절하기도 하고 못내 굴복하는 능력을 즐긴다. 비상 상황에서 용감한 선원의 구조를 받는 상상은 신나고, 발목을 살짝 드러내기만 해도 자신의 성적 파워를 발휘할 수 있음에 즐겁다. 그러나 올랜도는 점차 깨닫게 된다. 이런 여성의 특질은 남성이 여성과 반대되는 특질인, 적극성, 독립성과 더불어, 이성적, 기능적, 강력한, 자기 조절 능력을 지닌 존재로서 남성 자신을 정의하기 위해서 만들어진 것임을 깨닫게 된다. 또한 이런 남성적 특질을 지닌 사람들은 올랜도가 여성이기 때문에 올랜도에게 이제 파워와 통제력을 발휘한다는 사실을 깨닫게 된다. 여성을 타자화하는 것은 사회에서 실제적인 효과를 발휘하면서도, 남성의 자기 정의가 여성을 타자화하는데 의존한다면 남성의 지위가 취약해진다는 사실을 어설프게 감추기도 한다. 여성의 차이가 이리가라이가 말한 동일성의 경제인 팔루스에 중심을 둠으로써 성적 경제를 파괴하고 스스로를 주장하게 된다면, 이는 남성을 위협하고 취약하게 만든다.

본 장의 앞 부분에서 말했듯이, 식수와 이리가라이는 여성을 상징계로 삽입하기 위한 전략적 움직임으로써 고정관념적인 여성적 차이를 지닌 신체적 언어를 의도적으로 사용한다. 크리스테바는 이런 시도에 대해 회의적이다. 대신에 크리스테바는 시적 언어가 여성적 함축성을 지니는 세미오틱 파워를 구현한다고 주장한다. 그러나 세미오틱 파워는 상징계와 언어의 가부장적 측면과 피할 수 없는 긴장 관계에서 존재한다.

『올랜도』는 주인공의 성전환에 대해 다각적이고 모순적인 설명을 제시하고 있는데, 이는 젠더 정체성을 구성하는 것이 무엇인가에 대한 질문에 답이 여럿일 수 있음을 뜻한다. 마찬가지로 생물학, 텍스트성, 섹슈얼리티를 구성하는 것도 모호하다. 화자는 성전환 이후 즉시 이렇게 말한다. "우리는 잠시 이야기를 멈추고 한 마디 해야겠다. 올란드는 여자가 되었다. 의심의 여지가 없다. 그러나 그 외 다른 모든 점에서는 올랜도는 남자였던 과거와 다름이 없다"(133). 화자가 주장하려는 것은 성전환을 해도 가장 심오한 차원에서 올랜도에게는 항상 똑같은 측면이 있고, 그 측면은 본질적으로 젠더와 상관없는 부분임을 함축한다. '불확정성'(indeterminacy)은 "그 외 다른 모든 측면"에 집중되는데, 의미인즉 여성이 된다는 것은 매우 중요한 경험이어서 올랜도는 모든 측면에서 영향을 받고 있음을 함축한다. 나중에 소설의 화자는 성전환의 영향에 대해 모호하게 설명했던 부분에 대해 다시 생각해본다. "잠시 전에 남성 올랜도와 여성 올랜도에서 변화가 없다는 말은 전혀 사실이 아니다"(179). 올랜도는 여성이 되면서 자신의 지성에 대해 전보다 겸손해지고, 외모에는 더욱 신경을 쓰게 된다. 이런 변화에 대해 화자는 몇 가지 설명을 한다. 애초 화자는 사회화 과정이 개인적인 젠더 형성에 중요하다는 생각을 지지한다. "어떤 철학자들이 말하듯이, 옷을 바꿔 입는 것과 상관이 있다. 허영스럽고 자질구레한 일처럼 보일지 모르지만, 옷은 그저 보온의 용도 그 이상의 의미가 있다. 옷은 세상에 대한 관점을 바꾸고, 우리에 대한 세상의 관점을 바꾼다.... 우리가 옷을 입는 것이 아니라, 옷이 우리를 입는 것이다"(179-80). 이는 우리 자신을 표현하기 위해서 옷을 '선택'한다는 전통적인 생각을 놀랍게도 뒤집고 있다. 이 놀라운 뒤집기는 강력한 사회 구성론적 주장이다. 그러자 곧바로 화자는 180도 방향을 바꾼다. "그것은 철학자와 지혜로운 자들이 하는 말이다. 그러나 전체적으로 우리는 다른 견해로 기울게 된다. 즉, 남자와 여자의 차이는 심오하게 존재한다. 그리고 그 차이는 행복한 차이다. 옷은 깊이 감춰져있는 것에 대한 상징에 불과하다. 올랜도가 여성의 옷을 선택하고, 여성의 성을 선택하는 것은 올랜도 자신에게서 일어난 변화이다"(180-1). 여기에서 '깊이'와 '표면'의 메타포는 우리의 생물학적 성이 매우 중요하고, 젠더 정체성에 단순하게 반영되어 있다는 말이다.

그러나 이러한 생물학적 본질주의는 곧바로 복잡해진다. "남녀의 성은 다르지만, 남녀는 서로 뒤섞여 있다. 모든 인간은 하나의 성에서 다른 성으로 왔다 갔다 한다. 여성을 여성처럼 만들고, 남성을 남성처럼 만드는 것은 단지 옷일 뿐이다. 반면, 생물학적 남성과 여성의 아래에는 위에서 말한 것과 전혀 반대가 들어있다"(181). 여기서 우리는 인간성은 기본적으로 양성적이라는 아이디어, 즉, 1장에서 『자기만의 방』을 논의할 때 보았던 익숙한 주장이다. 올랜도의 성전환과 그 영향에 대한 의견이 바뀌는 지점들을 가만히 살펴보면, 텍스트는 면밀한 독서를 요구하고, 이런 이슈를 다룰 때 언제나 보이는 모호함은 문장의 수준에서 만들어진다. 『올랜도』는 크리스테바가 명명한 "단정적" 언어에 저항하고, 세미오틱이 여담, 모순, 방해, 생략, 중단을 통해서 텍스트를 뚫고 분출한다. 결국, 올랜도는 "과정 중의 주체"가 아닌 그 무엇이겠는가? 또한 텍스트는 "과정 중에" 있는 '독서 주체'(reading subject)를 만들어낸다. 독자는 일관성, 단일성, 결론에 대한 욕망을 버리고, 대신에 유예(deferral), 불확정성, 모호함을 받아들이게 된다.

울프는 이런 경험을 올랜도의 몸과 연결시키지만, 여성 몸의 육체성은 의도적으로 텍스트의 골칫거리로 남는다. 크리스테바의 "한 정체성으로부터 다른 정체성으로"에서 그랬듯이 말이다. 올랜도 몸의 성이 변화했기 때문에 나타나는 실제적 영향에서 대해서는 결코 암시되는 바가 없다. 이 부분은 텍스트에서 "말해지지 않는 부분"(unsaid)을 만들어낸다. "말해지지 않는 부분"은 실제로 매우 중요하다. 젠더에 대한 혼란이 본격적으로 시작되는 것은 올랜도가 여성이 되었을 때다. 여성의 몸을 갖게 되면서 성전환 자체보다 오히려 그에 대한 해석이 난무하게 된다. 올랜도가 여성에서 남성이 되었다면 그렇게 많은 불안이 생겨났을것 같지 않다. 종종 울프는 여성의 몸을 차이로 쓰는 함축성에 대해서 고려하긴 한다. 소설 전체에 걸쳐서 올랜도는 작가가 되려는 야심을 가지고 있다. 그러나 그녀의 장시, "참나무"는 올랜도가 여성이 된 다음에야 출판된다. 이는 여성되는 경험이 창조적 작가로서 성공하는데 꼭 필요하다는 것을 강하게 암시한다. 잘 쓴다는 것은 소설에서 양성성, 사랑, 모성과 연결된다. 이러한 연결은 식수의 「메두사의 웃음」에도 나타난다. 올랜도가 원고를 끝내고, 닉 그린(Nick Greene)이 출판을 준비할 때는 올랜도가 마마두크 본스롭 쉘머딘(Marmaduke Bonthrop Shelmerdine)과 결혼한 후이고, 아들을 낳기 직전이다. 쉘머딘와 올랜도 모두가 다른 성이 지닌 특질을 확실하게 인지하고 있고, 강력하게 매력을 느끼고 있다. "'당신이 남자가 아님을 확신해요?'라고 그는 불안하게 묻곤 했다. 그리고 그녀도 똑같이 말했다. '당신이 여자가 아닌 게 가능한가요?' 그리고 나서 그들은 지체 없이 증명하려고 한다"(246). 그러나 올랜도가 지니는 남성적 특질과 쉘머딘이 지니는 여성적 특질은 역설적으로 그들의 본질적 차이를 "증명해"준다. "'나는 여자야'라고 올랜도는 생각한다. '마침내 진짜 여자야.' 올랜도는 쉘머딘에게 진심으로 감사한다. 이런 희귀하고 기대하지 못했던 기쁨에 대하여"(241). 올랜도와 쉘머딘은 이런 차이와 복수성이 만들어내는 욕망에서 기쁨을 느낀다. 그들의 사랑과 결혼으로 인해서 올랜도는 처음으로 글을 잘 쓸 수 있게 된다. 원고 출판 이후 곧바로 아들이 태어나게 된다. 중요한 뭔가가 막 일어나려고 한다는 화자의 암시에 이어 곧바로 장문의 여담이 나온다. 이 여담은 전형적인 빅토리아 방식으로 임신과 진통의 쑥스러움을 감추려는 것이다. 출산은 다음과 같이 선언된다. "'사모님, 건강한 아들이에요'라고 산파인 밴팅부인이 첫 아이를 올랜도의 품에 안기며 말했다. 다시 말해서, 올랜도는 3월 20일 목요일, 새벽 3시에 안전하게 분만했다"(282). 모성의 경험은 더이상 언급되지 않는다. 올랜도가 여성이 된 신체적 사실에 대한 언급이 없는 것처럼, 모성 경험의 부재는 모성이 상징계에서 공식적으로 배제되었음을 암시하면서, 동시에 상징계 질서의 기반으로써 모성이 매우 중요함을 암시한다.

이리가라이처럼 울프는 여성의 몸을 글로 쓰는 것에 대해 말하면서 이를 동성애와 연결시킨다. 『올랜도』는 울프의 연인 비타 색크빌-웨스트(Vita Sackville-West)에게 헌정된 소설이다. 색크빌-웨스트의 삶, 역사, 시골 대저택은 모두 올랜도의 모델이 되고 있다. 소설은 비타와 그녀의 가족이라면 모두가 잘 알고 있는 그들만의 농담으로 가득하다. 울프는 자신의 소설에 있는 동성애적 요소를 감추려고 했다는 주장이 설득력 있다. 울프가 감추려했던 이유는 『올랜도』가 출판되기 3개월 전, 명백히 동성애 이슈를 다뤘던 소설 래드클리프 홀(Radclyffe Hall)의 소설 『외로움의 우물』의 출판에 쏟아졌던 맹비난을 피하기 위함이라는 것이다.[19] 제임스왕의 궁정에 있는 젊은 귀족으로서 올랜도는 처음에 소년으로 생각했던 사람에게 강렬하게 매료된다. 그가 멋진 스케이터였기 때문이다. 올랜도는 "그 사람이 동성임을 알고 어떤 포옹도 불가능함으로 알고 속이 상해 머리카락을 쥐어뜯고 싶었다"(36)고 말한다. 사샤가 결국 여성임을 알게 되자 (사샤는 특별하게 남성적 특질을 소유하는 있는 여성이었지만), 올랜도는 눈의 띄게 안심하게 된다. 그렇다고 해도 동성애적 관계에 대한 기대 속에서 올랜도가 느꼈던 에로틱한 전율이 무효화되는 것은 아니다. 비슷한 에피소드가 훨씬 나중에 또 나온다. 올랜도가 여성이 된 이후 저녁 산책을 나가는데, 일부러 남장을 하고 나간다. 그때 올랜도에게 매춘 여성이 접근한다. 그런데 마지막 순간까지 올랜도는 자신의 성을 드러내지 않는다. 이 장면의 에로틱한 잠재성은 상당히 크고, 소설을 교란시키는 부분으로 남는다. 올랜도가 여성이 된 즉시 마찬가지로 자신의 깊은 감정은 여성에게 향하고 있음을 발견하기도 한다. 이는 "인간이 사회적 관습에 적응하

19 쉐론 노프(Sherron Knopp)의 논문, "'If I Saw You Would You Kiss Me?': Sapphism and the Subversiveness of Virginia Woolf's *Orlando*," *PMLA* 103 (1988): 24-34.

는데 느림보 같기 때문에 비난 받을 만한 특질"(154)로 설명되긴 하지만, 올랜도는 지금 쯤이면 충분히 적응했을 만한 시점인 소설의 끝에서 사샤를 갑자기 다시 보게 되자 여전히 크게 흔들리게 된다. 『올랜도』에서 발견되는 동성애적 서브텍스트(subtext)는 올랜도가 성을 바꾸는 것이 실상 다른 여성과 동성애를 나누고 싶은 욕망에서 촉발된다고 해석할 수도 있다.

『올랜도』는 식수, 이리가라이, 크리스테바를 당혹시켰던 똑같은 중심 주제를 논의한다. 여성의 차이를 어떻게 다룰 것인가, 동시에 그 차이가 가부장적 상징계에서 정말 존재할 수 없는가의 문제다. 올랜도가 매춘 여성 넬에게 자신이 여성임을 밝혔을 때, 넬은 자신의 친구들을 모으고, 모든 여성들은 함께 자신의 상황에 대해 수다를 떤다. 그들이 실제로 무슨 말을 하는지, 독자들은 알지 못한다. 그러나 여성에 대한 남성의 견해를 연속해서 아이러니칼하게 되풀이하는 화자는 여성들끼리 함께 하는 저녁시간이 가능하다는 것 자체에 대해 의심을 품는다.

> S.W. 부인이 말한다. "여성들에게 남성의 자극이 없을 때 여성들은 서로 할 말이 없다고 잘 알려져 있지요. 여성들이 혼자 있을 때는 말도 안하고 그저 긁적 긁적 하기만 한다고 생각하지요." 여자들은 함께 말할 줄도 모르고, 긁적거리는 것도 계속 할 수는 없으니 (T.R이 증명하듯이) "여성들은 동성에 대한 애정을 품을 줄도 모르지요. 서로 아주 싫어하지요." 여자들끼리 있을 때 여자들이 뭘 하겠는가.

> 생각이 있는 남자들의 관심을 끌만한 질문이 아니니까, 남자든 여자든 모든 전기 작가들과 역사들의 면역력을 즐기는 우리들은 그냥 그 질문을 지나쳐 버리자. 그리고 그저 올랜도는 동성들과의 어울림을 아주 좋아했다고 말하자. 그리고 남자들에게 증명하라고 해보자. 남자들은 증명하는 것이 좋아하니까. 올랜도가 동성 모임을 좋아하는 것이 불가능하다는 사실을 남자들이 증명하도록 내버려두자.(210)

이 영리한 인용에서, 화자는 "중성"이라면 쉽게 남성적 편견을 감출 수 있을 거라고 가정한다. 여성에 대한 편견의 예를 인용하면서 울프는 편견을 흉내냄으로써 편견을 우스꽝스럽게 만들어버린다. 여성이 서로 어울림을 즐길 수 있는 가능성이 텍스트의 틈새에서 함축적으로 출현한다. 이것은 정확하게 포스트구조주의 페미니즘의 주장, 즉 여성이 가부장제 안에서 존재할 때 여성이라는 카테고리를 해체한다는 주장과 닮아있다. 그러나 동시에 잘못된 언어를 활용함으로써 여성이라는 카테고리를 전략적으로 재건한다. 식수, 이리가라이, 크리스테바처럼 울프는 몸과 언어는 함께 수렁에 빠져있고, 그러므로 언어는 정치적 무기가 되어 단순히 재현하거나 은유하는 기능 이상을 수행하는 것이다. 올랜도가 여성이라는 사실은 법이라는 단정적 언어를 통해서 언어학적으로 결국 확인된다. "나의 성은 반박의 여지없이 여성으로 결정되었다"(243). 올랜도가 성을 바꾼 후 곧바로 대명사가 변화하는 것은 ("우리는 전통을 위해서 '그의'(his)를 위해 '그녀의'(her)로 바꾸고, '그'를 위해서 '그녀'로 바꿔야 한다"(133)) 이원론적 젠더 시스템의 만들어내기 위해서 언어가 얼마나 중요한지 증명해 준다. 올랜도는 특히 삶과 예술의 관계를 숙고하고, 삶과 예술의 관계를 이해하는 전통적인 은유적, 재현적 방식이 불만족스럽다고 느낀다. 그는 자신이 섬세한 비유적 언어를 사용하는 성향이 있음을 발견한다. 그리고 마침내 삶과 시, 남성과 여성의 관계를 은유적으로 이해한다는 것이 차이를 설명할 수 없음을 깨닫게 되고, 비유를 사용하기 좋아하는 자신의 성향이 무의미함을 발견한다. 삶은 시의 복사본이 아니다. 왜냐하면 삶이든 시든, 모두 다양한 방식으로 담론적으로 구성되어 있기 때문이다.

소설을 통해 이론 다시 보기

울프의 소설 『올랜도』에 대한 반응을 보면 포스트구조주의 페미니즘 이론에 대한 중요한 문제를 알 수 있다. 즉, 여성의 차이를 정의하기 위해서—제아무리 전략적일지라도—본질주의적 언어를 사용할 때 위험은 크고 치러야 할 대가도 크다. 여성 몸의 중요성을 강조하고, 몸의 차이가 남녀의 타고난 차이라는 말은 원래 가부장제가 늘 해왔던 말이 아닌가? 빅토리아 시대 남녀 영역이 제각각 다르다는 이데올로기, 그래서 중산층 여성을 집안에 가두게 만들었던 이데올로기가 바로 여성이 신체적으로 남성과 본래 다르다는 믿음에서 비롯되지 않았던가? 많은 페미니스트 비평가들이 식수, 이리가라이, 크리스테바를 처음 읽었을 때 그들의 주장이 본질주의적이라고 생각했고, 이 본질주의가 전략적임을 알아채지 못했다.[20] 식수, 이라가라이, 크리스테바가 아닌 다른 페미니스트들이 이렇게 본질주의적인 주장을 했더라면, 독자들은 어떤 페미니즘이라도 틀림없이 등을 돌렸을 것이다.

재클린 로즈(Jacqueline Rose)는 크리스테바가 봉착한 딜레마에 대해 논의한다. 로즈는 크리스테바의 딜레마를 "이론이 여성성을 문화가 아닌 다른 것, 온전히 고정관념적 여성성, 가장 기괴한 정의에 침윤되고 맞닥뜨린 참담한 순간"[21]이라고 묘사한다. 이런 위험은 현대 독자들과 비평가들이 『올랜도』를 어떻게 받아들였는가에 나타난다. 그들은 소설을 별로 심각하게 받아들일 필요가 없는 웃기고 가벼운 "오락물"(romp)이라고 생각했다. 울프 자신도 『올랜도』를 쓰면서 똑같은 생각을 했다.[22] 페미니스트 비평가들이 『올랜도』를 심각하게 받아들이기까지는 시간이 걸렸다. 『올랜도』에 대해 울프 연구자들이 길게 논의하는 경우는 거의 없었다.

로즈가 말했듯이 여성성을 "온전히 문화적"인 개념으로 인식하는 것처럼, 『올랜도』도 온전히 문화적인 개념 안에서 어쩔 수 없이

---

20 예를 들어, 식수와 이리가라이에 대한 모아(Moi)의 판단을 참조.

21 재클린 로즈(Jacqueline Rose)의 논문, "Julia Kristeva—Take Two" *Ethics, Politics and Difference in Julia Kristeva's Writing*, Kelly Oliver 편집. (New York: Routledge, 1993), 41-61. 52-3.

22 울프는 자신의 일기(*The Diary of Virginia Woolf, 1925-1930*) 에서『올랜도』를 "농담, 즐겁고 빨리 읽을 수 는 소설, 즉 작가의 '휴일'"이라고 말했다. 현대의 리뷰를 보려면, 로빈 마준다(Robin Majundar)와 알렌 맥로린(Allen McLaurin)이 편집한 책 *Virginia Woolf: The Critical Heritabe*(London: Routledge, 1975), 222-54를 참조할 것.

수용되었다. 여성성이 문화 밖에, 혹은 문화 이전에 존재하고, 여성성이 언어, 혹은 상징계 이전에 존재하고, 그러므로 상징계에 차질을 주는 '차이 언어'의 원천이 될 수 있다는 생각은, 식수, 이리가라이, 크리스테바가 함축하는 잠정적인 의미에서 조차 도저히 받아들일 수 없었다.

비슷하게 『올랜도』의 위반적인 측면은 오로지 그것을 찾는 사람에게만 보였다. 즉, 아이러니는 보려고 하는 사람에게만 보인다. 소설 자체가 주장하듯이, 올랜도가 여자가 된 후 올랜도에게 일어나는 진짜 차이는 사회에서 여성일 때 나타나는 "효과"일 뿐 그 외의 차이를 찾기는 거의 불가능하다. 여자/남자가 되는 경험, 올랜도가 나이가 들지 않은 채 엘리자베스 여왕 시대부터 1928년까지 산다는 사실은 여성이 된다는 것이 역사적 시대마다 얼마나 다를 수 있는가를 이해하도록 만든다. 예를 들어, 평생 함께 동행하는 결혼을 새삼 강조하는 빅토리아시대를 올랜도는 싫어한다. 그러나 손가락에서 짜증스럽게 얼얼한 결혼 반지가 상징하는 평생의 결혼에 대해 저항하는 것은 불가능하다. 결국 남편을 만날 때까지 짜증은 수그러들지 않는다. 결혼에 대한 욕망은 제대로 된 상대를 만나는 것보다 더 중요하다는 사실을 지적함으로써, 빅토리아시대에 로맨틱한 사랑을 이상화하는 아이러니칼한 현실을 논평하고 있다. 빅토리아 시대의 낭만적 사랑이란 실제로 인정사정 볼 것 없는 경제적 결혼 시장의 진짜 현실을 감추는 것에 불과하다. 올랜도에게 이러한 이데올로기가 영향을 끼치고 있다는 사실은 몸이 결코 문화 이전 의미의 원천이 될 수 없다는 뜻이다. 몸은 온전히 문화적으로 생산되기 때문이다.

『올랜도』는 정체성을 형성하는데 경제적 사회적 힘이 중요함을 강조한다. 울프가 『자기만의 방』의 저자임을 감안하면 당연한 강조다. 올랜도는 부유한 소유주다. 그녀의 여성성은 그녀의 소유권이 의문시될 때 문제가 된다. 포스트구조주의 페미니즘은 경제적인 요소에 대한 분석이 없는데, 그 이유는 경제적인 것과 사회적인 것 모두 담론적으로 구성되어 있다고 보기 때문이다. 사실 식수, 이리가라이, 크리스테바가 글쓰기에 부여하는 정치적인 중요성은 바로 언어와 실재 사이에 잘못된 이항대립을 깨뜨리는 것이다. 그러나 시적 언어 혹은 몸을 쓰는 것이 사회적으로 전복적인 기능을 지니기도 하는데, 이는 다른 얘기다. 『올랜도』가 수용되는 것과 관련해서 보았듯이 전복적인 기능은 항상 맥락에 따라 다르다. 무엇이 출판될 것인가를 결정하는 것은 종종 상업적 근거에 맞춰 이뤄진다. 울프와 그녀의 남편은 인쇄소를 운영했다. 그러나 올랜도의 "참나무"의 출판은 운 없는 사람들을 위한 우연한 기회도 있음을 암시해준다. 올랜도가 니콜라스 그린과 만나고, 그린이 출판업자와 비평가들과 접촉함으로써 그녀를 도울 수 있는 힘 있는 위치에 있다는 사실은 순전히 우연이다. 더욱 중요한 것은 올랜도의 "참나무"시가 성공하는 이유는 올랜도가 여성의 몸을 썼기 때문이 아니라, "시대의 정신"(253)에 부응하기 때문이라는 점이다. 다시 말해서, "참나무"가 출판 당시 빅토리아의 이데올로기에 적합했기 때문이고, 이는 크리스테바가 시적 언어에서 기대하는 무질서의 효과와는 정반대다. 언어와 사회적 현실이 모두 담론이라는 것을 증명함으로써 언어와 경제/사회적 현실의 구분을 없애버리려고 하지만, 그렇다고 해서, 언어와 경제/사회적 현실이 동일한 효과를 가진 똑같은 담론이라서, 우리의 삶을 똑같이 형성해준다는 뜻은 아니다.

모호하고, 반어적이고, 복잡한 언어가 독자들에게 생산적인 질문을 만들어낸다는 견해에도 문제가 있다. 독자들은 특히 울프의 『올랜도』와 크리스테바의 글이 읽기 불가능할 정도로 난해해서 오로지 분노와 체념을 느낄 뿐이다. 이 장에서 논의되는 네 명의 작가들은 모두 특히 남성적인 문학적, 철학적, 문화적 유산을 폭넓게 논의할 때엔 특히 난해한 언어를 사용한다. 남성들의 유산에 대해 존경심을 대놓고 드러내지는 않아도 원전을 모르는 상태에서 농담을 알아듣기는 힘들다. 정신분석학적 선조들 [프로이트와 라캉] 을 다룰 때 특히 그렇다. 프로이트와 라캉을 알지 못하는 상태에서는 식수, 이리가라이, 크리스테바의 어휘를 이해하는 것이 힘들다. 그들이 어휘가 얼마나 유희적이고 창의적으로 이전의 교리를 혁신하는지 이해하는 것은 참 어렵다.

잠시 『올랜도』를 프로이트 심리학에 대한 논평으로 읽을 때 이 점을 지적할 수 있다. 울프 부부가 운영했던 호가스 출판사는 프로이트의 영역본과 더불어, 멜라니 클라인과 어니스트 존스와 같은 당대 정신분석가들의 책을 출판했다. 울프는 자신이 프로이트를 실제로 만났던 1939년까지 프로이트를 읽지 않았다고 주장했지만, 울프의 친구와 지인들이 분석가로서 훈련받고 있었고, 분석가들을 연사로 초청하기도 했었다. 그러므로 울프는 정신분석이 영향을 끼치는 모임에 속해 있었던 것이다[23] 그래서 우리는 『올랜도』를 젠더 정체성의 획득에 대해 설명하는 프로이트를 모방한 소설로 읽을 수도 있다. 프로이트의 이야기는 정상적인 남성의 발달을 직선적으로 서사화하는, 심지어 목적론적(특정한 목적에 봉사하는) 버전이다. 울프는 그런 프로이트식 발달을 풍자하기 위하여 일부러 믿기 힘든, 고의적으로 과장된 (성이 바뀌는) 이야기를 만들어낸 것이다. 울프는 성의 변화가 진행 과정에 따라 이해될 수 있는 것인지, 아니면 그저 임의적인 안티-서사인지 질문한다. 울프는 생물학적으로 남성으로 삶을 시작한 올랜도가 결국 "끝 지점"에서 여성이 되도록 한다. 프로이트의 외디푸스 콤플렉스 이론은 누군가를 희생하는 농담으로 치부되어 버린다. 외디푸스 콤플렉스 이론은 궁극적으로 젠더 정체성과 성적 대상 선택을 생식기적 섹슈얼리티와 동일 선상에 놓게 만든다. 프로이트를 모르면 이러한 인유들은 전혀 의미를 갖지 못한다. 울프, 식수, 이리가라이, 크리스테바가 가부장제 상징계의 질서를 그토록 파괴하고자 한다면 왜 그토록 많은 남성 선조들을 언급한단 말인가? 남성 선조들의 "충실한 딸"로 여겨지는 위험을 감수할 가치가 있는 것일까?

---

23 엘리자베스 아벨(Elizabeth Abel)의 책, *Virginia Woolf and the Fictions of Psychoanalysis* (Chicago, Ill:U of Chicago P, 1989)를 참조.

크리스테바와 식수가 논의하는 전복적 여성 글쓰기는 사실상 남성 작가들이 해냈다는 사실도 언급하지 않을 수 없다. 크리스테바는 마야코브스키, 마르토드, 로테르몽, 말라르메, 베켓, 마르키스드 사드, 셀린느를 언급한다. 식수는 각주에서 콜레뜨, 마르게리뜨 두라스, 장 쥬네 등을 언급한다. 이리가라이는 자신의 생각을 명시적으로 다른 사람들에게 적용시키지 않는다. 대부분의 정전 작가들의 텍스트 안에서 여성성의 흔적을 이렇게 발견한다면, 생물학과 글쓰기 스타일 사이에 자동적으로 연결이 있다는 순박한 가정은 무너지게 된다. 그러나 이들은 생물학과 글쓰기 사이에 연결성이 좀 더 세련된 방식으로 재건되어야 한다고 주장하긴 한다. 이것은 여성 작가들의 글과 관련해서 증명될 필요가 있다. 울프의 『올랜도』는 생물학과 글쓰기의 관련성을 주장할 수 있는 텍스트다. 특별히 다른 남성 작가들의 예와 마찬가지로 『올랜도』가 모더니스트 텍스트이기 때문이다.

식수, 이리가라이, 크리스테바를 겨냥하는 또 다른 비판은 여성들 사이의 차이를 간과한다는 것이다. 이 점은 이들이 "여성들"(women)보다는 "여성"(woman)을 논의하는 경향에서 분명해진다. 그들의 분석은 여성이라는 단일 카테고리가 계급, 인종, 섹슈얼리티에 의해 복잡해지고 분할될 수 있음을 인식하지 못한다. 가야트리 스피박(Gayatri Spivak)은 식수, 이리가라이, 크리스테바의 글을 음핵 절제술의 맥락에서 활용하면서, 여성의 몸에 대한 아이디어를 전복적 글쓰기를 위한 원천으로 사용하되, 그리 단순하지 않은 복잡성을 지적한다. "분명히 동시에 다른 초점이 있을 수 있다고 주장하지 않을 수 없다. 단지, 내가 누구인가, 라고 질문할 뿐만 아니라, 다른 여자는 누구인가? 나는 그녀의 이름을 어떻게 지어주는가? 그녀는 나를 뭐라고 부르는가도 초점이 될 수 있다."[24]

『올랜도』는 계급적인 측면에서는 좁고, 포스트구조주의자 페미니스트들과 마찬가지로 환원적 효과를 낸다고 주장할 수도 있다. 『올랜도』는 주인의 귀족적이고 사치스러운 생활에서 즐거움을 느끼는 것이 사실이고, 그/그녀를 둘러싼 부와 소유물을 한껏 즐기고 있음도 분명하다. 올랜도는 그의 땅과 시골 저택을 좋아하고, 그가 여성이 된 다음에도 여전하다. 이 점에서 그의 정체성은 성이 바뀌어도 지속된다. 성이 바뀌면서 생기는 가장 중요한 영향은 올랜도가 과연 자신이 여전히 재산의 소유주인지 의문이 생긴다는 점이다. 『올랜도』는 소설의 끝에서 재산을 복구하려고 노력한다. 의심할 여지없이, 가난한 계층의 남자라면 성이 변할 때 영향은 달라질 것이다. 『올랜도』가 계층이 갖는 특권을 즐긴다는 점은 가장 재미없는 부분이다. 『올랜도』가 계층의 특권을 즐기는 모습을 풍자하고 있다고 해석하지 않는 한 말이다. 올랜도가 여자가 된 직후 잠시 집시들과 살 때 문제의 지점을 발견할 수 있다. 올랜도가 자신의 집과 혈통을 자랑할 때 집시들은 예의바르지만 당황스러워한다. 집

24 가야트리 차크라보르티 스피박(Gayatri Chakravorty Spivak)의 에세이, "French Feminism in an International Frame," *In Other Worlds : Essays in Cultural Politics* (London: Methuen, 1987), 134-53. 144.

시들은 "400년 500년의 전통이란 것을 가장 허접한 것으로 여겼다... 오래된 집안 혈통에서 특별히 기억할 만하고 바람직한 것을 찾기 힘들었다. 부랑자들과 거지들은 모든 것을 공유했다. ... 온 땅이 우리 것인데 수백 개의 침실을 소유하는 것보다 더 속물적인 야심은 없다는 생각을 공유했다"(142). 화자는 분명히 이 에피소드를 상류층 가정을 비판하기 위해 쓰고 있다. 울프의 복잡한 태도는 비타에 대한 느낌과 연결되어 있다. 비타의 배경은 울프와 매우 다르다. 하지만 소설은 가끔씩 여성들이 계층은 달라도 생각보다 많은 것을 공유한다고 주장한다. 올랜도가 넬과 그녀의 매춘 여성 친구들과 함께 저녁을 보내면서, 그들 사이의 차이는 표면적일 뿐이고, 남성에 의해 착취된 주요 경험 아래서 차이는 없어져버린다.

『올랜도』에 함축되어 있는 동성애 서브텍스트는 이리가라이가 「우리의 입술이 함께 말할 때」에서 환기하는 동성애에 문제점이 있음을 보여준다. 이리가라이에게 여성은 상징계의 이면이면서 동시에 중심이다. 엄마와의 동성애적 관계를 환기하는 여성 동성애는 상징계 질서에 긍정적인 차이를 삽입한다고 말한다. 이는 어떤 비평가가 말한 "일시적인 작업(provisional maneuver)인데, 그 기능은 전략적이고, 임시적이며, 치료적인 작업이다—또한 여성에게 자율적인 정체성을 만들어내는데 필수적인 오랜 노력들 중 한 단계다."[25] 그러므로 동성애는 모든 여성의 힘을 회복하는 것을 목표로

25 엘리자베스 그로츠(Elizabeth Grosz)의 논문, "The Hetero and the Homo" *Engaging with Irigaray: Feminist Philosophy and Modern European Thought*. Carolyn Burke, Naomi Schor, Margaret

하는 서사에 종속되어 버린다. 이것은 정확하게 『올랜도』에서 동성애에게 할애되는 위치와 닮아있다. 즉 동성애는 양성성이나 여성 해방과 같은 명시적인 서사 아래 감춰져 있을 뿐이다. 식수, 이리가라이, 크리스테바가 동성애를 모성과 연결시키고, 모성을 강조하는 것은 거세게 비판되어 왔다. 주디스 버틀러(Judith Butler)는 모성적 몸은 모든 의미화의 감춰진 근간이거나, 모든 문화의 암묵적인 원인도 아니다. 오히려 모성적 몸은, "여성의 몸은 필시 엄마가 되어야 한다는 시스템, 모성은 자아의 본질과 욕망의 법이라고 규정하는 섹슈얼리티 시스템이 만들어낸 영향과 결과일 뿐이라고 말한다."[26] 다른 곳에서 버틀러는 이렇게 말한다. 문화적으로 '타자'로 구성된 것은 '여자'가 아니라 '레즈비안'이라고 말한다. 레즈비안은 정신/물질, 젠더/섹스의 구분과 마찬가지로 가부장제의 상징 질서에 필수적인 구분이 된다고 주장한다.[27] 그러므로 여성 동성애는 일단 전략적 효과가 목표(몇몇 논평가들이 지적하듯이 이리가라이는 최근 이성애적 사랑에 목표를 둔다[28])에 도움이 되면 쉽게 포기되지 않는다. 레즈비안 섹슈얼리티를 위한 모성 메타포는, 최근 레즈비안 실천

Whitford 편집. (New York: Columbia UP, 1994), 335-53. 339.

26 주디스 버틀러(Judith Butler)의 논문, "The Body Politics of Julia Kristeva" *Ethics, Politics and Difference in Julia Kristeva's Writing*. Kelly Oliver 편집. (New York: Routledge, 1993), 164-78. 177.

27 주디스 버틀러(Judith Butler)의 책, *Bodies that Matter: On the Discursive Limits of 'Sex'* (London: Routledge, 1993), 51.

28 예를 들어, 이리가라이의 책들, *An Ethic of Sexual Difference*. Carolyn Burke와 Gillian C. Gill 옮김. (Ithaca, N.Y.: Cornell UP, 1993) 과 *Marine Lover of Friedrich Nietzsche*, Gillian C. Gill 옮김. (New York: Columbia UP, 1993)을 보라.

을 전복적인 다시쓰기로 활용하는 사람들과, 혹은 게이 남성과 남성 이성애의 배치 전환에 관심을 갖는 사람들에 의해서 의문시되었다.[29] 계층과 인종 차이와 더불어 여성 동성애의 차이를 제대로 인정하지 않는 한, 가부장 문화의 이성애에 대해 효과적으로 도전하지 못할 것이다. 이에 관련된 논의는 7장과 8장에서 깊이 있게 다뤄질 것이다.

결론

식수의 「메두사의 웃음」, 이리가라이의 「우리의 입술이 함께 말할 때」, 크리스테바의 「한 정체성으로부터 다른 정체성으로」를 울프의 소설 『올랜도』와 함께 읽을 때, 다양한 해석이 분분히 생겨나고, 다양한 해석들은 서로 모순적이라는 사실이 분명해진다. 대부분의 모순들은 이제까지 보았듯이, 문화, 글쓰기, 정치와 연관되는 성별화된 몸의 위치 때문에 벌어지고, "연관되어"라는 말 자체(은유적으로 그래서 문제시되는)에 대한 의문 때문에 생겨난다. 이러한 쟁점을 논의하면서 식수, 이리가라이, 크리스테바, 울프는 중요한 기능을 수행한다. 크리스테바의 용어로 말할 것 같으면, 그들은 모두

29 예를 들어, 테레사 드 로레티스(Teresa de Lauretis)의 책, *The Practice of Love: Lesbian Sexuality and Perverse Desire* (Bloominton,Ind.: Indiana UP, 1994)를 보라.

"상징계와 세미오틱 사이에... 불확정적인 과정을 구현하는 시적 텍스트들이다"(103). 그들은 강력하게 '읽는 주체들' 안에 생산적인 불확정성을 만들어낸다. 해체하면서 동시에 재건하는 언어적 전략을 동시에 사용하면서 그들 모두(심지어 『올랜도』까지도) 분명하게 포스트구조주의 페미니즘 텍스트들이다.

Chapter 6

포스트모더니즘과 페미니즘

페미니즘 이론과 비평 • Chapter 6

포스트모더니즘과 페미니즘

서론

포스트구조주의 페미니즘과 포스트모던 페미니즘을 각각 다른 챕터에서 논의하는 데엔 두 가지 함축성이 있다. 첫 번째는 둘의 의미가 서로 다르다는 뜻이고, 두 번째로 하나가 다른 하나보다 먼저 생겨났다는 함축성이다. 독자의 이해를 돕기 위해서 이야기 하나를 만들어낸다면 이렇다. 포스트구조주의 페미니즘은 정신분석이나 언어학과 중요한 관련을 가지고 있다. 그래서 정신분석 페미니즘 바로 다음에 포스트구조주의 페미니즘을 배치했다. 그러나 포스트모더니즘은 보다 폭넓은 철학적/문화적 탐색인데, 포스트구조주의 페미니즘은 폭넓은 포스트모더니즘의 한 부분이다. 그래서 이번 장에서는 다양한 분야에서 대표적인 텍스트를 논할 것이고, 더러는 이미 논의했던 텍스트를 다시 언급하게 될 것이다.

베스트(Best)와 켈너(Kellner)는 직선적(linear)인 메타포가 아니라, 공간적인(spacial) 메타포를 사용하여 내 생각과 비슷하게 이렇게 말한다. "포스트구조주의는 포스트모던 이론의 기반되는 모태의 한 부분이다... 우리가 논의하는 포스트구조주의는 포스트모더니즘 담론의 더 넓은 이론적, 문화적 경향의 하위 부분집합이다."[1] 하지만, 왜 이 챕터의 제목은 "포스트모더니즘 페미니즘"이 아니라, "포스트모더니즘**과** 페미니즘"일까? "포스트모더니즘"의 "포스트"란 접두어도 사실 문제 거리이긴 하다. 포스트모더니즘은 모더니즘의 계승인가? 즉, 모더니즘을 존중하는 연속인가? 아니면 모더니즘을 부정하는 것인가? 이 질문들에 대한 답은 본 챕터에서 답해질 것이다.

우리는 지금 포스트모던 시대를 살고 있다. 즉, 역사적으로 근대(modern)시대 이후에 우리는 살고 있는 것이다. 근대의 시기를 정확하게 결정하기는 어렵지만, 대체로 1750년에서 1950년으로 보는 것이 좋다.[2] 그렇다면 "포스트"라는 접두어는 근대와는 상당히 다

1 스티븐 베스트(Steven Best)와 더글러스 켈너(Douglas Kellner)의 책, *Postmodern Theory: Critical Interrogations* (Basingstoke: Macmillan, 1991), 25.

2 1750에서 1950년으로 근대시대를 잡은 것은 산업화의 시작과 계몽주의 철학자의 등장을 시작점으로 보고, 소비주의적 후기 산업사회가 나타나고 계몽주의 철학이 의문시되는 시점에서 근대시대의 끝

른 차이가 있음을 암시한다. 그 차이란 1950년대 이후 특징적인 철학, 이데올로기, 사회적 경제적 구조에서 일어난 매우 중요한 변화와 관계가 있다. 근대성(modernity)과 포스트근대성(postmodernity)을 구분함으로써 이 시대에 일어난 변화들, 즉, 경제와 사회를 구성하는 방식과 신념(함축적이든, 명시적이든)의 변화를 규명하고 설명하려는 것이다.

변화 중 하나로써 근대성이란 거대 서사가 가능하다는 믿음을 특징으로 한다. 세상을 설명하는데, 하나의 포괄적인 이야기로 다양한 현상들을 죄다 설명하려는 시도를 말한다. 기독교와 같은 종교들, 다윈의 진화론과 같은 과학 이론들, 마르크시즘과 같은 사회경제 이론들, 프로이트 정신분석과 같은 심리 이론들이 바로 거대 서사다. 포스트근대성에서는 이러한 거대서사가 모든 것을 설명할 수 있다고 믿지 않는다. 우리 주변에서 일어나는 모든 것을 설명하는 단 하나의 방법이 있다는 사실을 의심한다. 또 다른 거대 서사가 생겨난다 해도, 의심스럽고 지친 눈빛으로 받아들일 것이다. 포스트근대성의 가장 중요한 주창자의 하나인 장 프랑수아 료타르(Jean-François Lyotard)가 말한 바로 그 "불신"(incredulity)[3]으로 모든 거대 서사를 바라보게 된다. 이런 불신은 우리의 인식이 끊임없이 복

을 보기로 한다. 이는 명백하게 대략적인 설명이다. 이런 이슈에 대해서는 브라이언 S. 터너(Brian S. Turner)가 편집한 *Theories of Modernity and Postmodernity*(London: Sage, 1990)를 참조바람.

3 장 프랑수아 료타르(Jean-Fran ois Lyotard)의 책, *The Postmodern Condition: A Report on Knowledge* (Minneapolis, Miss.: U of Minnesota P, 1984), Geoff Bennington과 Brian Massumi 옮김. xxiv.

잡한 미디어와 컴퓨터 기술로 매개되고 있기 때문이다. 그러므로 점점 더 실재와 재현을 구분하기 힘들어지고, 의미 있는 판단을 내리기가 힘들어진다. 실재와 재현을 구분하는 것조차 별 의미가 없는 세계다. 우리는 쟝 보드리아드(Jean Baudrillard)가 말한 "하이퍼리얼리티"의 상태에서 살고 있다. 이 상태에서는 우리를 둘러싼 모든 것이 텍스트의 연속이다.[4] 그런 상태에서 정체성이나 자아를 전통적인 방식으로 설명하는 것을 더 이상 신뢰할 수 없게 된다. 인간은 더 이상 건전한 판단이나 윤리적 행위를 할 수 있는 이성적이고 통합된 존재가 아니다. 인간에 대한 근대의 신념은 사라졌다. 대신에 인간은 분열되어 있고, 일관성이 없으며, 비이성적인 존재다. 그래서 우리가 만나는 다양한 현상들을 설명하려면 여러 가지 다양하고, 작고, 지역적인 설명들이 중요해진다.

우리가 살고 있는 시대의 포스트근대성이 근대성과 다른 문화적 차이를 지니고 있다면 대체 무엇이 이런 변화를 초래한 것일까? 어떤 사람들은 '생산'이 아닌 '소비'를 강조하는[5] 후기 자본주의 때문이라고 본다. 후기 자본주의는 근대성의 특성인 산업 자본주의와 구분된다. 21세기가 시작되는 요즘엔 엄청나게 많고 다양한 상품들의 소비가 글로벌 시장경제에서 사람들의 삶을 지배하고 있다. 어떤 사람들은 20세기의 질병인 수많은 잔혹 행위와 재난, 정보의

4 쟝 보드리아드(Jean Beadrillard)의 논문, "Simulacra and Simulations," *Jean Baudrillard: Selected Writings* (Cambridge: Polity Press, 1988), Mark Poster 편집. 166-84.

5 프레드릭 제임슨(Fredric Jameson)의 책, *Postmodernism: or the Cultural Logic of Late Capitalism* (London: Verso, 1991)을 참조.

증가, 정치 영역에서 압도적인 이미지와, 부패의 만연이 원인이라고 말한다.

원인이 무엇이든지 간에 많은 비평가들은 포스트근대성와 포스트모더니즘을 대충 구분하면서 작업하고 있다. 포스트근대성은 우리가 살고 있는 시대의 사회경제적 요인들을 설명하는 개념이고, 포스트모더니즘은 그 시대의 문화적 생산품을 지칭한다[6]. 포스트모더니즘을 순순히 사회적 변화에 대한 문화적 반응으로만 보는 것은 너무 나이브하다. 포스트모더니즘은 실재와 재현이 점점 더 불필요한 구분임을 내포하고 있다. 이런 점을 감안하면서 구분을 잠정적으로 설명의 목적을 위해 사용한다면 우리는 포스트모더니즘 문화의 특성을 몇 가지 논의해볼 수 있을 것이다. 첫 번째로 고급 예술과 대중 예술의 구분이 붕괴해버렸다. 고급 예술과 대중 예술이 같은 텍스트 안에서 섞여버린 것이다. 미학적 판단을 할 때 가치를 정하는 것이 점점 힘들어졌다면, 적절할 수 있는 유일한 반응은 모든 것을 담론 혹은 텍스트로서 동등하게 취급하는 것이다. 두 번째, 포스트모더니즘은 과거와 역사를 아이러니칼하게 사용한다. 예를 들어 건축에서 포스트모더니즘 건축은 같은 건물 안에서 과거의 건물양식을 사용한다. 세 번째로 텍스트를 만들어내는 방식에 대해 자의식이 늘어났다. 네 번째, 포스트모던 예술은 유머러스하고 장난스럽게 다른 텍스트를 상호 교차하여 사용하는 경향이 있다. 포

---

6 린다 허천(Linda Hutcheon)의 책, *The Politics of Postmodernism* (London: Routledge, 1989), 23-6 참조.

스트모더니즘에 대한 이러한 단순화된 설명을 보면 이 전 장에서 논의했던 『올랜도』가 생각날지도 모르겠다. 『올랜도』는 보통 모더니즘 텍스트로 논의된다. 여기서 또 중요한 쟁점이 등장한다. 예술, 문화, 문학에서 모더니즘과 포스트모더니즘의 관계는 무엇인가? 이에 대해 많은 논의가 있었지만,[7] 모더니즘과 포스트모더니즘은 기법적인 면에서는 흡사하다. 하지만, 둘의 차이는 첫째, 모더니즘 텍스트에 비하면 포스트모더니즘은 반엘리트적이다. 두 번째 차이는 포스트모더니즘은 실재를 진실하게 그리는 가능성에 대한 신뢰를 상실했다는 것이다. 그러므로 모더니즘 텍스트는 종종 어렵고, 다른 정전에 대한 인유 때문에 너무 난해하지만, 포스트모더니즘 텍스트는 대중적인 것들에서 즐거움을 얻기 때문에 쉽게 접근 가능하다. 모더니즘 문학 텍스트는 이전 문학에 대해 비판적 입장을 취하는데, 이는 삶을 더 잘 묘사하기 위함이었다. 반면, 포스트모던 텍스트는 다방면의 자료를 즐겁게 찾아내면서 가치 면에서 모두가 동등한(혹은 모두가 가치가 없는) 아이디어와 방법론을 태평스럽게 즐기고 있다. 1980년대 후반 포스트모더니즘과 페미니즘을 함께 논의하면서, 그들의 유사성, 차이점, 연대, 적대감에 집중했다. 그러나 양쪽을 종합해서 새로운 이론을 만들어 내는 데는 별로 관심이 없었다.[8] 어쨌거나 포스트모더니스트 페미니즘의 특성을 마치 정신

---

7 예를 들어, 데이빗 로지(David Lodge)의 논문, “Modernism, Antimodernism and Postmodernism” *Working with Structuralism: Essays and Reviews on Nineteenth- and Twentieth-Century Literature* (London: Routledge, 1981), 3-16 참조.

8 예를 들어, 린다 L. 니콜슨(Linda J. Nicholson)이 편집한 책, *Feminism/Postmodernism*(London:

분석 페미니즘이나 마르크시즘 페미니즘을 묘사하듯이 똑같이 묘사하기는 힘들다.

앨리스 자딘의 『가이네시스』(1985)

앨리스 자딘(Alice Jardine)의 책 『가이네시스: 여성과 근대성의 배열』(Gynesis)은 페미니즘과 포스트모더니즘을 조심스럽게 연결시킨다. 그러나 둘 사이의 긴장도 충분히 인지하고 있다. 그 책은 명시적으로 미국 문화와 프랑스 문화와 관련되어 있고, 기본적으로 미국 문화를 설명하기 위해서 프랑스 문화에 대한 해석을 시도하고 있다. 그래서 자딘은 질문을 던진다. "우리는 누구에게 누구를 위해서 글을 쓰는가?"[9] 이 질문은 스피박이 자신의 논문 "국제적 맥락에서 보는 프렌치 페미니즘"이라는 논문에서 식수, 이리가라이, 크리스테바에 대해 던졌던 똑같은 방식으로 '위치'에 대한 질문이다. 우리에게는 다소 혼란스럽게도 자딘은 포스트모더니즘에 해당하는 사유를 그냥 근대성이라고 부르고 있다. 왜냐하면 미국에서는 포스트모더니티라는 용어를 선호하지만, 프랑스에서는 '근대성'

Routledge, 1990)을 보라.

9 앨리스 자딘(Alice Jardine)의 책, *Gynesis: Configurations of Woman and Modernity*(Ithaca, N.Y.: Cornell UP, 1985), 1985), 15.

이라는 용어가 사용되기 때문이다. 앞으로『가이네시스』에서 직접 인용할 때, 그 차이를 염두에 두길 바란다.

용어 사용이 까다로운 이유는『가이네시스』가 제기하는 이슈들이 비교학(comparativism)과 번역의 문제에서 발생하기 때문인데, 이들은 포스트모던 사유의 맥락에서 볼 때 꽤 까다로운 문제다. 자딘이 지적하는 요점은 전통적으로 다른 분야의 아이디어를 서로 비교하거나, 한 언어를 다른 언어로 번역할 때, 전통적인 비교와 번역은 근대적이고 재현적인 모델, 즉, 하나의 아이디어나 텍스트가 다른 맥락에서 완벽하고 이상적으로 복사될 수 있다고 믿는 것이다. 그러나 포스트모던 사유 중 하나는 근대적이고 반영적이고 통합적 사고방식을 부정하는 것이다.

우리는 페미니즘과 포스트모더니즘이 동일함을 증명하기 위해서 그들이 지닌 기본적인 유사성을 각각의 맥락에서 빼내거나 합성할 수 없다. 자딘에게는 프랑스 문화와 앵글로-미국의 문화가 서로 다르고, 프랑스 페미니즘과 앵글로-미국의 페미니즘이 서로 다르다고 본다. 더불어 페미니즘과 포스트모더니즘도 다르다고 본다. 그러나 자딘의 책은 이러한 담론들을 생산적인 방식으로 서로 만나게 만들고 있다.

자딘은 포스트모더니즘을 19세기 방식 서사의 위기, 주체성, 재현, 진리를 인식하는 방식의 위기로서 정의한다. 자딘은 페미니즘이야말로 포스트모더니즘이 의심했던 서사 중의 하나라고 본다. 왜냐하면 페미니즘은 여성의 정체성, 경험, 재현, 해방과 같은 직설적(straightforward) 분류에 의존하기 때문이다. 포스트모더니즘 이론의 프랑스적 요소에 의해 이와 같은 페미니즘 정의가 해체되고 있음에도 불구하고 미국 페미니즘이 여전히 직설적 분류를 강조하기 때문에 비판받고 있다. 그러나 자딘은 페미니즘이 포스트모더니즘과 공통점이 있는데, 공통점은 둘 다 계몽주의적 사유의 특징인 배타적이고 지배적인 서사를 비판한다는 점이다. 그녀는 자신이 만들어낸 "믿을 만한 신조어 '가이네시스'—즉, '여성'의 담론을 모더니티의 조건에 내재하는 과정으로서 표현하는 것—의 과정"에 매료되어 있다. 즉, "'여성적인 것과 여성'을 새롭고 필수적인 사유, 쓰기, 말하기의 양식에 내재적인 것으로 그 가치를 인정하는 것이다"(25).

그러므로 그 책은 두 겹의 과정을 해낸다. 첫 번째로 이 책은 현대의 역사, 종교, 철학을 지탱하는 개념적이고 방법론적인 시스템과 구분들 안에서 여성성이 명시적으로 부재함(그러나 필수적인 존재)을 밝혀내고 있다. 자딘은 학문 분야가 기초하는 변증법적 사유의 기초가 되는 이분법에서—이를테면, 형태와 질료, 자아와 타자, 진리와 허구—여성적인 것은 언제나 열등함에 대한 메타포로 작동해왔음을 증명한다. 두 번째로 그녀는 여성성이 포스트모던 남성 이론가의 작업에서 이분법을 해체하거나 불안정화하는 것을 비유하는 다소간 명시적인 메타포로 쓰여 왔던 야릇한 사실을 지적해낸다.

이런 사실은 자딘에게 불편하기도 하고 흥미롭기도 하다. 이 사실은 페미니스트 독자, 작가, 비평가를 불편하게 만들고, 흥미롭게 만들어야 한다고 자딘은 강조한다. 자딘은 라캉, 데리다, 들뢰즈, 가타리와 같은 포스트모던 프랑스 남성 이론가들의 글에서 나타나는 여성성을 추적한다. 특히 그들이 프랑스 현대 소설을 해석할 때에 주목한다. 자딘에 분석 결과, 그들은 차이, 주이상스, 언어적 불고정성을 환기시키기 위해서 여성성을 사용하면서 그들은 동시에 "여성에 대한 매우 전통적이고, 금방 알아챌 만한 여성 이미지와 여성의 운명을 만들어낸다"(207). 이런 것들은 페미니스트에게 문제적일 수 있다. 미국의 포스트모던 소설도 불편하긴 마찬가지다. 그러나 성향은 상당히 다르다. 프랑스 텍스트에서는 언어와 담론의 수준에서 일어나는 것들이 미국의 소설에서는 재현이나 주제적 측면에서 일어난다. 이러한 차이가 생겨나는 이유는 언어와 실재에 대한 프랑스 포스트모던 사유가 함축하는 가장 급진적인 반재현성을 미국이 싫어하기 때문이다.

이런 다른 유형의 가이네시스를 구분하기 위해서 자딘은 그림과 조각의 이미지를 사용한다. 미국 소설가들은 "더 많은 이미지, 더 많은 서사, 더 많은 인물, 더 많은 말—임의적이긴 하지만—을 사용해서 소설의 기초에 도사리고 있는 공허를 메우려하고 있다." 프랑스 포스트모던 글은 "계속적으로 재료 주위를 움직이면서 뭔가를 만들어내려 한다. 결코 한 위치에 오래 머무르지 않는다. 모양을 만들어내기 위해서 더 많은 재료를 제거해버린다"(235).

자딘는 프랑스와 미국의 포스트모던 사유와 글쓰기에서 가이네시스가 앵글로-미국 페미니스트 독자이든, 프랑스 페미니스트 독자이든지 간에 그들에게 도전을 준다고 본다. 프랑스 포스트모더니즘은 모더니스트 가정들을 비판하는데, 그들의 비판은 페미니즘에게도 유용한 비판의 거점을 제공한다. 미국의 포스트모더니즘은 여성을 재현하는 정치적인 문제의 중요성을 상기시킨다. 여성 재현에 대한 문제는 데리다와 라캉과 같은 프랑스 포스트모던 남성 이론가의 글에서는 넌지시 슬쩍 나타나기만 한다. 『가이네시스』는 자딘도 인정하듯이 어느 정도는 하이브리드 텍스트와 같다. "나는 [미국과 프랑스 사이] 대서양의 중간 어딘가에 있는 것도 아니고, [미국과 프랑스]를 넘어서 있는 것도 아니다"(18). 대신에 이 영역에서 페미니스트를 위한 진전된 작업의 여지가 있음을 지적한다. "여성의 목소리가 모더니티의 이론과 실제를 사용했을 때, 이들은 이상하게도, 저항 불능적으로 전복적이다"(258)고 말한다. 자딘이 제시하는 한 예는 역사적으로 개념과 이데올로기의 시스템이 불안정하고 변환하는 시기는 페미니스트 이슈가 전면에 떠오르는 시기와 연결될 가능성이 있다는 연구다. 좀 더 일반적으로, 자딘은 가이네시스 안에서 혹은 그 너머에서 작업했던 사상가의 예로서, 바로 이전 챕터에서 다뤘던 페미니스트 이론가들의 책을 지적한다. 어떤 의미에서 자딘의 책은, 이 책과 마찬가지로, 식수, 이리가라이, 크리스테바를 선택하여, 그들을 포스트모더니즘의 폭넓은 지적, 문화적, 가부장적 맥락 속으로 되돌려놓고, 그들의 사상과 혁신을 더욱 정밀하게 설명해낸다. 자딘은 페미니즘이 포스트모더니즘에 참여하는 것이 아주 중요하고, 여성의 가이네시스에 확실히 공헌하려면 포스트모더니즘 논쟁에 참여해야 한다고 믿는다.

세일라 벤하비브
「페미니즘과 포스트모더니즘의 질문」(1992)

세일라 벤하비브(Seyla Benhabib)의 「페미니즘과 포스트모더니즘의 질문」은 그녀의 책 『자아의 위치: 현대 윤리학에서 젠더, 공동체, 포스트모더니즘』이란 책의 일곱 번째 장이다. 이 책은 전체적으로 포스트모더니즘에 대한 당시 논쟁의 맥락에서 철학의 미래와 목적에 대해 논의하고 있다. 이 장에서 벤하비브는 특별히 페미니즘을 포스트모더니즘과 연결할 때 그 함축성에 대해 논의하고 있다. 벤하비브의 주장에 따르면, 포스트모더니즘의 "약한" 버전만이 페미니스트 아젠다와 양립 가능하다고 본다. 포스트모더니즘의 "강한" 버전은 '재현'에 대한 모던적 개념에서 급격한 위기를 초래했다고 본다. 전통적으로 뭔가를 재현하는데 포함되는 세 개의 축, 주체, 객체, 기호에 대한 모던 개념을 포스트모더니즘이 비판했는데, 실재를 정확하게 재현한다는 것은 더 이상 가능하지 않다는 것이 포스트모더니즘의 주장이다. 주체에 대한 근대적 개념, 즉, 의식은 실재에 대해 객관적으로 구분하고 정확하게 판단할 수 있다는 근대적 개념은 훼손되었다. 자아(자아의 판단)는 스스로 깨닫지 못하는 사이에 역사적이고 무의식적 힘에 의해 형성되었기 때문이다. 객체를 어떻게 정의하는가, 주체의 바깥에서 재현될 수 있는 것은 무엇인가, 라는 질문들은 모두 권력에 의존하는 것으로 보인다. 즉, 우리는 대상을 지배하고 통제하기 위해서 대상을 외화(externalize)한다. 재현을 위해 사용하는 '기호'와 '말'은 물체와 자연스럽고 자동적으로 연결되는 것이 아니라, 전통과 합의에 의해서 자의적으로 연결된 것이다. 그러므로 실재를 정확하게 묘사하는 것은 거의 불가능하다. 벤하비브는 포스트근대성이 근대성과 구분되는 지점은 바로 '의식'으로부터 '언어'로 강조점이 전환된 것이라고 주장한다. 이런 전환의 결과는 중요하다. 료타르와 같은 비평가는 포스트모던 세계에서 남는 것은 오로지 다원적인 언어 게임 뿐이고, 이는 지역적이며, 맥락에 의존하는 판단과 가치들만이 확산될 뿐이다. 벤하비브는 이와 같은 포스트모더니즘의 "강한" 버전은 페미니스트에게 별로 도움이 되지 않는다고 본다.

대신에, 벤하비브의 일곱 번째 장 나머지 부분에서는, 포스트모더니즘 이론의 가장 중요한 세 개의 주제가 갖는 "약한" 버전이 페미니스트 철학과 비평에 많은 이점을 제공한다고 주장한다. 벤하비브는 세 개의 주제들—인간의 죽음, 역사의 죽음, 형이상학의 죽음—을 제인 플랙스(Jane Flax)의 책 『사유하는 파편들』(Thinking Fragments: Psychoanalysis, Feminism and Postmodernism in the Contemporary West) 로부터 빌려온다. 벤하비브는 페미니즘도 비슷한 세 개의 주제를 창조해냈고, 이는 바로 "이성적 남성 주체의 탈신비화", "역사적 서사의 젠더화", "초월적 이성에 대한 페미니스트적 회의"[10]다. 다시 말해서 페미니스트 비평가나 철학자는 젠더 이슈와 불평등이 특별히 정체성, 역사, 이성에 대한 잘못된 근대 개념들 때문에 생겨난 것으로 보고, 이들을 해체시켜버린다. 그러나 페미니즘이 포스트모더니즘 주제들의 "강한" 버전에 동의하려면 "자기모순의 위험과 일관성을 잃는 위험을 무릅써야만"(213) 가능하다. 벤하비브는 주체의 "위치 지움"(situatedness)의 "약한" 버전을 기꺼이 인정하는 반면, 주체의 죽음에 대한 주장은 페미니즘에 어떤 동력도 제공하지 않는다고 말한다.

> 언어에 의해, 서사에 의해, 문화가 만들어 내는 서사의 상징 코드에 의해 구조화되지 않는 주체는 생각할 수조차 없다... 우리는 모든 것을 인정할 수 있다. 그러나, 그럼에도 불구하고, 우리가 역사의 단순한 연장은 아니며, 우리의 이야기 [역사] 와 마주했을 때, 우리는 '저자'인 동시에 '등장인물'의 위치에 있음을 주장해야만 한다.... 여성의 주체성, 자율성, 자아감을 고양하는 '통제적 이상'(regulative ideal) 없이 여성 해방 프로젝트 자체가 어떻게 가능한지 묻고 싶다. (214)

벤하비브는 역사와 형이상학의 죽음에 대해서도 비슷한 주장을 한다. 역사가 과거에 대한 거대 서사나 절대적 진리에 접근할 수 없

---

10 세일라 벤하비브의 논문, "Feminism and the Question of Postmodernism" *Situating the Self: Gender, Community and Postmodernism in Contemporary Ethics* (Cambridge: Polity Press, 1992). 203-41. (212-13).

다는 것에 동의하고, 역사적 진보가 기본적으로 틀렸다는 것을 이해하기는 어렵지 않다. 그러나 억압받은 사람들을 회복하기 위해서 역사를 활용하고픈 충동을 포기하는 것은 어렵다. 역사적 연구가 여성의 경험을 서사 방식으로 설명하는 것이 아니라면, 페미니스트 역사가들에게 역사 연구가 무슨 소용이 있단 말인가? 벤하비브는 결론 짓는다. "포스트모던 역사 서술은 페미니스트들에게 대안을 주지 못한다. 대안이 없으므로 페미니스트들의 입장들 간에 성급한 연대든, 열정적인 연대든지 간에, 그 어느 것도 도모하지 못하도록 만든다"(223). 벤하비브는 철학이 일종의 메타담론적 기능을 해야 한다고 주장한다. 어떤 궁극적인 추상적 철학 원칙, 어떤 맥락에도 의존하지 않는 원칙을 규명하는 것은 매우 어렵다는 사실은 인정할지라도, 철학자는 지역적이고 상황에 따른 비평으로만 후퇴할 수는 없다. 그렇게 한다면, 종종 우리는 상황을 너머 기획할 필요가 있음을 무시하는 것이다. 우리 자신이 처한 특정 맥락이 우리의 사유와 부딪히기 때문에 그저 후퇴할 수는 없다. 혹은 어떤 서사도, 지역적이든지, 상황에 따른 서사이든 궁극적으로는 결국 일반화일 수밖에 없기 때문에도 그냥 후퇴할 수는 없다. 형이상학의 종말이라는 포스트모던 주제의 "약한" 버전만이 페미니스트들이 벤하비브의 용어로 "유토피아에 대한 윤리적 충동"(229)을 가능하게 한다. 또 이에 관련된 위험을 인정하고 문제 삼으면서도 동시에, '거대하게' 말하고, 일반화하고, 기획할 수 있는 욕망을 지킬 수 있도록 한다.

앤젤라 카터 『써커스의 밤』 (1984)

앤젤라 카터(Angela Carter)의 소설들은 포스트모더니즘과 페미니즘에 대한 관심을 정확하게 보여준다. 카터는 1992년 51세의 나이로 사망하면서 작가로서의 경력이 너무 짧게 단절되었지만, 카터의 글은 섹슈얼리티, 욕망, 정체성 (특히 젠더 정체성)의 문제에 집중하고 있다. 이러한 집중적인 관심은 비평가들이 적시하듯이 확실히 포스트모던적인 방식으로 표명되고 있다. 카터는 문학의 역사를 "급습"(raid)한다. 그는 대중 문학과 정전 문학 모두를 공격한다. 상호텍스트적 인유를 위하여 카터는 문학의 스타일, 장르, 형식을 마음대로 선택하고 섞어버린다. 카터의 소설은 비-리얼리스트적(non-realist)이고 매우 자기 의식적이며, 변경성(marginality), 괴팍함(perversity), 공상적인 것까지도 포용한다. 바로 이런 특징들이 카터를 포스트모더니즘과 연결시키게 만든다. 모더니즘은 좋은/나쁜 문학을 구분하고, 정전/대중 장르를 구분하고, 주류적/주변적 주제와 스타일을 구분하는데, 포스트모더니즘은 이런 구분들을 비판한다. 그러나 카터의 페미니즘은 벤하비브가 정의한 "강한" 포스트모던적 입장과 갈등해왔다. 카터의 사망 직후 존 베일리(John Bayley)는 카터의 글을 "정치적 올바름"과 연결시키면서 논평하길,

카터는 "항상 올바른 이데올로기적 입장에 안주한다"[11]고 말한다. 베일리는 카터가 언제나 당당하게 페미니스트이지만, 베일리가 보기에 최고의 문학은 그런 [페미니스트] 이슈를 초월해야 하고, 완벽한 예술은 위대한 객관성을 확보해야 한다고 주장했다. 글은 그것이 어떤 글이든지 간에 정치적 아젠다를 가질 수밖에 없음을 그는 받아들이지 않는다. 비록 베일리에게 자유주의적인 인본주의 아젠다가 익숙하기 때문에 딱히 정치적으로 보이지 않을지라도, 그 역시 정치적임을 받아들이지 않는다. 그러나 베일리는 페미니즘과 비정치적 예술 사이의 대립을 지적하면서 카터의 페미니즘과 포스트모더니즘을 함께 연결할 때 생겨날 수 있는 비슷한 문제들을 지적하기도 한다. 벤하비브가 주장하듯이, 거대 서사를 포기하는 포스트모던 입장을 취한다면, 우리는 역사적으로 억압된 사람들, 특히 여성들의 이야기를 재건하는데 필요한 정치적인 헌신까지 포기할 지도 모른다.

만일 카터가 잠재적으로 "지나치게 페미니스트"라서 포스트모던 작가가 될 수 없다면, 카터는 페미니스트로서만 전적으로 안주하지는 않을 것이다. 일부 비평가는 카터가 여성에 대한 폭력을 서술할 때 우려를 표명하고, 남성에게 대응할 때 여성의 욕망 표출이 너무 수동적이라고 우려를 표명하기도 한다. 이런 문제들은 『사드와 같은 여성』(The Sadeian Woman: An Exercise in Cultural History)(1979)

---

11 존 베일리(John Bayley), "Fighting for the Crown," *New York Review of Books*, 23 April 1992: 9-11. 9.

에서 잘 나타난다. 이 소설에서 카터는 마르키스 드 사드(Marquis de Sade)의 작품 속 생산과 관련없는 여성들의 에로티시즘이 지니는 해방적 잠재성에 대해 우호적으로 말한다. 이렇듯 포르노를 옹호하는 입장은 1970년대 후반 포르노를 여성에 대한 폭력으로 간주하는 급진적 페미니즘의 맥락에서 볼 때 상당히 논란 거리였다.[12] 이러한 논쟁은 정치적으로 올바른 페미니즘은 위대한(순전히 비정치적인) 문학이 될 수 없다는 베일리의 주장이 페미니즘을 단순화시킨다는 점을 명확하게 보여준다. 즉, 카터의 작품과 연관시켜볼 때, 페미니즘과 포스트모더니즘을 굳이 제각각 분리하는 것은 부득불 잠정적일 수밖에 없음을 증명해준다. 카터의 작품은 페미니즘과 포스트모더니즘의 분류를 뛰어넘는다.

이론을 소설에 적용하기

카터의 소설 『써커스의 밤』(1984)은 흘러 넘치는 과잉을 구현한 소설이다. 해석의 과잉, 신체적/성적 과잉, 스타일의 과잉이 흘러넘

12 앤드리아 드워킨(Andrea Dworkin)의 책, *Pornography: Men Possessing Women* (London: Women's Press, 1981)은 포르노를 여성에 대한 폭력으로 보는 입장인데, 『사드와 같은 여성』이 나온 지 2년 후 출판되었다. 『사드와 같은 여성』을 현대 페미니스트의 포르노 논쟁과 연결해서 보려면, 샐리 키난(Sally Keenan)의 논문, "Angela Carter's The Sadeian Woman: Feminism as Treason" *The Infernal Desires of Angela Carter: Fiction, Femininity, Feminism* (London: Longman, 1997), 132-148을 보라.

치는 소설이다. 『가이네시스』에서 앨리스 자딘은 포스트근대성을 진리, 주체, 재현의 19세기적 핵심 서사를 해체한 것으로 정의한다. 『써커스의 밤』의 과잉은 경계를 넘어 흘러 넘치고, 카테고리의 구분을 혼동시키고, 진리, 주체, 재현의 서사를 장난스럽게 위기로 몰아 넣고, 자딘처럼 그 과정에서 서사들이 가부장적 기초 위에 서 있음을 증명하고 있다.

소설의 시작에서 가장 중심이 되는 질문은 유명한 공중 그네 예술가인 주인공 페버스(Fevvers)가 과연 진짜 날개를 가지고 있는가이다. 소설은 페버스가 인터뷰하는 장면으로 시작한다. 잭 발저(Jack Walser)라는 젊은 미국 저널리스트는 오로지 페버스가 가짜임을 밝히기 위해 인터뷰하고 있다. 발저는 광대로 가장하여 키어니 대령의 써커스 단원들과 함께 페버스가 여행하는 곳마다 따라 다닌다. 러시아를 거쳐 시베리아로 간다. 그때 페버스와 사랑에 빠지고 자신을 발견하는 과정을 겪게 된다. 이러한 경험은 그의 합리적 가정들을 심각하게 의문하도록 만든다. 소설이 끝날 무렵, 페버스가 날개가 있는가? 라는 애초의 질문이 엉뚱하고 잘못된 질문이었고, 심지어 의미 없는 질문이었음을 발견하는 지점에 이른다. 이 질문은 점차로 나이브한 경험주의자의 질문, 즉, 외부의 실재에 대한 관찰과 실험이 대답을 줄 수 있고, 이를 증명할 수 있다고 믿는 경험주의자의 질문처럼 보이기 시작한다. 여러 가지 방식으로 이런 접근은 젊은 남성 미국인 발저와 의도적으로 동일시되고, 19세기 사고 방식과도 동일시된다. 그리고 이런 접근에 문제가 있음을 소설은 증명한다. 예를 들어 발저는 페버스와 리찌(페버스보다 나이가 많은 동행자)가 시간의 흐름에 개입할 능력이 있음을 알게 된다. 발저가 페버스를 인터뷰하는 동안, 몇 번이나 시계가 밤 12시를 알린 적이 있다. 써커스단에서는 광대로, 이후 견습 샤먼으로서 훈련을 받으면서 발저가 겪는 혼란스러운 경험은 외부의 실재가 단지 조작 가능한 구성체일 가능성을 제안한다.

그러나 진실과 거짓에 대한 발저의 가정(assumption)이 훼손되는 과정에서 가장 중요한 것은 페버스의 서사 능력이 지닌 놀라운 힘이다. 『써커스의 밤』의 첫 섹션 "런던"의 대부분은 페버스가 이제까지 살아온 삶에 대한 이야기인데, 그 이야기는 매우 이국적이고, 활기가 넘치고, 눈을 떼지 못할 정도로 흥미롭다. 이야기가 가진 엄청난 열정, 이야기에 나타나는 페베스의 모습에 대해 발저는 도저히 저항할 힘이 없다. 이런 점은 이야기의 폭력적인 이미저리로 강조되고 있다. 리찌가 말참견할 때 폭력적인 이미지로 소개되고 있다. "리찌는 반짝이는 눈으로 발저를 꼼짝 못하게 하고, 이빨 사이로 이야기를 꽉 잡았다."[13] 이후 페버스가 다시 개입하자 "그녀의 이야기는 그를 사로잡았고(lassoo), 그를 내내 끌고 다녔다(drag)"(60). 카터의 의도는 서사 능력에서 힘이 생겨나고, 이야기는 나름의 진리를 창조해낸다고 말하려는 것이다. 페버스의 삶에서 외형적으로 증명할 수 있는 사실들은 추문인 경우가 많고, 요직에 있는

13 앤젤라 카터(Angela Carter)의 책, *Nights at the Circus* (London: Picador, 1985), 32.

사람들이 관련되어 있다. 그래서 발저가 확인하는 것이 어렵다. 그러므로 발저가 상징하는 19세기 남성 이성주의의 거대 서사는, 페버스와 리찌의 스토리텔링과 여성의 다원적 서사—예를 들면, "잠자는 숲속의 미녀", "월트서 원더", 남편을 죽인 미뇽과 러시아 여인 이야기—가 지닌 여성의 20세기적 쾌락과 대조되어 있다. 딱히 동등한 경쟁이라고 볼 수는 없지만, 소설은 의도적으로 세기말의 맥락에서 서로 겨루고 있다. 세기말은 후기 빅토리아 이데올로기적 확신이 새로운 세기가 동트면서 점차 의문시되는 시기다.

진리에 대한 19세기 서사가 『써커스의 밤』에서 심각하게 훼손되고 있다면, 전통적인 남성 주체 역시 훼손되고 있다. 이성적이고, 독립적이고, 통합적인 근대 자아는 다시금 발저와 동일시되는데, 이는 정체성에 대한 매우 다른 이해로 인하여 계속적으로 의문시된다. 카터는 정체성이 서사에 의해 구성되어지고, 상당 부분 맥락에 의존하고 있음을 증명한다. 발저의 이성적이면서 회의적인 자아는 "단 한 번도 내면의 떨림을 경험해본 적이 없다"(10). 그런데 페버스에게 성적으로 매료됨으로써 혼란에 빠진다. 이런 혼란스러운 경험은 페버스의 물리적 존재 앞에서 만큼이나 페버스 이야기의 전율을 통해서 만들어진다. 발저가 미뇽을 호랑이로부터 구해내면서 발저는 팔을 다치기 때문에 더 이상 글을 쓰지도 타자를 칠 수도 없게 되고, 신문사에 급보를 보낼 수조차 없게 된다. 카터가 말하듯이, "발저는 이제 더 이상 광대 노릇을 하는 저널리스트가 아니다. 이런 저런 환경의 힘이 그를 여러 실질적인 목적을 위한 진짜 광대로 만들어 놓았다"(145).

페버스의 광고 슬로건인 "그녀는 사실인가? 허구인가?"는 작가가 고의적으로 만든 장치인데, 이는 "그녀는 진짜인가? 가짜인가" 라는 말과 구분된다. 페버스를 어떻게 해석할 것인가의 문제는 문자적인 차원이 아니라 상징적인 차원에서 중요하다. 페버스가 진짜로 날개를 가지고 있는가의 문제는 사실상 대답할 수 없고, 아무 상관이 없는 문제로 드러난다. 페버스의 본질적인 '자아'를 꼭 짚어 밝히는 것도 마찬가지로 불가능하다. 그러므로 페버스가 무엇을 상징하는지가 중요하다. 그러나 여기에서도 카터는 우리를 당황케 한다. 『써커스의 밤』은 19세기 재현 개념을 거부한다. 우리가 세상에 대한 진리를 알 수 없다면 어떻게 그것을 재현할 수 있단 말인가? 다음 에피소드에 대해서 상징적인 해석은 잠재적으로 위험하다. 크리스챤 로젠크뢰츠(Christian Rosencreutz)가 여성 괴물들을 전시한 마담 슈렉의 박물관에서 페버스를 구출하는 이야기다. 그런 다음 페버스를 "모호함의 여왕, 비몽사몽의 여신, 경계 선상의 종(species)"(81)으로 희생할 수도 있었던 사건이 발생한다. 페버스를 죽임으로써 자신이 영생을 얻을 수 있다고 믿기 때문이다. 비슷한 사건이 또 일어나는데, 그랜드 듀크(Grand Duke)가 파베르제 달걀(파베르제는 러시아의 보석세공인인데, 그가 만든 정교하게 아름다운 부활절 보석 달걀, 역주)안, 보석이 가득한 새장 안에 페버스를 가두는 사건이다. 상징적 재현은 잠재적으로 여성에게 치명적인데, 그 이유는 상징을 만들어내는 힘이 남성에게만 속했기 때문이다. 여성은 그저 재현의 대상이었을 뿐이기 때문이다. 카터는 소설을 알레고리로 읽을 수 있는 가능성에 대해 모호한 입장을 취한다. "알레고리라는 단어를 사용하면, 소설이 너무나 구체적으로 되어버릴 수가 있다. 『써커스의 밤』의 어떤 부분에서는 분명히 단순한 알레고리를 사용하고 있긴 하다. 하지만, 독자들에게 이 책을 읽으면서 항상 알레고리를 생각해야 한다면 그것은 일종의 폐를 끼치는 셈이다. 그러니까 알레고리를 원할 때만 있다고 보면 된다."[14] 그러므로 카터는 자신의 생각과 다른 독해를 받아들이고 심지어 권장하기도 한다. 재현을 고정하고자 하는 남성적인 충동은 소설에서 해석이 다양하게 확산되면서 저항을 받는다. 페버스는 그녀를 재현하는 상징들 모두이면서도 동시에 그 어느 것도 아니다. 페버스는 그랜드 듀크의 계란 수집품에서 장난감 기차를 집어 들고 도망친다. 기차에 올라타서 세인트 페떼르부르그에서 시베리아로 가는 여행 중인 써커스 단원에 합류한다. 이러한 날랜 서사는 허구적 틀을 깨고 다른 것으로 힘들이지 않고 대체되면서, 소설이 허구임을 일깨워준다. 작품 속에는 많은 포스트모던적 문학 장치들이 들어있다. 예를 들어, 다원적 서사, 자기 의식적 문학 인유, 실제 인물을 소설에 포함시키기, 저자가 텍스트에 개입하여 자신의 선택과 장치를 논평하는 것, 믿지 못할 화자를 사용하는 것 등등이 바로 포스트모던적 문학 장치들이다. 이 모든 장치들은 뭔가를 재현하는 것의 불가능성, 적어도

14 존 하펜덴(John Haffenden)의 책, *Novelists in Interview* (London: Methuen, 1985), 87.

페버스가 지닌 모든 측면을 재현하는 것이 불가능함을 강조하고 있다. 소설의 목적은 더 이상 실재를 재현하는 것이 아니라, 키어니 대령이 말하는 소위 "농담 게임"을 하는 것 뿐이다. 의미와 중요성을 유희적으로 과잉 생산하는 것 뿐이다.

자딘의 『가이네시스』처럼, 『써커스의 밤』은 근대적 진리, 주체성, 재현의 본질적인 이분법에서 여성은 늘 열등한 한 쪽이라는 사실을 명확하게 밝히고 있다. 발저가 회의적이고 이성적인 입장을 지키려면, 페버스는 가짜가 되어야 한다. 페버스 성격의 얄팍하고 가짜 같은 요소는 결국 그녀의 본질적 모습으로 드러나야 하고, 페버스의 이야기, 삶, 행위의 허구적 요소들은 실제적 버전이 되어야 한다. 물론 발저는 이러한 남성적이고 근대적인 기획에서 실패한다. 왜냐하면 가짜, 모조, 허구는 소설의 포스트모던 세계에 남아있는 전부이기 때문이다. 그러나 포스트모더니즘이 만들어낸 문화적 변화와 여성성을 연결하는 것은 어려운 것일까? 앨리스 자딘은 연결성이 있음을 주장하기 위해서 "가이네시스"라는 용어를 만들어 냈다. 남성 작가들과 이론가들의 작업에서 가이네시스가 함축하는 것은 자딘에게 불편한 일이긴 하다. 페버스는 가부장제의 상투적 인물에 불과한가? 심장을 가진 창부, 구명 조끼같은 인물(Haffenden 88), 학대와 굴욕을 참아낸 명랑한 생존자, 결국 학대와 굴욕을 요청했고 그것들 심지어 즐기기조차 했으니까. 이러한 캐리커처가 정확하지 않다면(페버스는 자기가 "단 하나의 성숙한 처녀"라고 주장하고 있으며, 학대를 명랑하게 견디기 보다는 도망치고 회피하는 경향이 있다), 카터 자신이 고정 관념을 교묘하게 해체할 목적으로 일부러 고정 관념을 환기시키기 때문이다. 페버스는 창부이거나 혹은 처녀일 수도 있다. 심장 만큼이나 날개를 가지고 있고, 숫자에 능한 두뇌를 가지고 있다. 이러한 변화무쌍함은 어쩌면 자딘이 말한 "여성의 목소리로 말해질 때 생겨나는 가이네시스의 야릇한 불가항력적 전복성"(258)의 일부인지도 모른다. 자딘의 주장에 따르면, 페미니스트 작가들은 개념적/이데올로기적 변화가 일어나는 역사적인 시기에 페미니스트 이슈가 일반인 의식의 전면에 나타날 수 있는 가능성을 탐색해야 한다. 이런 주장은 카터가 소설 속에서 19세기 말 죽어가는 정신을 탐색하면서 반복된다. 19세기말은 "세속적인 시대에 진정한 기적이 세상에서 신뢰를 얻으려면 거짓말이 되어야 하는 시기"(17)다.

자딘처럼, 세일라 벤하비브도 포스트모더니티를 재현에 대한 모던적 생각의 위기로 기술한다. 벤하비브는 또한 포스트모더니즘에서는 강조점이 의식에서 언어로 변화된 것에 주목한다. 가장 위대한 스타일리스트로서 카터는 『써커스의 밤』 내내 언어를 가지고 군침이 잘잘 도는 쾌락을 즐긴다. 카터의 어휘력은 풍부하고, (유사)과학적 언어와 방언을 병치시킨다. "부랑자들이 위로 올라간다. 네가 말할 지도 모르겠다. 그녀는 위로 올라가고, 뚱뚱한 엉덩이의 관점에서"(7)라고 말한다. 카터는 신조어를 좋아한다. 페버스의 옷방은 "여자가 만들어낸 우아하게 여성적인 불결함"(mistresspiece of exquisitely feminine squalor"(9)로 묘사되고, 그녀의 태도는 "좋은 여자들(bonnefemmerie)에게 교묘하게 잘 적응된 좋은 남자들(bonhomerie)

"(11)의 태도로 묘사되기도 한다. 카터는 여러 개의 음절을 하나로 사용하거나 때로 의성어를 사용한다. 이를테면, "어스름한(crepuscular)", "값싼(meretricious)", "육감적인"(voluptuous), "현기증 나는"(vertiginous)와 같은 단어들을 사용한다. 이런 단어를 사용하는 즐거움은 단지 단어의 소리에서 나오기도 한다. 즉, 크리스테바의 세미오틱이라고 말할 수도 있다. 또 가끔 즐거움은 현대 문학과 문화 비평에서 언어 이론의 중요성을 언급하는 부분에서 발생할 수도 있다. 그러므로 카터는 종종 마술적 리얼리즘이나 피카레스크와 같은 문학적 선행 장르를 언급할 뿐만 아니라, 기호와 기표(29), 시뮬라르크(39), 해체주의(117)를 언급하기도 한다. 그러나 카터는 실재가 언어 바깥에 있기 때문에 접근 불가능하다는 "강한" 포스트모더니즘에는 이르지 않는다. 눈보라 속에서 광대들이 사라진 후에 에스카페(Escapee)는 페버스와 함께 이 사건의 의미에 대해 논하려고 한다.

> "여기 봐." 나는 그에게 말한다. 마침내. 왜냐하면 나는 문학 비평을 할 기분이 아니기 때문이다. "내가 기차 사고에서 날개를 망가뜨리지 않았더라면, 날개짓 두 번에 곧장 블라디보스톡으로 우리 모두 날아가 버릴 수 있었을 거야. 그러니까 나는 무엇이 실재인지 아닌지 물을 수 있는 사람이 되지 못해. 왜냐하면, 오리너구리처럼 나한테 눈을 꿈뻑거린 사람들 반은 자기가 본 것을 믿지 않을 거고, 다른 반은 자신의 뭔가 보고 있다고 생각하지." 그러자 그는 입을 다물었다. (244)

페버스가 좌절하는 이유는 자신의 날개가 진짜 뭔가—날개를 써서 도망치는 일—를 해낼 수 있다고 생각하기 때문이다. 그러나 날개는 오로지 상징일 뿐이다. 날개라는 언어는 그렇게 의미하도록 만들어진 상징일 뿐이다.

카터는 주체의 죽음, 역사의 죽음, 형이상학의 죽음이라는 포스트모더니즘의 "강한" 버전이 과연 페미니즘에게 가치가 있을까란 질문에 벤하비브 만큼이나 회의적이다. 『써커스의 밤』은 페미니즘의 정치학을 위해서 세 가지의 "약한" 버전으로 대체할 필요성을 증명하고 있다. 광대, 특히 버포(Buffo)와 관련된 에피소드는 가장 분명하게 주체를 전적으로 구성된 것으로 보거나 수행의 결과로만 인식하는 것의 위험한 결과에 대해서 암시하고 있다. 버포는 오로지 공연을 위해서 존재한다. "'내 얼굴, 버포의 얼굴이 없다면 내가 무엇이란 말인가? 아무것도 아니지. 화장을 지워버리면 그 밑에 남는 것은 오로지 버포가 아닌 것만 남아. 부재. 공석'"(122). 버포는 주체성이나 자기 결정 능력을 완전히 지워버림으로써 버포의 마지막 술 취한 공연은 허무주의에 이르고 마침내 미쳐버리고 만다.

이와 같은 주체의 죽음은 포스트모더니즘의 "강한" 버전인데, 소설의 끝에서 페버스와 발저가 획득하는 새로운 정체성과 대조를 이룬다. 버포처럼 두 사람은 완전한 자기 상실을 경험했지만, 버포와는 다르게 주체성의 상황적 감각을 가지고 다시 재기하여 어느 정도 주체성을 갖게 된다. 기차 사고 이후, 페버스의 날개가 부러지고, 리찌는 마술 가방과 머리 염색약을 잃어버리고, 발저는 아예 사라져버리게 된다. 페버스는 신기하게 느껴지기 보다는, 촌스러운 괴물처럼 느껴진다. 마지막 지푸라기같은 발저가 갑작스럽게 다시 나타난다. 발저 또한 거의 미칠 뻔한 지경에 이르렀었다. 발저는 기억의 흔적을 제외하고는 회의주의를 비롯한 모든 것을 잃어버리고, 그는 무명의 부족 안에서 견습 샤만으로 훈련을 받게 된다. 페버스는 알게 된다. 발저가 페버스를 마치 완벽하게 자연스럽지만 끔찍한 것처럼 쳐다본다는 사실을 알게 된다. 그리고 발저가 "페버스를 여자로부터 하나의 아이디어로 만들어버리려는"(289) 치명적인 계획을 갖고 있음을 알아차린다. 마치 로젠버크뢰츠와 그랜드 듀크처럼. 리찌가 주장하듯이 유일하게 적합한 반응은 오로지 그에게 날개를 보여주는 것임을 알게 된다. 발저는 페버스를 바라보면서 감탄하고 경탄한다. 이에 페버스는 정체성의 감각을 되찾게 된다. 페버스가 획득하는 주체성은 상황적이고, 상호적인 것이다. 그녀의 주체성은 전시되고, 행동하고, 연극으로 상연되는 맥락의 부분이다. 그녀의 주체성은 리찌를 비롯하여 다른 사람들에게 반응하는 주체성이다. 리찌의 주장은 다시금 페버스를 파괴로부터 구해낸다. 페버스의 주체성은 발저와의 관계 속에서 창조된다. 그러므로 그 주체성은 통제되거나 통제하지 않는다.

『써커스의 밤』에서 역사는 죽지 않았다. 이 소설은 여러 면에서 결정적으로 역사물이다. 20세기가 시작되는 무렵의 상황은 이 소설에 단순히 이국적 배경만은 아니다. 이 소설은 역사 서술을 젠더화하고, 역사의 본질을 탐색하며, 가부장적 역사를 수정할 수 있는 방법을 제안하고 있다. 페버스의 개인적 역사는 19세기 말 숨 막히게 점잖은 문화의 이면에 놓인 여성적 측면을 드러내는 "그녀의 이야기"(herstory)이다. 페버스는 빅토리아 문화의 다른 측면, 매춘, 착취, 빈곤, 괴물성, 범죄를 전면으로 드러내고, 빅토리아 문화가 어떻게 여성을 젠더화했는지 밝혀내고 있다. 그러면서 페버스는, 정상과 비정상의 구축은 상호 의존하고 있으며, 억압 과정은 욕망을 생산하는데 필요하다는 푸코 방식의 역사를 만들어 낸다.[15] 또한 페버스는 역사의 작동 방식을 명확하게 밝혀내는 것 그 이상을 한다. 즉, 페버스는 과거를 수정하는 새로운 페미니즘 서사를 제공한다. 그 서사에서는 여성들이 서로 영리하게 협력하여 역사의 작동 방식을 교란시키고 자신들에게 유리하게 시용하거나 가끔씩 탈출하기도 한다. 마 넬슨(Ma Nelson)의 매춘 업소에서 일하는 여성들은 마 넬슨이 갑작스럽게 사망하면 즉시 자립할 수 있도록 모든 준비를 완료해 놓는다. 루이자와 에밀리는 브라이튼에서 하숙집을 운영하기로 하고, 애니와 그레이스는 사무직 대행사를 연다. 제니는 결혼을 하고, 리찌의 도움을 받아 부자 남편의 죽음을 조작한다. 에스메럴다는 연극단에 합류한다. 이러한 선택들은 20세기 초 여성의 선택권이 넓어졌음을 의미한다.

페버스가 무엇인가를 상징하는 인물이라면, 그것은 "바로 날개 안에서 새로운 시대를 기다리고 있는 세기의 순수 아이일 것이다.

15 미셸 푸코(Michel Foucault)의 책, *The History of Sexuality, vol 1: An Introduction*. Robert Hurley 옮김. (New York: Vintage, 1978).

새로운 시대에는 어느 여성도 땅에 매이지 않을 것이다”(25). 그런 의미에서 많은 비평가들이 인정하듯이[16] 페버스는 벤하비브가 명명한 “유토피아에 대한 윤리적 충동”(229)을 결연히 반향시키는 인물이다. 이 충동의 힘을 보면『써커스의 밤』은 결코 형이상학의 죽음이라는 “강한” 버전을 용인하지 않음을 볼 수 있다. 마침내, “거대한” 철학적 주장이 담긴 이야기를 말할 수 있어야 한다. 비록 그런 거대 서사의 문제점을 인식을 하고 있을지라도. 아이단 데이(Aidan Day)는 카터가 단순히 “하이브리드 잡종성과 파편”에 안주하지 않고, 대신에 피카레스크와 같은 전통적인 소설 양식을 재창조한다는 점을 지적한다. 피카레스크란 18세기 소설 장르인데, 매력적인 악당 주인공이 이런 저런 모험을 연속하면서 마침내 세상에서 자신의 자리를 받아들이게 되는 이야기다.[17]『써커스의 밤』에서 유토피아 서사는 협력과 사랑에 초점을 맞추게 되고, 그 핵심적인 본보기는 바로 페버스와 발저의 관계다. 그러나 이러한 “돌봄의 윤리학”[18]은 성적이고 낭만적인 애착 관계의 안팎에서 일어나고, 또한 이성애와 동성애적 관계에서 모두 일어나게 된다. 다양한 예를 살펴보면, 딸과 대리모의 관계인 페버스와 리찌, 미뇽이 발저의 애인임을 알면서도 페버스가 미뇽을 관대하게 돕는 것, 여성 수감자 미뇽과 시베

---

16 예를 들어, 사라 갬블(Sarah Gamble)의 책, *Angela Carter: Writing from the Front Line* (Edinburth: Edinburth UP, 1997), 162.

17 아이단 데이(Aidan Day)의 책, *Angela Carter: The Rational Glass* (Manchester: Manchester UP, 1998), 169.

18 캐롤 길리건(Carol Gilligan)의 책, *In a Different Voice: Psychological Theory and Women's Development* (Cambridge, Mass.: Harvard UP, 1982)을 참조.

리아 감옥의 간수인 아비시니아 공주와의 관계에서 돌봄 윤리학의 예를 찾아볼 수 있다. 아마도 가장 흥미로운 예는 미농, 공주, 힘센 남자(The Strong Man) 세 사람 사이에서 발전하는 관계다. 힘센 남자는 처음엔 여성을 착취하는 겁쟁이에 불과했다. 그는 미농과 의미 없이 섹스한 후, 도망친 호랑이가 미농을 움켜잡자 바로 도망쳐버린다. 그리고 후에 미농의 남편이 그녀를 흠씬 때릴 때에도 페버스와 발저에게 미농을 맡겨버린다. 그러나 질투와 감상이 뒤섞여버리자 그 안에 진정성이 생겨나고, 그는 변화한다.

> 나는 살면서 항상 강하고 단순했다. 튼튼한 신체 뒤에 감춰져 있는 연약함을 감추는 겁쟁이였다. 나는 여자를 학대했고 욕했다. 내 자신의 근육 때문에 내가 여자보다 우월하다고 생각했다. 하지만 실제로 나는 너무나 연약해서 어떤 여자의 사랑도 짐이었고, 그 짐을 질 수가 없었다. 언젠가 미농이든 공주이든, 나를 남자로서 사랑하게 될 거라고 생각할 만큼 허영스럽지는 않다. 아마도 언젠가 그들은 나를 형제로서 품어줄 수는 있을 것이다. 이런 희망은 내 가슴에서 두려움을 몰아낸다. 나는 호랑이 사이에서 사는 법을 배울 것이다. 내가 봉사하면 할수록 나의 정신은 더욱 강해질 것이다. (276)

이것이 왠지 허세일 경우에 대비해서 리찌는 매정하게 쏘아 붙인다. "'강함으로부터 달콤함이 나오지, 황금 시럽 통이 말하듯이 말야' 리찌가 말했다. '삼손은 결국 돕게 돼. 하지만 나는 그렇지 않을 거야'"(276). 그러나 삼손이 민감하고, 친근하며, 다른 사람에게 도움이 되는 사람으로 변모하게 되는 것을 의식하고 있다면, 부분적으로 카터의 주장인즉, 남자와 여자 사이에 협력의 가능성이 있다는 뜻일 수 있다.

소설을 통해 이론 다시 보기

페미니즘과 포스트모더니즘에 관한 많은 논쟁 중에서 가장 중요한 문제는, 이 모든 논쟁이 제1세계에서만 해당되는 일이라는 사실이다. 주체의 죽음, 역사의 죽음, 형이상학의 죽음과 같은 포스트모더니즘의 주장은 서구 자본주의 사회에 살지 않는 사람들에게 별 의미가 없다. 자본주의 서구에 사는 여성들에게는 꽤 의미가 있지만 말이다. 페미니즘과 포스트모더니즘을 논의하면서 오로지 앵글로-미국과 프랑스를 대조하고 있는 앨리스 자딘의 『가이네시스』는 이런 이슈를 보지 못하고 있다. 자딘은 어느 정도 이러한 입장에 대한 자의식을 가지고 있긴 하지만, 자신의 논의를 다른 지역과 연결시키지는 않는다. 그러므로 우리는 상당히 제한된 관점을 보유하고 있다.

자딘이 포스트모더니즘을 해체시키는 근대 서사의 가부장적 측면을 증명하는데 성공한다면, 카터는 근대 서사의 식민주의적 함축성에도 주의를 기울이고 있다. 써커스단은 우스꽝스럽지만 강력한 "엉클 샘" 인물인 키어니 대령의 관리 하에 있다. 키어니 대령의 탐욕스러운 소비주의는 20세기 세계를 점령한 미국 문화의 전형이다. 그러나 써커스가 동북으로 이동하면서 소설은 식민주의 비판 충동이 희미해진다. 소설의 끝에서 비판 충동은 옆 길로 새고, 호랑이와 코끼리는 죽고, 대령이 관리하는 몇 명 최고의 배우들까지 써커스를 떠난다. 비슷하게 발저의 미국 배경은 회의주의적이고, 공허하고 미완성의 느낌을 만들어내는 데 중요한 역할을 한다. 이런 느낌은 모두가 근대적 특성이고, 이는 소설의 끝에서 심각하게 의문시된다. 그러나 『써커스의 밤』은 결국 구조적으로 유럽 vs 앵글로-미국이라는 이분법에 의존한다는 점에서 자딘의 『가이네시스』와 비슷하다.

그러나, 보통 포스트모더니즘과 페미니즘을 설명할 때 인종 문제는 종종 빠지지만, 『써커스의 밤』은 인종 문제도 다룬다. 가장 놀라운 예는 마담 슈렉의 흑인 하인인 투생(Toussaint)을 다룰 때다. 투생은 입이 없는데, 이는 그의 주체성의 미약함과 힘 없음을 상징적으로 보여준다. 백인 의사가 투생의 입을 만들기 위해 수술한 후, 투생은 그의 우아하고도 수사적인 말솜씨로 널리 유명해진다. 애초 성공적인 수술은 인종적 소수자들이 백인들의 특권에 접근할 수 있는 필요성을 주장한다고 볼 수 있다. 이런 점에서 소설은 주로 전통적인 남성적 정체성을 포스트모던적으로 해체하고 새로운 정체성을 건설하는 주요 초점과는 좀 다른 의미의 주체성이 여기서 만들어지는 것이다. 즉, 요지인즉, 애초 없었던 것을 해체할 수는 없다는 것이다. 전통적으로 어떤 정체성에도 접근할 수 없었던 사람들, 투생에 의해 상징되는 그들에게는 모던적 주체성을 획득하는 것이 첫 번째 단계다. 『써커스의 밤』은 이름까지도 적절한 투생[19], 페버스, 발저라는 인물들 사이에 다원적이고 복잡한 대조점을 마련해 놓는다. 투생과 페버스는 마담 슈렉의 박물관에서 경제적 필요 때문에 강제로 일할 수밖에 없는 사람들로 묘사된다. 페버스처럼 투생도 이야기를 함으로써 모종의 힘을 획득한다. 투생은 페버스가 로젠크리츠에게 유괴되었던 사실을 글로 쓰고 마담 슈렉으로부터 도망치게 되는데, 투생의 "아름다운 언어"(85)에 리찌는 탄복한다. 투생의 글은 발저에게 페버스의 구두 진술이 진실됨을 증명해 준다. 랜셋(Lancet)에서 발저의 수술 이야기는 페버스 이야기의 타당성을 증명하기 위한 것이다. 그러므로 투생은 말하는 능력을 회복함으로써 이성적인 자기 결단을 갖게 되는데, 역설적으로 수사학적으로 설득력 있는 투생의 글쓰기는 오히려 발저의 경험주의적이고 회의적인 충동과 자신감 넘치는 이성적 자아를 유보시키는 결과를 초래하게 된다. "발저는 문서를 읽었고, 학자적인 서체, 확고한 서명, 아주 확실한 주소에 주목했다. 그는 겸손하게 문서를 리찌에게 돌려주었다"(85). 카터는 수사학적 능력을 지님으로써 힘을 갖게 되는 모델의 가치를 다른 맥락에서는 모호하게 처리하기도 한

19 분명히 투생이란 이름은 1791-1801년 프랑스의 통치에 반발하여 일어났던 하이티 반란의 흑인 지도자 이름과 똑같다. C.L.R James의 책, *The Black Jacobins: Toussaint L'Ouverture and the San Domingo Revolution* (New York: Vintage, 1963) 참조.

다. 그러므로 『써커스의 밤』에서 카터는 구어체와 문어체의 설득력, 정치성에 대한 전통적이고 근대적인 설명과, 주체의 죽음에 대한 포스트모던 버전 사이에 복잡한 관계를 만들어낸다. 소설은 또한 인종과 젠더의 문제가 다원적으로 상호 작용하면서 자율성과 주체성의 문제를 복잡하게 만든다는 사실을 증명해준다.

자딘이 앵글로-미국 vs. 유럽이라는 이분법을 만들어낸 것이 문제적이라면, 자딘이 포스트모더니즘과 페미니즘을 사이에 비슷한 이분법을 만들어내고, 더구나 이들을 위계적 관계에 놓았다는 사실은 더욱 문제적이다. 자딘의 『가이네시스』는 포스트모더니즘과 페미니즘을 동등하게 취급하려 했지만, 현실적으로 포스트모더니즘을 더욱 중요한 문화 운동으로 여겨지고 있다. 자딘에게 중요한 이슈는 포스트모더니즘이 페미니즘에게 부여하는 도전이다. 더불어, 포스트모더니즘을 남성으로 젠더화하고, 페미니즘을 여성으로 젠더화하는 경향이 있다. 식수, 이리가라이, 크리스테바와 같은 여성 포스트모더니스트는 책의 뒤쪽 후기에서 짤막하게 다루고 있을 뿐이다. 벤하비브도 역시 포스트모더니즘와 페미니즘을 비슷하게 젠더화하고, 강한 포스트모더니즘은 마초 남성, 약한 포스트모더니즘은 무력화된 남성으로 젠더화하고 있다. 이와 대조적으로 『써커스의 밤』은 이런 이슈를 처음부터 끝까지 탐색하는 중심 수단으로서 페버스가 있다. 페미니스트 이슈는 여성 뿐만 아니라 남성의 삶과도 연관되어 있다. 힘센 남자는 그 예로서 발저와 삼손을 제시한다. 그러므로 소설은 포스트모더니즘이 명백히 "여성적인" 방향성을 갖고 있음을 보여주고, 포스트모더니즘은 바로 젠더와 페미니즘을 새롭게 생각함으로써 생겨난다는 사실을 보여준다. 포스트모더니즘 때문에 젠더와 페미니즘을 새롭게 생각하는 것이 아니라는 말이다.

자딘은 페미니즘을 여성의 공통적 정체성, 경험, 재현, 해방에 대해 폭넓게 사용할 수 있는 개념으로 묘사하고 있다. 하지만 동시에 자딘은 근대적 주체성, 재현, 진리에 대한 설명이 문제적일 수 있음도 지적하고 있다. 근대성과 페미니즘은 보편화하는 경향이 있는데, 이 경우 구체성과 차이를 무시할 수도 있다. 투생의 경우와, 인종과 젠더 차이의 관계에서 보았듯이 『써커스의 밤』은 이런 이슈에 특별히 민감하다. 그러나 카터는 여성들 사이의 차이와 유사성에 똑같이 관심 갖고 있으며, 결과적으로 여성들 사이에서 만들어지는 연대와 관계의 유형에 대해서도 관심을 보인다. 미뇽이 원숭이 같은 사람에게 쫓겨난 후 발저가 미뇽을 페버스의 호텔로 데려간다. 그때 미뇽의 눈을 통해 여성들을 서로 분리하는 차이가 드러나게 된다.

> 저 여자...는 거실을 보고 깜짝 놀랐다. 카펫 위에서 뭔 가를 마시면서 한 곳에서 빙빙 돌았다. —벽에 걸린 아름다운 그림들, 마노 재떨이와 옥수 담배갑이 올려져있는 날렵한 테이블, 경쾌한 화덕, 고급스럽게 빛나는 양탄자... 오우!
>
> 야윈 여자의 즐거움을 바라보면서, 페버스의 착한 심성은 분노와 싸웠다. (128)

미농이 관찰하는 사치는 처음에 여성들 사이에 균열을 만들어낸다. 마치 한 남자를 두고 경쟁하듯이 (페버스는 미농이 발저의 정부인 것으로 착각한다). 이렇게 카터는 여성들 사이에 잠재적인 차이와 갈등의 원인을 적시한다. 그리고 그것이 기본적으로 경제적인 갈등임을 강조한다. 페버스가 스스로 일해서 돈을 벌었다면, 왜 그 돈을 미농과 나눠야 한단 말인가? 미농이 발저의 "소유"라면, 왜 페버스가 미농에게 뭔가를 줘야 한단 말인가? 그 장의 나머지는 페버스가 이런 분노의 느낌을 관대하게 이겨내는 장면을 보여준다. 여기서 카터는 여성들 사이에 있는 진짜 차이는 가부장적 자본주의 경제체제로부터 발생한다는 것이고, 비록 억압의 형태가 다른 모습으로 나타날지라도 이 차이로 인하여 모든 여성은 억압을 공통적으로 경험하고 있다는 사실을 모호하게 만든다고 주장한다. 여성들이 이 사실을 깨닫고 집단적으로 서로를 지지하지 않는 한 상황은 변화하지 않을 것이다.

『써커스의 밤』은 포스트근대성과 페미니스트 이론을 함께 논의할 때 생겨나는 핵심적인 질문을 던진다. 질문인즉, 정치적으로 유용한, 여성의 정체성과 경험의 폭넓은 카테고리를 유지하면서, 동시에 차이와 특이성을 어떻게 포용할 것인가이다. 이 질문은 자딘과 벤하비브도 던지는 질문이다. 하지만, 카터의 소설에 고집스럽게 나타나는 유물론은 자딘의 해법—전복적인 여성 저자의 가이네시스—과는 다른 답을 제공한다. 그 답은 "유토피아에 대한 윤리적 충동"을 선호하는 벤하비브의 주장과도 다르다. 소설의 유토피아적 측면은 몸의 물질성에 확실하게 근거를 두고 있거나, 리찌의 마르크시즘 페미니스트 분석과 아이러니칼하게 병치되어 있다. 페버스의 물질적 존재성은 텍스트에서 계속적으로 강조되고 있다. 그러나 1장에서는 발저가 회의주의에 빠져있는 상황이 제시된다. 페버스는 그녀 특유의 허풍스러운 모양새로 발저를 공격한다. 목소리는 "쓰레기통 뚜껑처럼"(7) 덜커덩거리고, 그녀 "자신만의 독특한 향기"(9)를 가지고, 스타킹의 미끌거리는 촉감과 다른 "정교하게 익숙한 옷"(9)을 입고, 계속해서 잔에 샴페인을 채우면서 발저의 감각을 공격한다. 이 장면에서 강조점은 사실 무대 의상 밑으로 진짜 페버스가 드러나는 것이다. 페버스가 가짜 눈썹과 화장을 벗겨내고, 머리를 빗어 내리면서 진짜 페버스가 드러난다. 발저가 자신의 회의주의를 유보하기 시작하고, 페버스를 신뢰하게 만드는 것은 바로 이런 자극적인 신체적 친밀성이다. 그리고 이 신뢰로부터 역설적으로 페버스가 유토피아의 효과적인 상징으로 갑자기 출현하게 된다. 나중엔 소설에서 여성의 몸에 기반한 페미니스트 유토피아의 또 다른 예가 나온다. 여자 살인자들이 감옥에서 탈출하는 이야기다. 제레미 벤담의 팬옵티콘의 디자인을 모델로 하는 이 감옥은 내면화된 시선에 기반하여 수감자들이 스스로 감시하는 시스템이다. 이런 감옥이야말로 가장 효과적인 처벌 수단인 것이다.[20] 그러나 수감자와 교도관은 신체 접촉을 통하여, 여성 몸의 어떤 액체

20 푸코의 책 *Discipline and Punishment: The Birth of the Prison*의 설명 참조. 200-9,

든지 간에 활용 가능한 것을 사용하여 사랑의 메모를 교환함으로써 서로 간의 연대를 주조해낸다. 이때 만들어진 욕망은 여성의 반란과 탈옥으로 이어진다.

카터의 소설이 신체적 물질성의 중요성을 강조하면서 빈번하게 경제적 유물론이 함께 따라 나온다. 이 점은 리찌의 분석에서 가장 분명하게 드러난다. 리찌 왈, 결혼은 "많은 남자 대신에 한 남자에게 행하는 매춘"(21)이라고 정의한다. 페버스의 써커스 그네 타기는 "순수하게 상징적인 교환"인데, 이를 "생산적 노동"(85)과 비판적으로 비교한다. 또 『피가로의 결혼』을 "계급 분석을 위하여"(53) 즐겨본다. 페버스가 발저와 연대함으로써 유토피아의 가능성에 대해 길게 연설하자, 이에 리찌는 뗠떠름하게 대답한다. "그것보다는 훨씬 복잡한 거야. 분석을 좀 제대로 해봐. 그리고 나서 얘기합시다"(286). 세인트 페떼르부르그와 시베리아를 배경으로 하는 부분에서 리찌는 "러시아의 투쟁에 대한 뉴스를 그녀가 대영 박물관에서 만났던 콧수염을 한 경쾌한 작은 신사에게 보낸다"(292). 그 신사는 칼 마르크스를 연상케 하는데, 그 신사와의 소통은 볼셰비키 혁명의 원인을 더욱 진전시키고, 1917년 혁명을 돕는데 한 역할을 담당하게 된다. 리찌의 유물론적 페미니즘의 관점에서 볼 때 페버스의 초기 위험은 그녀 자신이 잠재적으로 상품화될 수 있다는 사실이다. 모든 가게에서 베이킹 파우더 브랜드를 비롯해서 페버즈의 다양한 제품을 판매하고 있다. 심지어 페버스는 "한밤중에도 은행 계좌를 꿈꿨다"(12). 20세기에 포스트근대성은 후기 자본주의에 봉사한다. 포스트근대성은 시장화되고, 포장되어, 판매되고, 소비될 수 있는 또 하나의 페티쉬인 것이다.

어쩌면, 자딘, 벤하비브, 심지어 이 장마저도 포스트모더니즘과 페미니즘을 상품화하고 있는 것인지도 모른다. 그것들을 정의하고, 특징을 파악하고, 나열하면서 사람들이 접근할 수 있도록 도와주고 획일화하기 때문이다. 이것은 근대적인 제스처가 아닐까? 주디스 버틀러가 논평하듯이, "포스트모더니즘이 확일화하는 기호로 기능하는 한, 그것은 결정적으로 '근대'의 기호다. 그래서 이런 질문이 생기는 것이다. 우리는 이러한 포스트모더니즘을 좋아할 것인가? 아니면 비판할 것인가?"[21] 포스트모더니즘과 페미니즘 모두 그것에 대해 쓰는 사람들의 수 만큼이나 다양하다. 벤하비브는 포스트모더니즘이 정치적으로 유용한 것은 바로 다양성과 복수성임을 깨닫지 못한다. 예를 들어 주체의 죽음이 변하지 않는 이성적이고, 자율적인 남성 주체—이런 남성적 주체는 변화, 감정, 의존이라는 여성적 특질을 가차 없이 배제함으로 구성된 것이니까—의 죽음을 의미한다면 이는 페미니스트들에겐 유용하다. 자아와 몸의 개념이 구성되었음을 인정해야만, 그 구조를 바꿀 가능성이 생겨나기 때문이다. 『써커스의 밤』에서 정체성에 대한 가장 중요한 단 하나의 메타포는 행위, 즉 수행성이다. 그 메타포는 창조적인 자유와 자기 표현의 감각을 이미 결정된 대본을 따르는 행위와 결합시킨다. 광대인

21 주디스 버틀러(Judith Butler)의 논문, "Contingent Foundations: Feminism and the Question of Postmodernism" *Praxis International* 11(1991): 150-65.

버포가 떨떠름하게 말한다.

> 써커스의 코드는 복사도 불가능하고, 변화도 불가능하다는 것이다.... 어느 누구에게도 스스로 만들어내는 것은 용납되지 않는다. 내가 그랬듯이, 우리가 그랬듯이, 당신이 젊었을 때 그랬던 것처럼, 선택의 순간—어떤 크레용을 고를까 즐겁게 망설일 때처럼, 어떤 눈을 가질, 어떤 입을 가질까—에는 완벽한 자유가 있다. 그러나 일단 선택이 결정되면, 나는 영원히 버포가 되도록 저주받았다. (122)

비슷한 역설은 페버스에게도 해당된다. 페버스는 "타고난 괴짜로서 사람들의 눈이 응시하는 대상이 되도록 훈련을 받았다"(23). 물론 보는 눈은 언제나 남성의 눈이다. 그래서 페버스는 처음부터 남성 시선의 희생자다. 남성의 시선은 언제가 페버스를 큐피드로, 날개 달린 승리자로, 소피아로, "여러 이름의 어두운 천사"(75)로 만들어버렸다. 그러나 페버스는 희생자처럼 보이지 않는다. 하나의 정체성에 갇혀버린 버포와는 달리, 페버스는 가부장제가 준 다양한 정의들을 가지고 논다. 그녀에게 모종의 통제력이 허용된다면 그것은 이러한 복수성과 다양성이다. 다양한 정체성 개념, 심지어 쇼비니스트적 정체성까지도 모두 유동적이고 변화하는 것을 깨닫는다면, 이것은 다양한 정의를 만들어낸 시스템을 압박하는 지렛대로 작용할 수 있게 될 것이다.

결론

이 장의 첫 단락에서 나는 왜 이 장이 "포스트모더니스트 페미니즘"이 아니라, "포스트모더니즘과 페미니즘"인지 질문했다. 이 질문에 대한 대답으로 나는 포스트모더니스트 페미니즘의 특징을 도저히 묘사할 수 없기 때문이라고 말한 바 있다. 포스트모더니즘과 페미니즘이 과연 나란히 병치될 수 있는 개념인지 논의하는 과정에서 나는 불가피하게 정의를 내리고 범주화하는 근대적 거대 서사를 만들어내는 과정에 동참한 셈이다. 이런 근대적 사유가 심각하게 의문시되고 도전받는 포스트근대 세상에서 소설가와 비평가들은 거대 이론의 위험을 의도적으로 회피하고, 대신에 흑인, 탈식민주의, 레즈비안, 게이 서사와 같은 지엽적이고 구체적인 서사에 눈을 돌리고 있다. 다음 두 장에서는 그런 의미에서 일종의 포스트모더니스트 페미니즘이라 할 수 있는 이론들을 논의할 것이다. 물론 다른 용어를 사용하겠지만 말이다. 카터의 『써커스의 밤』은 추상적으로 포스트모더니즘과 페미니즘을 함께 논의할 수 있는 정점에 있는 작품이다. 이 소설이 출판된 1984년은 상당히 중요하다. 왜냐하면 페미니즘과 포스트모더니즘에 대한 논쟁이 치열했던 때가 바로 1980년대 후반에서 1990년대 전반이기 때문이다. 카터의 『써커스의 밤』이 발표된 때가 세기말이라는 시기적 조건과 더불어 특유의 개념과 스타일로 인하여, 이 소설은 19세기 근대적 거대 서사와

20세기 후반의 포스트모던 서사적 요소를 동시에 지니고 있다.

Chapter 7

레즈비안 페미니즘과 퀴어이론

페미니즘 이론과 비평 • Chapter 7

레즈비안 페미니즘과 퀴어이론

서론

여성 동성애(Lesbianism)는 이미 이 책에서 여러 번 언급했다. 버지니아 울프의 『자기만의 방』과 『올랜도』에서 나오는 양성성(androgyny)이라는 명시적 주제는 실은 그 뒤에 여성 동성애의 흔적을 함축하고 있다. 루스 이리가라이가 「우리의 두 입술이 함께 말할 때」에서 상징계 질서에서 긍정적인 차이로서 여성을 삽입하고, 텍스츄얼리티의 섹슈얼리티, 반대로 섹슈얼리티의 텍스츄얼리티를 제안하기 위해 여성 동성애를 하나의 이미저리로 사용하기도 한다. 그러나 또 다른 곳에서 여성 동성애는 현저한 부재(noticeable absence)로 기능한다. 낸시 초도로우의 『모성의 재생산』에서와 마찬가지로 여성 동성애는 특정한 논쟁의 논리적 결론이지만 무시되는 어떤 것으로 기능한다. 그러므로 여성 동성애는 많은 페미니즘 이론에서 함축적으로만 언급되거나, 별로 관계가 없거나, 아예 부재하거나, 문제적인 것으로 존재할 뿐이다. 여성 동성애가 이 정도밖에 될 수 없는 이유가 있다. 페미니즘 이론의 기본 가정, 즉, 여성은 인종적 차이가 있긴 하지만 그래도 공통된 정체성을 가지고 있고, 페미니스트 정치학에 여성 모두가 동의한다는 가정이 있다. 그런데 여성 동성애가 이 가정을 의문시했기 때문이다. 즉, 페미니즘의 이론과 정치학은 거의 항상 이성애 규범에 의존했기 때문에, 여성 동성애와의 관계는 언제나 문제적이었다. 예를 들어 쥘리아 크리스테바(5장을 보라)는 (여성적) 세미오틱과 (남성적) 상징계를 대립시키는 구조를 만들어냈는데, 이 구조는 이성애적 함축성을 지니고 있다. 그러한 이성애 중심주의는 여성 동성애의 차이를 제대로 설명하는데 실패했고, 젠더와 섹슈얼러티에 기반해서 여성 동성애를 억압하는데도 불구하고 이를 분석하는데 별로 관심을 두지 않았다. 초기 레즈비안 페미니스트는 특정한 레즈비안 페미니스트 정체성을 이론화하기 위해서 가부장제와 이성애가 교차하는 지점을 찾으려고 했다. 그러나 점점 더 레즈비안 이론가들은 페미니스트 이론 안에 여성 동성애의 자리를 마련하는 것에 대해 회의감을 갖게 되었다. 이 세상은 모든 동성애를 비규범이라고 보고, 동성애를 혐오하는 사회이기 때문에 동성애 여성들은 이성애 여성들보다 오히려 동성애 남성들에게 더욱 공감했다. 그러므로, 페미니스트 이론이 이성애 안에서 젠더 정체성에 초점을 맞추는 경향이 있기 때문에 다양한 섹슈얼리티는 새로운 분야—게이, 레즈비안 연구—와 새로운 이론인 퀴어 이론이 필요해진 것이다.

이 장의 제목—레즈비안 페미니즘과 퀴어이론--은 남녀의 젠더 차이로 생겨난 분리와, 동성애와 이성애로 생겨난 분리가 서로 어떤 관계를 가지고 있는가에 대해 복잡한 질문을 던지고, 이에 대한 다양한 반응을 제시하기 위해서, 레즈비안 페미니즘으로부터 퀴어 이론으로 변화된 저간의 행보를 설명했다. 저널 『차이』(differences) 특별호의 서론인 "퀴어이론: 레즈비안과 게이 섹슈얼리티"에서 테레사 드 로레티스(Teresa de Lauretis)는 "퀴어"라는 단어 사용을 제안한다. "퀴어"를 사용하는 이유는 동성애 여성들과 동성애 남성들 안에 있는 차이를 강조하기 위해서다. 그 차이는 인종 차이, 계급 차이, 인종 문화 차이, 세대 차이, 지리적 차이, 사회-정치적인 입장 차이와도 관련이 있다.[1] 퀴어라는 이름에서 보는 바와 같이, 퀴어 이론은 젠더 차이를 넘어서, 섹슈얼리티를 젠더 차이가 아닌 다른 단어로 설명할 수 있음을 보여주고자 한다. '퀴어 이론'과 '레즈비안/게이학'이라는 독립된 분야를 가지고, 페미니즘/여성학과 분리하는 것은 학계 안에서 인정 받기 위해 정치적으로도 필요하다. 학

---

1 테레사 드 로레티스(Teresa de Lauretis)의 "Queer Theory: Lesbian and Gay Sexualities: An Introduction," *differences* 3(1991): iii-xviii. viii.

계의 인정을 받아야만 꼭 필요한 펀드도 받을 수 있고, 학계의 특권도 누릴 수 있고, 하나의 "학문 분야"로서 지위도 가질 수 있게 된다. 그러나 섹슈얼리티와 젠더를 완전히 분리하는 것은 둘을 전적으로 똑같은 것으로 보는 것만큼이나 문제가 있다. 섹슈얼리티와 젠더는 복잡하고 정교하게 서로 겹쳐져 있다. 그렇기 때문에, 퀴어 이론을 페미니즘 이론과 완전히 "이혼시켜 버리는" 것이 과연 정치적으로 유용할지 의문이 제기될 수 있다.

퀴어 이론을 페미니즘 이론에서 완전히 빼내버림으로써, 섹슈얼리티를 오로지 성적 행위로만 규정하고, 젠더는 오로지 남/여 정체성으로만 규정하는 것은 명백하게 계속 지속되기 힘들다.[2] 퀴어를 페미니즘으로부터 분리하려는 움직임이 뭔가를 주장하는 바가 있다면, 그것은 생물학적 성(sex), 성적 귀속(ascription: 개인의 사회적 위치가 미리 정해져있는 속성에 의하여 결정되는 경우, 역주), 젠더 정체성, 성적 취향, 성적 행위와 같은 이슈들이 서로 기동성 있게 서로 침투하는 개념들임을 일깨워주는 것이다. 이들 이슈들의 상호 연관성을 역사적으로 살펴보면 두 가지의 주장이 가능하다. 첫 번째, 이들 개념들이 고정되어 있지 않고 서로 겹쳐있다는 사실인데, 이는 별로 새롭지 않다. 두 번째, 개념들의 의미를 고정시켜 보려고 하지만 실패하는 것은 어디까지나 언어의 차원에 일어난다는 사실

2 이런 과정에 대한 정교하고 명철한 분석을 보려면, 주디스 버틀러의 논문 "Against Proper Objects" *Feminism Meets Queer Theory*. Elizabeth Weed와 Naomi Schor 편집. (Bloomington: Indiana UP, 1997), 1-30.

이다. 동성애는 역사적으로 늘 있어왔고, 맥락에 따라 다양한 방식으로 비난받기도 하고, 용인되기도 하고, 찬미되기도 했다. (예를 들어, 성경은 남성 동성애를 비난하지만, 고대 그리스와 로마의 텍스트는 동성애를 격상하기도 했다.) 성적 선호에 따라 사람들의 그룹과 유형을 분류하는 것은 상대적으로 최근의 일이다. 동성애는 17세기, 18세기, 19세기에 다양한 방식으로 분류되긴 했지만, 대체로 현대의 현상임이 분명하다.[3] 이성애라는 분류도 동성애와 함께 왔다. 앨런 신필드(Alan Sinfield)가 말하듯이, "셰익스피어가 게이였을 수는 없다. 그렇다고 공포를 막을 수는 없다. 왜냐하면 똑같은 방식으로 셰익스피어가 이성애였을 수도 없을 테니까."[4] 미셸 푸코(Michel Foucault)는 주장하길, 19세기 후반 섹슈얼리티에 대한 과학적 연구는 동성애를 특정한 성적 실천으로 정의할 뿐만 아니라, 특정한 유전적 성격 특질, 선천적 성향, 욕망으로 정의하는데 중요한 역할을 했다고 한다.[5] 20세기로 넘어갈 즈음의 심리학자들인 칼 본 웨스트팔(Carl von Westphal), 리처드 본 크라프트-에빙(Krafft-Ebing), 헨리 헤브락 엘리스(Henry Havelock Ellis)는 여성 동성애를 "도착"(inversion)이나 "제3의 성"으로 분류했는데, 이들은 신경증, 광기, 범행, 페미니스트 동조, 복장 도착과 동급의 분류에 속했다. 빅토리아시대의 성과학자

3 동성애 분류에 대한 비판적 의견에 대해 유용한 요약을 보려면, 다아애나 퍼스(Diana Fuss)의 책, *Essentially Speaking: Feminism, Nature and Difference* (London: Routledge, 1990), 107-8 참조.

4 앨런 신필드(Alan Sinfield)의 책, *Cultural Politics: Queer Reading.* (London: Routledge, 1992), 19.

5 미셸 푸코(Michel Foucault)의 책, *The History of Sexuality, vol. 1: An Introduction* (New York: Vintage, 1978).

들과, 푸코처럼 동성애를 사회적 구성체로 보는 현대의 역사가들은 보통 남성이었고, 그래서 남성 동성애에 초점을 맞췄다. 이는 함축적으로 여성 동성애도 같은 맥락에서 이해될 수 있다고 가정한 것이다. 그래서 동성애라는 분류는 남성이 정의한 것이다. 그 사실은 반동성애 법 제정이 동성애 여성보다 동성애 남성을 더욱 범법자 취급하는 데서 확인된다. 동성애 분류가 언제나 남성과 연관된다면, 레즈비안은 항상 페미니즘과 연결되었다. 영국의 의사였던 헤브락 엘리스는 "여성 운동은 여성의 범죄와 광기의 증가를 가져왔고,... 이는 하등 놀랄 바 없이 동성애의 증가와 연결되어 있다. 동성애는 언제나 범죄와 광기의 증상을 보이는 사람들의 그룹과 똑같지는 않아도 연결된 사람들에게 속하는 것으로 여겨져 왔다."[6]

동성애 욕망, 행위, 정체성에 대한 정의는 유동적이다. 또한 그들에 대한 유동적인 정의는 생물학적 성, 젠더 귀속, 젠더 정체성, 성적 취향과 가변적으로 연결되어 있다. 이런 사실은 퀴어 정치학에서 일어난 변화를 살펴보면 가장 분명하게 나타난다. 게이와 레즈비안 이슈에 대해 활동하는 사람들은 다른 사람들이 만들어낸 정의를 사용하되 이를 재배치한다. 예를 들어 동성애가 선천적인 것이면, 동성애에게 향하는 도덕적 맹비난은 잘못된 것이다. 왜냐하면

6 릴리안 페더만(Lilian Faderman)의 책, *Surpassing the Love of Men: Romantic Friendship and Love Between Women from the Renaissance to the Present* (London: The Women's Press, 1985), 242에서 인용함.

동성애자는 선택의 여지가 없었던 것이고, 비딱한 사악함으로 비난받을 까닭이 없기 때문이다. 이것이 바로 래드클리프 홀(Radclyffe Hall)의 소설, 『외로움의 우물』(The Well of Loneliness)(1928)이 선택하는 여성 동성애에 대한 (위험한) 설명이다. 이 소설은 "도착"에 대한 당대 성과학적 해석을 반영하고 있으며, 고통 받는 동성애 여성들에 대한 동정어린 대우를 촉구하고 있다. 이 소설은 1928년 11월 금서가 되었지만, 최근 들어 레즈비안 여성들이 스스로 버취(남자 같은 여자)(butch)[7]로 정의하기 위해 남성적인 이미저리를 필요했을 때 다시 읽혀졌다. 별로 공감할 수 없는 정의를 채택하여 재배치할 때, 언어학적으로 암시적인 의미를 갖게 된다. 즉, 원래 모욕할 의도로 만들어진 단어들은 아이러니하거나 긍정적인 내포를 획득하게 된다. 마치 "다이크"(dyke)나 "퀴어"(queer), "패그"(fag)같은 모욕적인 말이 긍정적인 뜻을 내포하게 되는 것과 마찬가지다. 다른 예로서, "게이"(gay) 라는 단어와 같이, 긍정적인 단어와 합쳐지면서 부정적인 단어를 아예 대체해 버리기도 한다. 퀴어 네이션(Queer Nation)이나 액트업(ACT-UP)과 같은 단체의 캠페인에서 보는 바와 같이, 의미는 담론적인 구성체임을 정교하게 이해하는 것은 가장 중요한 힘이 된다.

7 에스더 뉴튼(Esther Newton), "The Mythic Mannish Lesbian Existence" *Signs* 9(1984): 557-75.

애이드리언 리치, 「강제적 이성애와 레즈비안의 존재」(1980)

제목에서 보는 바와 같이, 위 글은 초기 레즈비안 페미니즘 텍스트인데, 이 글은 이성애가 자유롭게 선택된 성적 선호도 아니고, 타고난 성향도 아니라는 것이다. 이성애는 단지 여성을 억압하는 시스템이고 제도일 뿐이라고 말한다. 페미니즘 이론이 레즈비안에 대해 다룰 만도 한데 실제로 레즈비안은 다루지 않기 때문에, 리치는 "레즈비안 경험을 일탈이나 혐오로 인식하는 강제적 이성애의 편견이 팽배"[8]하다는 사실을 지적하고 있다. 최근 페미니즘 연구 중 어린 시절 엄마와 딸 관계의 중요성을 지적한다(4장에서 논의했던 낸시 초도로우의 『모성의 재생산』(The Reproduction of Mothering)이 한 예). 그럼에도 불구하고 여성의 성향이 원래 동성애적이라는 가능성을 함축만 할 뿐, 대체로 무시한다. 그리고 리치는 강제적 이성애 제도가 어떻게 여성을 다른 여성과 기본적인 연대를 방해하는지, 그 방식을 설명하고 있다. 강제적 이성애는 음핵 절제, 재생산을 통제하고, 강간을 통해 이뤄질 뿐만 아니라, 바로 결혼, 낭만적인 사랑, 매춘, 포르노, 성적으로 구분된 직종을 통해서 이뤄지고 있다. 이러한 방식은 이성애를 규범으로 강요하게 되고, "이중사고"(double-

8 애이드리언 리치(Adrienne Rich), "Compulsory Heterosexuality and Lesbian Existence", *Signs* 5 (1980): 631-60. 632.

think)의 과정을 제도화하게 된다. 그럼으로써 여성은 다른 여성과 동일시할 수 없게 된다. 이러한 통찰을 가지고 리치는 여성 동성애(lesbianism)를 재정의하게 된다.

> 나는 레즈비안 존재(lesbian existence)와 레즈비안 연속체(lesbian continuum)란 단어를 사용하기로 했다. 왜냐하면, 여성 동성애(lesbianism)는 임상적이고 제한된 느낌을 주기 때문이다. 레즈비안 존재는 역사적으로 동성애 여성들이 존재해왔다는 사실과, 그 존재의 의미를 계속해서 만들어내야 한다는 사실을 암시하고 있다. 레즈비안 연속체란 각자 여성의 삶을 통해, 또 역사를 통해, '여성과 동일시하는 경험'의 범위를 포괄하기 위한 단어다. 이것은 단순히, 여성이 의식적으로 다른 여성과 성기적 섹스를 욕망했다는 사실만을 의미하지는 않는다. 여성 동성애를 여성들 사이에서 일어나는 치열함의 형태들, 즉 풍요로운 내면의 삶을 나누고, 남성의 독재에 저항하며 연대하고, 실질적이고 정치적인 지원을 주고 받는 것을 의미한다면, 우리는 여성 역사와 심리의 폭을 제대로 이해할 수 있게 될 것이다. 여성의 역사와 심리는 여성 동성애의 정의를 임상적 의미로 제한시켰기 때문에 제대로 이해되지 못했다. (648-9)

리치는 여성 동성애를 성적 행위와 욕망에 초점을 맞추는 대신에, 여성에 중심을 두는 정치적인 입장으로 해석한다. 이러한 입장은 동성애 여성과 이성애 여성들을 연결시켜 이들 모두가 강제적인 이성애의 희생자임을 강조한다. 즉 동성애 여성을 동성애 남성과 연결시키지 않는다. 리치는 "모든 여성은 스스로 레즈비안 정체성을 갖든 갖지 않든지 간에, 모두 레즈비안 연속선상에서 존재한다”(650-1)고 주장한다. 또한 여성의 에로틱한 선택은 “심화되고 확장되면서 의식적으로 여성과 동일시—레즈비안/페미니즘—하게 된다”(659). 리치는 모든 여성이 레즈비안으로 정의될 수 있다고 보고, 여성 동성애야말로 강제적인 이성애와 가부장제가 뒤엉켜있는 시스템에 대한 진정한 페미니스트적 대응이라고 본다.

모니크 위티그,
「여성은 여성으로 태어나지 않는다」(1981)

리치가 모든 여성을 레즈비안으로 정의한다면, 모니크 위티그(Monique Wittig)는 동성애 여성은 “여성이 아니다”[9]고 주장한다. 얼핏 이 말은 놀라워 보이지만, 이에 대한 설명이 위티그 에세이의 기초를 이룬다. 이 논문의 제목은 시몬느 드 보부아르의 책, 『제 2의 성』의 유명한 주장, “여성은 여성으로 태어나지 않는다”(1장에서 논의)는 말로부터 빌려오고 있다. 위티그가 보부아르의 말을 제목으로 삼는 이유는, 여성이 모두 똑같이 자연적인 생물학적 특징을 공유하기 때문에 하나의 그룹을 형성한다는 일반적 견해를 반박하기 위해서다. 이러한 일반적인 견해는 남성들 뿐 아니라 일부 페미니

9 모니크 휘티그(Monique Wittig), “One is Not Born a Woman,” *The Straight Mind and Other Essays* (Hemel Hempstead: Harvester Wheatsheaf, 1992), 9-20. 20.

스트도 공유하고 있는데, 이는 "신체적이고 직접적인 인식"(11)이 아니라, 이성애적 경제와 이데올로기에 의해 만들어진 것이라고 말한다. 위티그는 페미니즘 제1물결과 제2물결이 이런 견해를 가지고 있는데, 이런 페미니즘 운동은 하자가 있다고 주장한다. 유물론자로서 위티그는 정체성을 결정하는데 물질적인 요인을 선행하는 뭔가가 있다는 관념적인 가정에 반대한다. 위티그는 여성을 자연적인 그룹이기 보다는, 억압된 계급으로 재정의한다. 위티그의 궁극적인 목표는 여성이란 계급, 남성이란 계급을 타파하고, 새로운 개인 정체성을 위해 싸우는 것이다. 새로운 정체성은 계급 정의에서 벗어나는 것이어야 한다. 이런 목표가 달성되기까지, 여성이란 계급에서 벗어나는 방법은 레즈비안이 되는 길밖에 없다고 주장한다. 위티그는 이렇게 주장한다.

> 레즈비안은 생물학적 성(여자와 남자)의 분류를 넘어서는, 내가 아는 유일한 개념이다. 왜냐하면 레즈비안은 경제적, 정치적, 혹은 이데올로기적으로도 여성이 아니다. 왜냐하면 여성을 여성으로 만드는 것은 남성과의 특정한 관계에서 파생된다. 즉, 이전에는 노예상태라고 불렀던 관계 ... 즉, 레즈비안이 이성애가 되기는 거부함으로써 피할 수 있게 된 관계로부터 여성이 만들어진다는 것이다. 미국의 노예가 노예제에서 탈출함으로써 자유를 얻었듯이, 우리도 우리의 계급으로부터 탈출해야 한다. (20)

"여성"이란 개념 정의가 이성애 사회 시스템에 의존하고 있다면, 레즈비안은 그 시스템에 저항하고 전복하고 있기 때문에 여성이 아니라고 위티그는 주장한다.

주디스 버틀러,
『젠더 트러블: 페미니즘과 정체성의 전복』(1990)

리치는 레즈비안 정체성을 본질적으로 설명하고, 위티그는 유물론자로서 사회 구성론적 입장을 취하고 있기 때문에, 두 사람은 이원론의 양편에서 서로 대립하고 있는 것처럼 보일지도 모르겠다. 주디스 버틀러의 『젠더 트러블』은 그런 이원론적 분리를 복잡하게 만든다. 버틀러는 성적 취향이나 젠더 정체성을 설명하면서 본질주의와 사회구성론을 반대편으로 보는 것 자체가 바로 이성애주의(heterosexism)의 결과라고 주장한다. 버틀러는 다양한 성적 실천과 정체성이 어떻게 통상 여/남으로 여겨지는 구분에 기초한 이원론적 틀 속에 끼워 맞춰지는가를 탐구하고 있다. 『젠더 트러블』의 목적은 우리가 성적 취향과 젠더 정체성의 기본이 되는 여/남 이원론이 의문시되고 "곤란해지면", 페미니즘 이론과 정치학에 어떤 변화가 생길지 그 결과를 점검하는 것이다. 버틀러는 섹스와 젠더의 구분이 빈틈없이 철두철미하지는 않다는 사실을 보여준다. 이는 상당히 논쟁적인 주장이다. 왜냐하면 젠더와 생물학적 성을 분리하는 것은 페미니스트들에게 정치적으로 유용했기 때문이다. 젠더가 사회적으로 구성되었고, 역사적으로 다양하다는 통찰은 생물학에 근거한 여성의 "자연적", "적절한" 지위와 역할에 대해 페미니스트들이 반박할 수 있는 여지를 주었다. 그러나 버틀러는 생물학적 성의 어느 측면이 과연 젠더에 선행하거나 젠더에 "오염되지 않았는지" 찾아내지 못한다. "섹스가 자연적이라면, 젠더도 문화적인 것만은 아니다. 젠더 역시 담론적/문화적 수단으로서 '성별화된 자연'이나 '자연적인 성'을 만들어내고, 이들을 문화에 선행하는 '선-담론적'(prediscursive)인 것으로 확립시켜버린다. 그래서 이들은 정치적으로 중립적인 모습을 갖게 되고, 문화는 그 모습 위에서 작동하게 된다."[10] 만일 이제까지 정체성을 이론화하는 한 방법이었던 섹스/젠더 구분을 포기한다면 과연 그것을 대체할 것은 무엇일까? 사회적으로 구성된 젠더 정체성을 앞서거나 후에 존재하는 것이 아무 것도 없다면 현재 지배하는 젠더 이데올로기에 저항할 수 있는 공간을 어떻게 찾을 수 있단 말인가? 결국 5장에서 보았듯이, 전외디푸스단계(전문화적)에 있는 여성 지향적 공간을 설정함으로써 이에 의해 생성되는 전복적인 가능성을 생각해볼 수 있다.

버틀러는 젠더를 수행성으로 보는 개념 속에서 전복적인 공간을 발견한다. 젠더 정체성은 "존재"의 문제이기 보다는 "행위"의 문제라고 본다. 반복적인 행위를 통해서 "본질처럼 보이게 만들고, 일종의 자연스러운 존재처럼 보이게 만들어진 것이다"(33). 모든

10 주디스 버틀러(Judith Butler), *Gender Trouble: Feminism and the Subversion of identity* (London: Routledge, 1990). 7.

젠더 정체성은 수행인데 더러는 자연적인 본질처럼 보이는 것도 있다. 왜냐하면 그것이 사회적으로 강요된 젠더와 성적 욕망의 이원적 모델(남성/여성, 이성애/동성애)과 흡사하기 때문이다. 그러나 완벽하게 수행하기란 불가능하다. 왜냐하면 수행의 맥락이 계속적으로 변화하기 때문이다. 누구나 수행을 반복해야 하고 적응해야 하기 때문에, 지배적 젠더 정체성 모델을 전복하고, 전담론적/전사회적인 전통적 주체에 더 이상 의존하지 않는 새로운 행위를 실천할 기회를 만들어낼 수도 있다. 버틀러가 말하듯이, "젠더를 구성하는 메커니즘이 우연적일 때만, '구성' 그 자체가 정치적인 기획에 유용할 수 있고, 그래서 결국 젠더 구성을 더욱 다양하게 확장할 수 있게 된다"(38). 레즈비안/게이 하위 문화야말로 정상적 성적 욕망과 젠더 정체성을 재의미화하여 지배 이성애/남성 문화를 교란시킬 수 있다고 버틀러는 생각한다. 레즈비안/게이의 성적 행위나 정체성이 허위적이고 진정성이 없어 보여서 곤란하긴 하다. 하지만 이것은 이성애 행위와 정체성이 보다 본질적이고 진정성이 있어서가 아니라, 이성애와 동성애 모두가 인위적이고 구성된 섹슈얼리티이고 정체성이기 때문이다. 버틀러는 여장(drag), 이성 복장(cross-dressing), 버취/펨(butch/femme) 레즈비안 정체성이 "젠더 그 자체의 우연성 뿐만 아니라, 젠더 구조 자체를 그대로 모방하고 있음을 보여주고 있다"(137)고 지적한다. 또한 이성애와 동성애, 남성성과 여성성이 상호 의존하고 있다는 중요한 사실도 지적하고 있다. 동성애 여성성이 이성애 남성성의 열등한 복사본이 아니라면, 그들이 서로 오염되지 않았다고 볼 수도 없다. 그러므로 동성애 여성성은 혁명적인 정치학의 (전-문화적) 원천이 될 수 있다. 버틀러는 누구보다 쥘리아 크리스테바와 모니크 위티그가 혁명적 정치학을 수행할 수 있다고 주장한 것에 대해 비판한다. 대신에 버틀러는 남성성과 여성성 모두 동성애를 완전히 거부하지 못했기 때문에 생겨난 것임을 증명한다. 동성애적 욕망은 주체의 애석한 상실이나 슬픔으로 남아있는 그 무엇이다. 그렇기 때문에 동성애는 이성애를 창조해 내는데 내재적이라고 볼 수 있다. 즉, 젠더 정체성을 구성하는데 깊이 뒤엉켜있다. 동성애는 "문화 내부에 충만하게, 그러나 '지배' 문화로부터 완전히 배제되어있다"(77).

지넷 윈터슨, 『벚나무 접붙이기』 (1990)

지넷 윈터슨(Jeanette Winterson)은 논란이 많은 작가다. 논란은 주로 섹슈얼리티에 항상 초점이 맞춰졌다. 윈터슨의 사생활에 대한 악의적인 험담, 그녀의 첫 소설 『오렌지만이 단 하나의 과일은 아니다』라는 첫 소설이 텔레비전 영화로 각색되면서 레즈비안 섹스의 장면에 대한 경악적 반응을 보면, 윈터슨 작품을 해석하고 평가하는데 여성 동성애와 분리될 수 없음이 분명하다. 그러나 『오렌지』 소설과 텔레비전 각색에 대한 리뷰는 주인공의 유년 시절의 억압, 청소년기 다른 여성에 대한 끌림에 대한 이야기를 통찰력 있게 잘 논의하고 있다. 이와 같이 대중이 "위협"적으로 인지했던 부분을 중화시키려는 노력이 진행되었다. 두 작품에서 작가는 여성 동성애를 종교적 근본주의와 병치시키거나 자유주의적인 '고급 예술' 아젠다와 연결하면서, 작품의 여성 동성애 측면을 경시하거나, 책을 더욱 수용 가능하게 만들었다.[11] 여성 동성애를 이처럼 쫓아내버리는 전략이 필요한 것은 무엇보다 여성 동성애가 중요하다는 뜻이다. 윈터슨에게 여성 동성애는 페미니즘과 분리될 수 없다. 한 리뷰는 윈터슨의 소설이 "남자와의 결혼에 복수하려는 듯한 적대감, 양성성(androgyny)에 대한 매혹, 여성을 더욱 강하고, 더욱 분별력있고, 신체적으로 더욱 지배적인 성으로 여기는 보상적 비전"을 제시하려는 "일종의 핑계같다"[12]고 말했다. 이러한 리뷰에는 딱히 페미니즘이나 여성 동성애와 같은 단어가 사용되지 않지만, 성적 구분을 붕괴해버리고 전복시키려는 몰상식한 남성 혐오자를 거론할 때에 함축적으로 페미니즘과 여성 동성애가 내포되어 있다. 윈터슨은 그녀의 소설에서 각각 다른 맥락에서 성적 구분을 전복시키려는 전략을 분명히 사용하고 있다. 하지만, 이러한 리뷰는 윈터슨의 전략을 부정적으로 인식하면서 이를 예술에서 끼어들어서는 안되는

11 힐러리 힌즈(Hilary Hinds), "Orange Are Not the Only Fruit: Reaching Audiences Other Lesbian Texts Cannot Reach" *New Lesbian Criticism: Literary and Cultural Readings* (Hemel Hempstead: Harvester Wheatsheaf, 1992), 153-72. Sally Munt 편집. 153-72.

12 로젤렌 브라운(Rosellen Brown)의 리뷰, "Fertile Imagination", *Women's Review of Books* 7(1990): 9-10. 10.

단순한 정치적 개입으로 보고 있다는 점이 문제다. 바로 전 장에서 앤젤라 카터의 작품에 대한 반응을 논의하면서 보았듯이, 예술과 문화의 목적에 대한 자유주의 휴머니스트의 관점을 받아들이지 않고, 소수자 혹은 사회적으로 혜택 받지 못한 사람들의 정치학 개념을 받아들인다면, 소설과 예술에서 정치학은 당연히 개입될 수밖에 없다. 카터와 마찬가지로 윈터슨은 자신의 특정한 정치학을 위하여 포스트모던적 문학 전략을 사용한다. 그러므로 윈터슨은 "레즈비안 포스트모던의 모습과 논리를 계획하고 있다"[13]고 볼 수 있다.

『벚나무 접붙이기』(Sexing the Cherry)는 대체로 영국 내란과 왕정복고 시대를 배경으로 하고 있는데, 거대한 독-우먼(Dog-Woman)이 테임즈강에서 아기를 하나 발견하고 그를 조단이라고 이름 짓게 되는 이야기다. 조단은 아기였을 때 당시에는 흔히 볼 수 없었던 바나나를 처음 보고, 여행에 집착하여 탐험가가 된다. 조단은 한 여행에서는 영국이 이제까지 본 적이 없는 파인애플을 가지고 귀국한다. 이 소설의 대부분은 독-우먼과 조단의 1인칭 서술이 병치되고 있고, 독-우먼은 바나나 상징으로 표시되고, 조단은 파인애플 상징으로 표시된다. 이러한 상징은 젠더의 관점에서 볼 때 전혀 관습적이지 않다. 예를 들어 이 소설에서는 남근 모양의 바나나가 여성과 연결된다. 세계 전역을 탐험하는 조단은 소설에서 내내 윈터슨의 자기 발견 메타포로 기능하고, 윈터슨이 정체성, 시간, 언어가 얼마나

13 로라 도앤(Laura Doan)의 논문, "Jeanette Winterson's Sexing the Postmodern" *The Lesbian Postmodern* (New York: Columbia UP, 1994), 137-55. 153.

주관적인지 논의할 수 있는 기회를 준다. 이런 논의는 모두 포스트모던 주제들이다. 그러나 『벚나무 접붙이기』는 포스트모던 주제만큼이나 사랑, 욕망, 섹슈얼리티, 젠더의 문제에 골몰하고 있다. 세계 각국을 여행하는 조단은 여행 자체만큼이나 그가 사랑에 빠진 여성 댄서인 포투나타(Fortunata)를 찾기 위해서다. 이 두 가지 목적은 지배하고 통제하려는 남성적 충동에 필수적인 부분들이다. 조단은 여행하면서 사랑, 욕망, 성적 행위, 젠더 정체성의 개념을 다양하게 추측해보는 기회를 갖게 된다. 특히 매춘굴과 수녀원 사이에 존재하는 비밀의 결탁으로 인해 사랑이 금지된 (그러나 금지가 성공적이지 못한) 도시에서 조단은 사랑, 욕망, 성적 행위, 젠더 정체성의 개념을 새롭게 정의하게 된다. 조단의 이야기 서술은 상징적이고, 분석적이며, 감정적인 반면, 독-우먼의 이야기서술은 경험론적이고, 직관적이고, 신체적이다. 독-우먼의 이야기는 훨씬 안정되게 특정한 시간, 장소, 공간에 뿌리를 내리고 있으며, 삶에 대해서 그녀는 훨씬 더 직설적이다. 왕의 정원사 수장이며 탐험가인 존 트레이드스캔트(John Tradescant)는 조단에게 이렇게 말한다. "바다는 아주 넓어서 그 누구도 항해를 끝마치지 못할 것이다. 지도에 그려진 여행은 그 선 안에서 숨겨진 또 다른 여행을 내포한다." 독-우먼은 "이에 콧방귀를 뀌었다. 왜냐하면 지구는 피와 돌과 이루어진 통제 가능한 곳이며 완전히 판판하기 때문이다"[14]라고 말한다. 그러나

14 지넷 윈터슨(Jeanette Winterson)의 책. *Sexing the Cherry* (London: Vintage, 1990), 23.

우리가 이 소설을 읽다 보면, 주인공 두 사람에 대한 젠더 이분법이 의문시되고 마침내 수정된다. 소설이 끝날 때, 배경은 20세기로 넘어온다. 그때 두 명의 새로운 인물이 등장한다. 하나는 어린 소년인 니콜라스 조단인데, 그의 서술 목소리는 잘려나간 바나나로 상징된다. 또 하나는 여성 활동가로서 환경 오염에 저항하는 목소리인데, 그녀의 목소리는 쪼개진 파인애플로 상징된다. 주의 깊게 읽어야만, 그들의 목소리가 조단과 독-우먼의 현대적 되풀이 혹은 환생임을 알아챌 수 있다.

이론을 소설에 적용하기

『벚나무 접붙이기』의 배경—영국의 내란과 왕정 복고 시대—은 의회주의와 왕정주의를 병치시키는 것을 가능하게 만든다.

> 왕은 낭비벽이 심하다, 주교는 타락했다, 일반 기도서는 가톨릭 방식으로 가득하다, 여왕 자신이 프랑스인이라서 가톨릭적 방식이 가득할 수밖에 없다고 그들은 말했다. 오. 그들은 위대하고, 훌륭하고, 삶이 충만한 모든 것들을 증오했다. 그들은 밋밋한 회색 옷을 입고, 밋밋한 회색 얼굴을 위로 치켜들고 쏘다녔다. 그들에게 멋진 것이 있다면 그것은 가장자리를 레이스로 장식하고 영혼이 마땅히 그래야 하는 것처럼 빛깔이 하얀 손수건이었다. 즐거움과 쾌락이 가

> 득한 극장에서 그 냄새를 맡고 오염될까 두려워 풀을 빳빳하게 먹인 린넨으로 코를 가리면서 지나치는 청교도들을 보았다. (26-7)

독-우먼의 눈에는 라운드헤드스(Roundheads, 17세기 영국청교도혁명기의 의회파, 역주)는 청교도인데, 그들은 억압적이며, 위선적이고, 둔해 보인다. 반면, 왕당파(Cavaliers)는 가톨릭이고, 자유의지론자이고, 개방적이고, 관용적이고, 화려해 보인다. 청교도는 특히 성적 행위를 감시하고 리치가 명명한 "강제적 이성애"를 제도화한다. 스크로그스(Scroggs) 목사는 이성애를 제외한 모든 것을 비난하면서 색욕의 죄악을 피하기 위해서 침대 시트에 구멍을 뚫어 놓고 부인과 성관계한다. 동성애는 특별히 죄악의 상징으로서 교회의 조각에 선명하게 드러난다. 윈터슨이 그림 형제의 동화로부터 각색하는 춤추는 12명 공주에 대한 이야기는 이성애가 제도화되고 결혼에 의해 유지되는 현실을 증명해준다. 몸이 아주 가벼운 공주들은 무거운 옷이 거추장거리지 않을 때엔 밤에 밖에 나가서 무중력의 도시에서 둥둥 떠다니며 춤을 춘다. 공주들이 낮에 지쳐있고, 슬리퍼가 다 닳아빠진 것을 걱정하는 아버지가 공주들의 비밀을 알아내는 사람과 딸들을 결혼시키려 한다. 공주들은 결혼 후보자들에게 책략을 쓰는데, 12명 형제의 막내가 수면제를 거절하고 공주들을 따라오게 된다. 가벼움과 무거움이라는 메타포는 아버지가 공주들을 위해 마련한 이성애 결혼의 억압성을 잘 보여주도록 기능하고 있다. 가벼움은 여성 중심의 쾌락, 경박함, 자유와 동등하고, 무거움은 투옥(공주의 발목에 사슬이 채워져있다)과 노예상태를 의미한다. 공주들은 피 같은 붉은 색의 옷을 입고 결혼식에 들어가는데, 이는 축하식이기 보다 희생제이다. 또한 이 예식은 그들의 피가 물든 얼음으로 지은 교회에서 진행되는 중이다. 공주의 이야기는 결혼으로 끝나야 한다. 공주들은 결혼함으로써 자유 때문에 생겨난 딜레마를 해결하기 위해서 스스로를 교환하는 것이다. 그리고 강제로 뿔뿔이 헤어지게 된다.

그러나 이야기는 결혼으로 끝나지 않는다. 막내 공주인 포투나타를 제외한 다른 공주들은 결혼식을 잘 끝내고 행복하게 잘 살았다고 서술된다. 하지만, 남편들과 잘 사는 것은 아니다. 어떤 공주들은 남편을 죽이거나, 남편을 떠난다. 이러한 경우 공주들은 다른 여자들과의 관계로 끝나게 된다. 첫 번째 공주는 우물 속에서 인어와 함께 살게 되고, 다섯 번째 공주는 라푼젤과 산다. 일곱 번째 공주는 자신이 결혼한 남자가 실은 위장한 여성이었음을 알게 되자, 파트너가 산채로 불태워지는 것을 막기 위해 죽인다. 윈터슨은 자신의 소설에서 그림의 이야기를 수정하여 새로 쓰면서 이성애가 강제적인 성격을 지니고 있음을 상기시킨다. 여성 등장 인물에게 결혼은 늘 소설의 마무리가 되기 마련이다. 그리고 여성들이 스스로 행동하도록 맡겨진다면 여성들은 기본적으로 다른 여성과 함께 하는 성향으로 되돌아 간다는 사실을 암시하고 있다. 공주들이 이성애 결혼으로부터 일단 벗어나게 되자, 자매 결속은 함께 생활하면서 다시 재창조되고, 두 자매의 경우처럼 새롭고 훨씬 더 만족스러운 여성 파트너십 아래서 자매애는 더욱 커진다.

조단은 여행을 하면서 여성들만의 비밀스런 레즈비안 연속체의 존재를 알게 된다. 조단은 포투나타를 찾던 중 매춘굴에 우연히 들어가게 되는데, 그곳에 들어가기 위해 그는 여장을 하게 된다. 매춘 여성들은 집에 감금된 상태이면서도 만족스러워 보인다. 그러나 조단은 비밀 시냇물을 통해 매춘굴이 "다른 종류의 여성 집단, 즉 수녀들의 거주지"(30)와 연결되어 있음을 알게 된다. 매춘부들은 원하면 언제든지 매춘굴을 떠날 수 있고, 나쁜 평판을 지닌 매춘굴의 여성이 늘 똑같지 않다는 사실을 소유주는 알아채지 못한다. 남성의 억압에 저항하기 위해 여성들이 서로서로 돕는 것은 성적 행위로 여성을 정의하는 것만큼이나 중요함을 원터슨은 주장하고 있다. 많은 여성들은 돌아가면서 매춘굴에 들어오는데, 재산을 모으기 위해서다. 매춘굴 여성 중에는 수도원에 연인을 둔 여성들도 있고, 그렇지 않은 여성도 있다. 이 점에서 원터슨은 리치의 주장, 모든 여성은 레즈비안 연속체 상에서 존재하고, 레즈비안 연속체는 에로틱한 선택보다 페미니스트라는 동일성에 기반을 두고 있다. 수녀들은 결국 매춘부들과 다르지 않다. 이 사건 이후, 조단은 한동안 여장을 하게 되고, 여성들이 그들만의 사적인 언어를 사용하고 남자들을 따돌리는 규칙서가 있음을 발견한다. 조단은 이를 "여성의 음모"(32)라고 부르면서 심히 충격을 받지만, 여성의 음모를 통해 여성들은 강제적 이성애 제도를 훼손하려고 작업하고 있음을 알게 된다.

모니크 위티그가 말하듯이, 여성은 예를 들어 결혼이나 매춘을 통해 남성에게 경제적으로 굴종하는 입장에 처하게 될 때, 『벚나무 접붙이기』에서 누구든지 "여성이 된다." 이러한 관계에서 벗어나는 방법은 레즈비안이 되는 것이다. 다른 여자들과 파트너십을 갖는 공주들처럼, 수도원에 연인을 갖는 창부들처럼. 독-우먼의 예에서 보는 바와 같이 여자의 몸을 갖는다고 해서 여자가 되는 것은 아님을 분명하게 보여준다. 독-우먼의 신체 사이즈와 무게는 코끼리를 날려버릴 만큼 거대하다. 독-우먼의 생식기는 심지어 성적 경험이 풍부한 연인까지도 당황하게 만든다. 독-우먼의 괴물 같이 무거운 몸집은 분명히 남자로부터의 독립성을 상징하는 것이다. 공주의 경우 (공주 이야기에서 무거움은 강제적 이성애에 의한 억압과 동일시된다)와는 좀 다르지만, 독-우먼이 "교회 성가대에서 노래 부르는 날씬한 것들 만큼이나 쉽게 밤으로 녹아들"(14) 수 있음은 주목할 만하다. 그러므로 독-우먼은 그녀의 경제적인 독립과 "여성이란 범주를 넘어서는"(Wittig, 19-20) 재규정된 주체성으로 인하여, 위티크가 명명한 여성이라는 "성-계급"(sex-class)의 바깥에서 특권적인 위치를 점하고 있다.

소설을 통해 이론 다시 보기

동성애 여성이 완전히 성범주의 바깥에 어떻게 존재할 수 있을까? 리치처럼 레즈비안을 여성과 동일시하는 여성의 연속체로 상상하든, 아니면 위티그처럼 "비여성의 집단"으로 상상하든지 간에 말이다. 제아무리 '성'(sex)을 강제적 이성애가 정의한 경제적 범주임을 받아들인다 해도, 동성애 여성이 성 범주의 바깥에 존재한다고? 이성애자들이 여성 동성애와 남성 동성애로 인해 그 특징이 규정되는 것 만큼이나, 동성애 여성들도 이성애자들로 인해 그 특징을 규정할 수 있는 것이 아닌가? 여러 면에서 『벚나무 접붙이기』는 버틀러가 『젠더 트러블』에서 주장했던 상호 연관성을 상기시킨다. 사실상 여장을 한 조단이 여성의 세계에 허용되면서 여성들의 비밀을 알아낸다. 리치의 용어로 이 세계를 레즈비안 연속체로 정의할 수 있다면, 그는 레즈비안으로서 통과하는 것이다. 그렇게 함으로써 그는 생물학적 여성에게 본래적인 뭔가가 있다는 생각을 훼손할 뿐만 아니라, 단선적 이성애를 자동 공격할 수밖에 없는 여성 동성애에 뭔가 선천적이고, 기초적이고, 진정스러운 본질, 이성애에 오염되지 않은 뭔가 있을 지도 모른다는 생각도 함께 훼손하게 된다. 조단의 에피소드는 위티그의 레즈비안 정의, 즉, 경제적으로 굴종적인 여성 범주의 바깥에 존재하는 레즈비안 정의에 대해서도 의구심을 갖게 만든다. 조단은 매춘굴에서 일하는 여성들 모두가 그들이 하는 일로써 자신의 특성을 규정짓는다는 사실을 발견하게 된다. 근시안적인 소유주에겐 그녀들이 동성애자이든 아니든지 간에 모두 창부일 뿐이다. 그러나 성을 파는 경제성으로 그들이 규정된다고 해서 그것만이 그들의 전부는 아니다. 이제까지 보았듯이, 이 마을의 많은 여성들은 재산을 모으기 위해서 매춘굴에서 짧은 시간을 보낸다. 다시 말해서, 이성애가 진정 강제적이라면, 여성 동성애는 존재하지 않았을 것이다. 사실을 말할 것 같으면, 이성애 제도는 전능한 것은 아니지만 그래도 모든 사람에게 영향을 끼치긴 한다.

버틀러가 말하듯이, 『벚나무 접붙이기』에서 동성애는 이성애에 필수 불가결하다. 모든 형태의 "일탈적"(deviant) 성행위를 죄악시하는 퓨리턴목사 스크로그스는 그의 이웃인 화이어브레이스(Firebrace)와 함께 매춘굴에서 동성애하는 모습이 독-우먼에 의해 발각된다. 왕의 검찰관인 이레톤(Ireton)과 보레드쇼(Bradshaw)도 함께 "빈번하게 더러운 이불 아래서 있는"(104) 모습을 들키곤 한다. 이로써 윈터슨은 성적으로 용인될 수 없어서 억압되는 것들은 실제로 정상성을 구성하는데 필수적이라는 일반적 주장을 펼치려는 것으로 보인다. 스크로그스가 아내와 성관계하면서 "네가 마주하기 두려워하는 것, 결국 그것을 마주하게 될거야"(27) 말한다. 즉, 그는 표면적으로는 색욕을 피하려고 깐깐하게 굴고 있는데, 이를 독-우먼이 주목한다. 사랑이 금지된 도시의 이야기는 억압되는 것이 더욱 매력적으로 보일 수 있음을 증명해준다. 조단의 노래로 인해서 로맨스가 점차로 도시 전체에 퍼질 때, 여자 바텐더 하나가 큐피드의 활과 화살을 카운터에 올려놓는다. "그녀는 그것이 무엇인지 모르지만, 금지되어 있기 때문에 그것을 좋아한다"(77). 그러므로 어떤 이분법이든지간에 뭔가를 감시하고 배제하려고 할 때, 그 시도는 필시 실패하고 만다. 왜냐하면 배제된 것은 결코 애초부터 부재할 수는 없기 때문이다. 이런 원리는 『벚나무 접붙이기』에서 남성/여성, 동성애/이성애 이분법에도 해당된다. 예를 들어 독-우먼과 조단은 처음과 달리, 그렇게 반대되는 인물들이 아니다. 각자가 서로의 정체감에 필수적이다. 리치가 주장했던 동성애과 강제적 이성애의 대립, 위티그의 레즈비안과 여성의 대립도 비슷한 방식으로 붕괴하게 된다. 『젠더 트러블』이 증명하듯이, 리치와 위티그 모두 페미니즘 이론에 널리 작동하고 있는 함축적인 이분법, 즉, 본질주의/구성론, 섹스/젠더의 이분법이 반복되고 있는 것이다. 그러므로 여성 동성애는 불가능할 정도로 완전히 사회구성론에 저항하는 어떤 것이 되어버린다.

리치가 여성 동성애와 이성애 페미니즘을 나란히 병치시키는 이유는 남성 동성애 섹슈얼리티와 연관성을 일부러 줄이려는 뜻이 들어있다. 리치가 보기엔 여성 동성애의 가학피학성 성애는 지배적이고 불평등한 남성 동성애를 생각 없이 따라한 것으로 본다. 그래서 "여성 동성애를 남성 동성애의 가치와 주장과 분리시키는 쪽으로 나아가려고 한다"(650). 비슷하게 리치는 모든 이성애 섹스가 본질적으로 억압적이라고 생각한다. 위티그도 마찬가지로 여성 동성애를 이성애와 남성 동성애 모두로부터 분리시키려 한다. 위티그의 글에서는 "남성 동성애는 억압된 타자로 기능하기"에 이른다. 리치와 위티그 누구도 남성 동성애가 차지하는 지위가 어떤 것인지에 대해 고려하지 않는다. 그들은 동성애자로서 억압당하고 있지만, 동시에 남자로서 억압하는 자이기도 하다. 그러므로 동성애 남성들이야말로 "이성애 문화에서 진정으로 전복적인 범주가 아닌가"(Fuss, 46)? 사실상 여성 동성애와 남성 동성애자의 섹슈얼리티는 이성애 섹슈얼리티와 뒤엉켜있는 것만큼이나 서로 뒤엉켜있다고 볼 수 있다.

리치나 위티그의 글 어디에서도 여성 동성애가 욕망에 대한 것이라고 말하지 않는다. 대신에 여성 동성애는 강제적 이성애의 반대편에 변함없이 특별한 위치를 점하고 있기 때문에, 그 특별한 위치로 인하여 역사적으로 문화적으로 매우 다양한 여성 동성애 경험이 획일화되고 있다. 『벚나무 접붙이기』는 『젠더 트러블』과 마찬가지로 섹슈얼리티는 리치나 위티그가 제시하는 것보다 훨씬 더 다양하고, 파편화되어 있으며, 다원적임을 잘 보여주고 있다. 윈터슨이나 버틀러 그 누구도 "동성애" "이성애" "남성적" "여성적"이라는 범주들이 별 의미 없다고 말하지 않는다. 사실상 윈터슨과 버틀러는 권력이 그런 범주 구성을 통해서 어떻게 작동하고 있는지를 분석하고 있다. 그러나 또한 그런 범주들이 문화적 역사적 다양성 때문에 완전히 분리되지 않는다는 사실도 증명하고 있다.

리치와 위티그가 이성애 제도 바깥의 입장이나 정체성에 기반하여 이성애 제도에 저항하려는 정치학을 펼치고 있는데, 우리가 그들의 정치학을 버린다면 그것을 대체할 수 있는 것은 무엇인가? 이에 대한 대답은 『벚나무 접붙이기』와 『젠더 트러블』에 들어있다. 즉, 젠더와 섹슈얼리티를 수행적으로 구성된 것으로 설명하는 것이 해답이 될 것이다. 『벚나무 접붙이기』에서 여장을 한다거나 교차복장을 하는 것이 분명 해방에 이르는 방법이다. 조단이 말하듯이, "젠더의 부담으로부터 해방되려는 많은 사람들이 남자는 여장을, 여자는 남장을 하는 경우를 많이 보았다"(31). 여자 옷을 입고, 조단은 여성들만의 비밀스러운 세계에 접근할 수 있게 되고, 왕의 재판까지 들어갈 수 있게 된다. 교차 복장은 위협은 매우 강력한데, 남장을 한 여자와 결혼하는 공주의 경우에서 그 강력함의 증거를 발견할 수 있다. 이 사실이 발각되었을 때, 처벌은 가혹하다. 왜냐하면 가짜 결혼은 이성애 결혼이 이성애 사회에서 상당한 제도 권력을 가지고 있으면서도 자체가 구성적임을 암시하고 있기 때문이다. 공주와 연인은 이성애 결혼을 모방할 뿐만 아니라, 이를 재규정한다. 몸의 성(sex), 섹슈얼리티, 제도적 결혼(결혼이 합법적이려면 이성과의 결혼이어야 한다)이 제각각 불협화음을 내는 것은 마찰을 만들어내고, 생물학적 성(모방 가능한)과 결혼 자체의 정의를 의문시하게 만든다. "발화의 순간에 행위를 수행하는"[15] 궁극적으로 발화와 수행적 말하기의 한 예로서, 결혼식에서 하는 말들, "나는 한다"와, "나는 이제 당신을 남자와 아내로 선언한다"라는 말은 실제로 결

15 주디스 버틀러(Judith Butler), *Excitable Speech: A Politics of the Performative* (London: Routledge, 1997), 3.

혼을 존재하게 만든다. 공주와 여성 연인이 결혼식에 의해 남편과 아내로 구성되었다면, 그들은 이성애 제도 안에서 "수행"하면서 동시에 이성애 제도를 전복시키는 것이 완벽하게 가능해진다.

조단이 엄마와 함께 벚나무 접붙이기를 논의하는 장면은 젠더와 섹슈얼리티의 수행성에 대한 명백한 메타포다. 접붙이기는 "일종의 수단인데, 이를 통해 연약하고 불확실한 식물이 같은 계통의 강한 식물과 합쳐져서, 서로 이득을 보고, 제 3의 식물을 탄생시키는 것이다. 이런 과정에는 씨앗도 부모도 필요 없다"(78). 이는 명백하게 정체성과 공명한다. 조단은 "이것이 내 자신에게 적용할 수 있는 기술인지" 궁금해 한다. 그러면서 트리이드스캔트의 영웅성을 자신의 것에 접붙일 수 있기를 희망한다. 독-우먼은 "그대가 우리 엉덩이를 함께 꿰맴으로써 그대와 나 사이에 통합을 만들어낼 수 있을 것이오"라고 말한다. 이 말은 소설이 진행되면서 실제로 일어나기 때문에 아이러니칼하다. 그러나 접붙이기는 위협적이다. 왜냐하면 이는 동종 계통의 두 식물을 섞는 동성의 섹슈얼리티이기 때문에, "씨앗도 없이" 비생산적이기 때문이다. 그러므로 교회는 이를 "반자연적인" 것으로서 비난한다. 여기서 접붙이기 섹슈얼리티의 이미지는 인조다. 그러나 그 인조성으로 인하여 성공적이며(질병을 잘 견디고), 생물학적이지만 문화적이고, 동시에 전복적이다. 그러나 벚나무가 자라서 암수감별을 해보면, 그 나무는 암나무다.

어쩌면 윈터슨은 동성애 여성들이 모든 형태의 젠더와 섹슈얼리티 정체성이 가지고 있는 수행성을 잘 알고 있음을 주장하려는 듯하다. 앞의 인용문에서 결국 암나무가 되는 것을 강조하는 뜻이 이것이라면, 왜 그런 것일까? 동성애 여성들이 타고난 대립적 기능을 수행하고 있기 때문일까? 아니면, 동성애 여성들의 배치 전환 때문에? 혹은 접붙이기 때문에? 이성애 남자, 이성애 여자, 동성애 남자의 성적 행위의 측면 때문에? 버틀러의 젠더 버전은 수행성인데, 이 수행성의 불안정성은 계속적으로 문제가 소지가 되고, 위와 같은 질문에 의해 계속 곤란한 처지가 된다. 성별을 가진 몸의 물질적 사실을 완전히 저버릴 수 있는 것일까? 페미니즘과 같은 대립적 정치학의 기본이 되었던 정체성과 주체라는 전통적 개념이 과연 없어도 되는 것일까? 독-우먼이 조단을 테임즈강에서 발견한 후, 그녀가 하는 첫 번째 행동은 진흙을 씻어내고 그의 성기를 찾아내는 것이었다. 그녀의 이웃은 이렇게 말한다. "그는 당신의 마음을 아프게 할 거에요"... "그는 당신이 그를 사랑하게 만들고는 당신의 마음을 아프게 할 거에요"(14)라고 말하면서, 그 이웃은 남성을 "사랑하고 떠나는" 철학과 등치시킨다. 윈터슨은 여기서 신체적/물질적/몸적 문제를 사회적/문화적 요인과 분리할 수 없음을 주장하는 것 같다. 심지어 가장 본능적인 경험들인 출산, 신체적 고통, 성적 욕구조차 지배 규범, 특히 젠더 규범의 특징을 지니고 있다. 그러나 이를 받아들인다고 해서 반드시 그런 본능적 경험 모두가 전적으로 변하는 것들이라고 말하지는 않는다. 『젠더 트러블』의 강점 중 하나는 사회구성론이 반드시 주체의 상실을 의미하거나, 전복의 가능성을 의미하지는 않는다는 것이다. 『젠더 트러블』의 약점 중 하나는 특정하게 젠더화된 수행이 언제 어떻게 전복적이 되는가, 어떻게 재의미화된 수행이 대립적 정체성과 정치적 행동의 기초를 마련할 수 있는가에 대해 정확하게 말하지 않는다는 것이다. 버틀러는 논의한다. “모든 의미는 반복하려는 충동의 궤도 안에서 생겨난다. ‘주체적 행동권’(agency)은 반복의 변주가능성의 범위 안에서 설정된다”(145). 이런 반복이 자체로 어떻게 언제 전복적으로 되며, 어떻게 현상태를 변화시키기 위한 개입의 수단을 만들어내는가? 이전에 언급했던 사례, 공주가 남장한 여자와 결혼하는 경우는 이런 논쟁으로 가는 좋은 길을 제공해준다. 이미 보았듯이, 이러한 결혼 수행은 강제적 이성애제도에 대한 비판이다. 그러나 이것이 효과적인 비판이 되려면 사적이어야 한다. 누군가 커플을 “쫓아낸다”면, 비판은 “너무 늦어버린다”(54). 제도는 이런 관계를 처벌하기 위해 모든 수단을 동원하고, 공주는 그녀의 파트너를 죽이게 된다. 그들의 관계를 강제로 종결시켜버림으로써 이성애 결혼을 “재의미화”하려는 모든 힘은 반드시 상실되고 만다. 남는 것은 오직 경험을 설명한 텍스트뿐이다. 이야기가 부정적이라고 해서 반드시 그 안에 들어있는 잠재적 위협이 온전히 없어지는 것은 아니다. 잠재적 위협은 이야기의 앞부분에 있는 레즈비안 욕망과 정체성을 축하하는 장면에서 선명하게 드러난다. 그러나 여기서 윈터슨은 젠더 정체성의 수행적 개념이 지니는 한계를 지적하고 싶은지도 모른다. 젠더를 재의미화하고 재해석하는데 지배세력이 반대한다면, 재의미화는 효과가 없어진다. 이런 관점에 따르면, 진짜 사회적/문화적 변화란 젠더 전통의 수행을 지엽적으로 재배치한다고 해서 만들어지지 않는다. 동성애 성적 실천이나 성향에 대한 용어가 변한다 해도 사회는 여전히 동성애를 두려워한다. 『벚나무 접붙이기』에서는 청교도와 다국적 환경 오염이 독-우먼과 그녀가 상대하는 사람들의 삶을 지배하고 있다.

결론

페미니즘 이론을 다루는 책에서 레즈비안 페미니즘과 퀴어이론에 한 장을 할애하는 것은 후자를 부차적인 것으로 만들지도 모르겠다. 그렇기 때문에 이 책은 잠재적으로 많은 레즈비안 페미니스트와 퀴어이론가들이 비난했던 방식을 반복하고 있다. 그러나 『벚나무 접붙이기』를 살펴본 결과, 섹슈얼리티와 젠더는 학문 분야(fields of study)이고, 퀴어 이론과 페미니즘은 탐구 양식(modes of inquires)인데, 이 둘은 서로 뒤엉켜있다. 이들을 분리하는 것이 불가능하다면, 이들을 합쳐버리는 것도 현명하지 못하다. 진실을 말하자면, 페미니즘이 퀴어이론을 가능하게도 했고 동시에 제한하기도 했다는 것이다. 의심의 여지없이 이런 상황은 20세기가 시작될 무렵 최초 성과학(sexology)적 탐색이 시작되면서 내내 여성 동성애와 페미니즘의 각각 범주가 상호 연관되어왔음을 증명해준다. 레즈비안 페미니즘 연구가 지니는 특별한 강점은 사회의 기반을 이루는 이성애적 규범에 대해 연구하는 애이드리언 리치와 모니크 위티그의 글에서 보여진다. 그들은 섹슈얼리티가 자유 선택이거나 본질적 성향이라고 보는 대중적 개념보다 훨씬 더 복잡한 문제임을 분석하고 있다. 가부장제는 젠더 정체성과 섹슈얼리티를 형성하는 가장 중요한 시스템이 아닌 것이다. 이성애가 가부장제 만큼이나 중요하다고 가정한다. 레즈비안 정체성은 리치의 용어를 따르면 '여성 중심의 연속체'로, 위티그의 용어를 따르면 '여성의 경제 범주 바깥에 있는 위치'로 정의되었다. 그러나 퀴어이론은 그러한 레즈비안 정체성으로부터 벗어난다. 대신에 버틀러는 여성 동성애는 남성 동성애와 이성애와 젠더 정체성과의 관련 속에서 이해되어야 한다고 주장한다. 그래야만 양성적(bisexual)인 성적 실천과 트랜스젠더의 실천을 제대로 이해할 수 있게 된다. 퀴어이론을 통해서 레즈비안 경험의 역사적/문화적 다양성, 문화의 한 부분으로서 레즈비안 경험의 위치를 더욱 온전하게 이해할 수 있게 된다. 퀴어이론을 통해 분명해지는 것은 이성애 남성성을 포함하여, 모든 섹슈얼리티와 정체성이 구성된 것이라는 사실이다. 『벚나무 접붙이기』의 끝부분에서 조단은 남성성에 대해 곰곰이 생각한다.

> 트레이드스캔트가 탐험하러 함께 가지고 내게 요청했을 때 나는 결국 내가 영웅이 될지도 모른다고 생각했다. 중요한 뭔가를 찾아내고, 그 과정에서 내가 잃어버렸던 뭔가를 찾으리라 생각했었다.

> 상실의 느낌은 말로 표현하기 힘들다. 내가 애초 가진 것이 없는데, 잃어버릴 것이 무엇이란 말인가?
> 애초 내 자신을 가지고 있었다. 그것을 내가 잃어버린 것이다. 엄마가 나보다 크고 강했기 때문에 나는 내 자신을 엄마 안에서 잃어버렸다. 아들이라고 해서 다 그런 것은 아니다. 하지만 더욱 중요하게도, 나는 '내 자신에 대한 이상'과 '펄펄 뛰는 내 심장' 사이의 간격 속에서 내 자신을 잃어버렸다. (100-1)

이 인용문에서 조단은 자신이 이상이라고 생각하는 영웅적 남성성과, 자신의 부분적이고 인위적인 구성체로서의 남성성 사이에는 간격이 있음을 알아챈다. 그의 남성성은 독-우먼과의 관계에 의존하는 필연적으로 실패한 구성체다. 소설은 마침내 독-우먼이 조단에게 의존하고 있고, 의존의 결과로서 취약해진다는 전반적인 모티프를 뒤집어버린다. 그러나 독-우먼의 취약함은 그녀 힘과 확신으로 대체되지 않는다. 작품의 메시지는 모든 젠더와 성적 정체성은 그 반대의 것과 결합되어 있다는 것이다. 조단의 실수는 그가 처음부터 자기 자신을 가지고 있었다고 생각하는 것이다.

Chapter 8

흑인 페미니즘과 포스트식민주의 이론

페미니즘 이론과 비평 • Chapter 8

흑인 페미니즘과 포스트식민주의 이론

서론

여성 동성애가 역사적으로 페미니즘 이론에서 다뤄지지 않는다면, 흑인 여성들도 페미니즘 이론으로부터 빠져있다. 중요한 앤쏠로지의 제목, 『모든 여성은 백인이고, 모든 흑인은 남자이지만, 우리 중 몇몇은 용감하다』(All the Women Are White, All the Blacks Are Men, But Some of Us Are Brave)[1]를 보면 흑인 여성의 부재는 흑인 여성

1 *All the Women Are White, All the Blacks Are Men, But Some of Us Are Brave* (Old Westbury: The Feminist Press, 1982). Gloria T. Hull, Patricia Bell Scott, Barbara Smith 편집.

의 책과 출판이 드물어서가 아니라, 이는 이데올로기와 가시성의 문제다. 다시 말해서, 제목이 말해주듯이, 여성성은 주로 백인의 범주로 인식되고, 흑인성은 남성성의 범주로 구성된다. 하지만 물론 반대의 경우도 많다. 즉, 프로이트가 여성을 "어두운 대륙"으로 묘사한 것은 비백인 지역을 정복하고 지배하려는 제국주의적 충동으로 여성성을 이해하려는 태도다.[2] 엘렌 식수는 「메두사의 웃음」[3]에서 흑인성을 전복적인 여성성과 연결시킨다. 내가 여기서 주장하려는 것은 인종이라는 범주가 그저 단순히 젠더, 계급, 섹슈얼리티의 범주에 추가될 수는 없다는 것이다. 앞 장에서 우리는 젠더와 성적 취향이 어떻게 상호 연결되어 있는지 보았다. 이 마지막 장에서는 젠더도 인종에 의해 영향을 받고, 인종도 젠더의 영향을 받는다는 사실을 주장하게 될 것이다. 미국을 예로 들면, 초기 노예 해방운동은 여권 운동보다 앞서 일어났지만, 이후 백인 여성을 중심으로 한 선거권 운동은 흑인 남성에게 선거권을 줄 것인지, 백인 여성에게 선거권을 줄 것인지, 방편적 선택을 놓고 둘로 갈라졌다. 1960년대 민권운동이 주장하는 권리는 자주 흑인 남성의 권리였고, 흑인 여성은 부차적 위치에 있었다. 페미니즘 제2물결에서도 전미여성기구(NOW)를 중심으로 하는 자유주의 페미니즘 운동은 흑인들

---

2 지그문트 프로이트 (Sigmund Freud)의 논문, "The Question of Lay Analysis: Conversations with an Impartial Person," *The Standard Edition of the Complete Psychological Works of Sigmund Freud, vol 20* (London: Hogarth, 1953), 183-250. 212.

3 엘렌 식수의 논문, "The Laugh of the Medusa" *New French Feminisms: An Anthology* (Hemel Hempstead: Harvester Wheatsheaf, 1981), 245-64. 247-8. Elaine Marks와 Isabelle de Contrivron 편집.

에 대해 무지하고 직장 노동 이슈를 다르게 생각하는 통에 자주 비난을 받았다.[4]

젠더와 인종이 서로 연관되어있다고 말해버리면, "흑인"과 "인종"이 실제로 무엇을 의미하는지, 그에 대한 고려를 원천적으로 차단하게 된다. "흑인 페미니즘"이 미국 흑인 페미니즘만을 의미하는지, 아니면 아프리카 디아스포라에서 비롯되는 모든 페미니즘을 이르는 말인지, 명확하지 않다. ("디아스포라"라는 말은 여기서 식민주의적 지배와 억압의 조건에서 특정한 인종 그룹이 전세계로 흩어지게 된 역사적 사실, 그리고 그런 사람들의 문화적 정체성을 이르는 말이다[5]) "흑인"이란 단어는 아프리칸-미국인, 라티노-미국인, 치카노-미국인처럼, 문화적 역사적 다양성을 고려하는 보다 구체적이고 지역적인 단어로 대체되면 어떨까? 아니면 제도화된 권력에 근거한 인종주의의 역사를 드러내기 위해서 "흑인"이란 단어를 사용하는 것이 여전히 중요할까? 어떤 사람들은 "흑인"(black)이란 단어 속에서 반인종주의적인 의미를 재배치하기 위해 대문자로 "Black"이라 쓰기도 한다. 비슷하게 "유색"(color)라는 단어를 재배치하기 위해서 대문자로 유색인/유색 여성(People/Women of Color)라고 쓰기도 한다.[6] (흥미롭게

4 데보라 K. 킹(Deborah K. King)의 논문 "Multiple Jeopardy, Multiple Consciousness: The Context of a Black Feminist Ideology" *Signs* 14(1988): 42-72.

5 스튜어트 홀(Stuart Hall)의 논문, "Cultural Identity and Diaspora" *Colonial Discourse and Post-Colonial Theory: A Reader* (Hemel Hempstead: Harvester Wheatsheaf, 1993), 392-403을 참조.

6 체리 모라가(Cherrie Moraga)와 글로리아 안젤두아(Gloria Anzaldua)가 편집한 책, *This Bridge Called My Back: Writings by Radical Women of Color* (Kitchen Tale: Women of Color Press, 1983)를 참조할 것.

도 유색 남성(men of color)이라는 말은 거의 사용되지 않는다.)

위의 질문들은 뭔가 혼란스럽거나 조급한 마음으로 던지는 것은 아니다. 이런 질문들을 던진 이유는 정치성을 충분히 고려한 용어를 선택해야 하기 때문이고, 인종의 범주가 담론의 구성체라는 이슈를 제기하기 위해서다. 인종은 유전이나 생물학의 문제가 아니라, 언어와 기호학의 문제는 아닐까? 어떤 방식으로도 나는 인종이란 개념이 강력하고 물리적인 효과가 없다고 주장하지는 않는다. 인종이란 개념이 강력하지도 않고, 물리적 효과도 없다고 말한다면, 그것은 역사를 무시하는 일이 될 것이다. 내가 주장하고 싶은 것은 '비백인'이라는 범주의 물리적/물질적 효과는 어느 정도 그 단어 자체의 의미가 다의적이고 늘 변화한다는 데서 비롯된다는 사실이다. 백인을 어떻게 묘사할 것인가에 대해서는 논쟁이 그다지 있어본 적이 없다. 백인성은 전통적으로 자명하고, 중립적이며, 부재하고, 논의를 요청하지조차 않는다. 생물학적이거나 유전적인 차이를 기반으로 하는 인종이라는 본질주의적인 정의는 (아무리 강력하더라도) 허구이기 때문에, '인종'이라는 범주는, 풍습, 신념, 가치를 공유하는 문화적 정의인 '민족'(ethnicity)으로 대체되어야 한다. 그러나 '민족'으로 대체할 경우, 인종 차별이 사실상 흑백 인종 범주로 양극화되는 엄연한 사실을 무시하게 된다. 그러므로 억압당한 그룹에 속할 경우라면 대립적 정치학의 목적으로 인종이라는 본질적인 정의를 지속하는 것은 이해할 만하다. 게이 정치학을 위해서 타고난 성적 성향을 재배치하는 것과 어느 정도 비슷한 점이 있다.

이 장의 교육적인 목적을 위해서 나는 인종에 대한 본질주의적인 정의에 만족하지는 않으려고 한다. 최근 들어 흑인 여성들은 흑인 여성의 주체성 개념이 "이주적"(migratory)인 특징을 지니고 있다고 주장한다.[7] 또 흑인의 "디아스포라 미학"은 "'혼종적'(syncretic) 역동성"과 "하이브리드적 성향"(hybridishing tendency)[8]을 채택하고 있다고 정의된다. 흑인 문화에 대한 이러한 설명은 이제 흑백의 본질적 차이에 의존하는 논의에서 벗어나, 다양한 종류의 내부/외부적 다양성과 파편화에 의해 형성되는 보다 복잡한 인종 정체성으로 나아가고 있다. 그런 의미에서 이러한 이론들이 훨씬 더 현대 '포스트(-)식민주의'(post-colonialism)이론의 전형적인 요소를 보여주고 있다. 포스트(-)식민주의 이론에서 하이픈 양쪽에 괄호를 둔 이유는 그만큼 그 단어 속에 수많은 긴장의 지점이 있음을 보여준다. 식민주의 문화와 식민화된 나라들은 비토착민에 의해 정복 당하고 통제되고 있다. 우리는 모든 형태의 식민주의가 사라져버린 "포스트-식민"(post-colonial)의 세계에 진정 살고 있는가? 20세기 후반 공식적으로는 식민 지배가 해체되고 독립과 자치정부를 성취해냈지만, 많은 나라들은 여전히 식민주의로부터 아직도 영향을 받고 있다. 그러므로 "포스트"이라는 접두어가 지금으로서는 "이후" 를 의미하지

---

7 캐롤 보이스 데이비스(Carole Boyce Davies)의 책, *Black Women, Writing and Identity: Migrations of the Subject* (London: Routledge, 1994), 3.

8 코비나 머서(Kobena Mercer)의 논문, "Diaspora Culture and the Dialogic Imagination: The Aesthetics of Black Independent Film in Britain" *Blackframes: Critical Perspectives on Black Independent Cinema* (Cambridge, Mass.: The MIT Press, 1988), 50-61. 57.

는 않는다. 하이픈은 식민 문화/사회와의 명확한 괴리나 분리를 의미하는데, 이 분리가 실은 계속적인 갈등 관계에 있음을 표시해준다. 식민문화/사회에서는 처음부터 억압에 대한 저항이 늘 있었다. 용어 자체는 식민주의와 저항 운동이 식민화된 사회와 문화의 가장 분명한 특징이었음을 보여준다. 어쩌면 "신"(neo)이나 "탈"(de)과 같은 접두어를 사용해서 "신식민주의"(neocolonialism) 이나 "탈식민주의"(decolonization)가 더욱 적절하게 식민화와 저항의 과정을 잘 보여주고, 사회와 문화 간의 연속성과 차이점을 더 잘 보여줄 수 있을지도 모른다. 식민과 저항의 과정은 모두 제국주의와의 관계에서 경제적/이데올로기적 용어로 이해될 수 있다. 경제적으로 보면, 제국주의는 자본주의를 세계적으로 확산시키고, 자본주의가 아닌 다른 종류의 생산 형태와 사회 조직을 파괴해버렸다. 이데올로기적으로는, 유럽 문화가 나머지 전세계를 지배해야 한다는 믿음과 이를 지속시키려는 제국주의적 수사를 퍼트렸다.

현대 포스트-식민주의 이론에서 언어와 용어가 쟁점이 되는 이유는 인종을 개념화하면서 흑/백의 단순 이원적 모델이 인종주의적 담론에서 힘이 있음을 인정하면서도 이런 단순 이원적 모델로부터 벗어나려는 움직임이 있기 때문이다. 초기 포스트-식민주의 이론가들은 서양/동양, 제1세계/제3세계의 관계를 설명하기 위해서, 자아/타자, 중심/주변이라는 서구적 이분법 모델을 똑같이 반복했다.[9] 이러한 모델을 차용함으로써 인종, 민족, 식민주의, 디아스포라를 구성하고 조직화하는 관습적인 방식을 강력하게 뒤집을 수 있었다. 그러나 그 구조 자체를 비판하지는 않았다. 최근 들어, 예를 들면, 식민주의를 내면화하여 이에 깊이 안주한 제국주의적 사람들과, 부분적으로 탈식민한 사람들, 그리고 아예 식민주의로부터 탈출해버린 사람들을 신중하게 구분하는 작업이 이뤄지고 있다. 그러한 작업은 정확하게 비판적 기능을 수행하고 있는데, 이를 통하여 식민주의/포스트-식민주의 이분법 자체의 유용성을 유보하기 시작하고 있다.[10] 그러나, 우리가 큰 규모 이론화에 대한 의지를 포기한다면, 그로써 접근할 수 있는 비판적/대립적 정치학의 디딤돌까지도 포기하는 것일까? 테리 이글턴(Terry Eagleton)이 최근 서평에서 말하듯이, "포스트-식민주의적 하이브리디티와 포스트모던적 '뭐든 허용되는 주의'(anything-goes-ism)의 경계가 당황스럽게도 엷어지고 있다."[11] 이 서평의 제목인 "현란한 수퍼마켓에서"는 특별히 미국 학계와 연관될 때 포스트-식민주의에 대한 다원적 모델에는 잠재적으로 상품화된 소비주의적 성향이 들어있다고 강조하고 있다. 포스트-식민주의 이론에서 미국이 처한 모호한 입장은 포스

---

9 예를 들어, 에드워드 사이드(Edward Said)의 책, *Orientalism* (London: Routledge, 1978)가 있다.

10 앤 맥클린톡(Anne McClintock)의 논문, "The Angel of Progress: Pitfalls of the Term 'Post-colonialism'" *Colonial Discourse and Post-Colonial Theory: A Reader*. Patrick Williams와 Laura Chrisman 편집. (Hemel Hempstead: Harvester Wheatsheaf, 1993), 291-304. 295.

11 테리 이글턴(Terry Eagleton)의 논문, "In the Gaudy Supermarket", Review of Gayatri Chakravorty Spivak, *A Critique of Post-Colonial Reason: Toward a History of the Vanishing Present, London Review of Books* Online, 21, 10(31 May 1999), <http.www.lrb.co.uk.>

트-식민주의 이론 자체의 실패와 모호성을 상징적으로 보여준다. 즉 포스트-식민주의 이론은 미국이 식민주의에서 탈출한 역사를 가지고 있으면서 동시에 현대의 미국은 군사적으로 세계를 지배하고 있고(그 자체가 제국주의의 한 형태일 수 있다) 다인종국가라는 점을 설명할 필요가 있기 때문이다. 어쩌면 미국의 위치가 애매모호하기 때문에, 미국이 포스트-식민이론을 하기엔 직접적으로 해방적 아젠다를 지니는 아프리칸-미국인 연구만큼 적절한 곳은 아닐지도 모른다.

이제까지 논의에서 페미니즘은 거의 언급하지 않았다. 『술라』(Sula)를 페미니즘이 아니라, 포스트-식민주의와 관련해서 읽는다면 젠더 문제를 무시하는 것일까? 초기 포스트-식민주의 이론가들은 (아마도 그들이 작업하던 특정한 맥락에서 이해할만 하긴 하지만) 젠더가 어떻게 인종/민족/탈식민주의와 복잡하게 연관되는지 별로 관심을 기울이지 않았다. 미국에서 활동하는 흑인 페미니스트들은 페미니즘 운동이 압도적으로 백인 중심, 중산층 중심, 이성애 중심임을 인지하고 인종이 들어갈 여지를 찾는데 관심이 있었다. 흑인 페미니즘 이론과 포스트-식민주의 이론이 함께 상호 연관되면서 만들어내는 복합적인 가능성으로 인하여, 나는 이 장의 초점을 흑인 미국 여성 소설가에게 맞췄고, 이론가 두 명 역시 미국 흑인 여성들이다.

바바라 스미스, 「흑인 페미니즘 비평을 향하여」(1977)

스미스의 논문은 가장 최초의 흑인 페미니즘 이론으로 알려져 왔다.[12] 스미스는 조심스럽게 논문을 시작한다. "나는 어디서부터 시작해야 할지 모르겠다."[13] 그러나 첫 단락의 끝에 이르게 되자 스미스는 문학에서 흑인 여성 작가들과 흑인 레즈비안 작가들의 부재를 지적하면서, 그녀가 재구성하고자 하는 목적이 함축적으로 드러나기 시작한다. 정치학과 문학은 상호 연관된 영역인데, 그곳에서 흑인 여성이 무시되고 있다고 스미스는 지적한다. 그러나 흑인여성은 찬미되어야 한다고 주장한다. 흑인 문학의 정전(그런 것이 있다면)은 압도적으로 남성이 다 차지하고 있고, 흑인 여성의 글에 대한 페미니즘적 접근은 인종적 차이가 지니는 특이성을 놓치고 있다고 주장한다. 이런 상황을 바꾸려면 명확하게 구분되는 흑인 페미니즘 비평을 만들어내야 한다고 주장한다. 흑인 페미니즘 비평은 "흑인 여성 작가들의 작품에서는 인종과 계급의 정치학뿐만 아니라 성 정치학이 필수적으로 뒤엉켜있음을 고려하는 비평이다"(170)이라

12 데보라 E. 맥도웰(Debora E. McDowell)의 논문, "New Directions for Black Feminist Criticism" *Black American Literature Forum* 14(1980): 153-9. 154.

13 바바라 스미스(Barbara Smith)의 논문, "Toward a Black Feminist Criticism" *The New Feminist Criticism: Essays on Women, Literature, and Theory* (London: Virago, 1986). Elaine Showalter 편집. 168-85. 168.

고 말한다. 흑인 페미니즘 비평은 흑인 여성들의 독특한 경험이 문학에 접근하는 방식과 언어에서 공통적으로 드러난다고 가정한다. 이러한 공통점으로 인하여 흑인 여성의 글은 특정한 문학 전통을 형성하고, 특정한 문학 전통으로 연구되어야 한다고 주장한다. 이러한 전통을 연구하려면 비평가들은 다른 흑인 여성들의 해석 전략과 방법론을 활용해야만 한다. 또한 흑인 페미니즘 비평은 흑인 페미니즘 운동과 상호 협력하고 지원하는 방식으로 대응하고 기여해야 한다.

나머지 부분에서 스미스는 토니 모리슨의 『술라』를 레즈비안 텍스트로 분석하고 있다. 논지는 설득력 있고 정당하게 논의되고 있다. 스미스에 따르면, "많은"(175) 흑인 여성들의 작품은 레즈비안 텍스트로 정의될 수 있다고 주장한다. "여성들이 서로 '연인'이라서가 아니라 여성들이 주인공으로서 긍정적으로 그려지고 서로에게 중심축이 되는 관계를 갖고 있기 때문이다. 이러한 작품들의 형태와 언어는 백인 가부장제가 요구하는 것과는 전혀 다르다"(175). 여러 면에서 스미스의 입장은 애이드리언 리치가 「강제적 이성애와 레즈비안의 존재」에서 말한 입장과 비슷하다. 리치는 여성 동성애가 성적 욕망이나 대상 선택에 대한 문제가 아니라, 이성애 제도에 대항하는 진정성 있는 페미니스트 성향이라고 정의한 바 있다. 스미스는 모리슨이 『술라』에서 결혼과 가족이라는 이성애 제도에 대해 비판하고 있다고 논평한다. 이 마지막 장에서 스미스의 글을 선택한 이유인즉, 스미스는 인종 이슈를 도입함으로써 리치의 주장을 확장하고 복잡 다양하게 만들기 때문이다. 스미스는 레즈비안으로서 커밍아웃하는 것이, 억압이 서로 맞물려있는 성차별, 인종 차별, 동성애 차별에 저항하는 한 방식이라고 말한다. 스미스는 백인 여성들에게 "이 땅에서 살면서 글을 쓰는 모든 여성들"을 인정하라고 촉구하고, 흑인 여성과 흑인 레즈비안은 결코 "그렇게 혼자"(183)가 아니기를 바란다면서 글을 맺는다.

가야트리 차크라보티 스피박, 「서발턴 연구: 역사성을 해체하며」(1985)

스피박의 에세이를 여기서 논의하는 것이 부적절해 보일 수도 있다. 미국 흑인 여성 작가의 소설 『술라』를 남아시아 문화에서 하위 종속을 분석하는 마르크시즘 공동체인 서발턴(Subaltern) 연구 그룹에 대한 스피박의 글과 함께 읽는다면 그 차이가 없어져 버릴까? 스피박은 미국에서 상당 기간 동안 살고 일해 왔지만, 인도에서 태어났고 부분적으로 인도에서 교육을 받았다. 그녀 책은 대부분(전부는 아니지만) 남아시아 문화에 대해서다. 이 장에서 스피박을 포함시키는 나의 결정은 그녀가 포스트-식민주의 페미니스트 비평가로서 영향력이 매우 크기 때문이다. 왜냐하면 스피박은 서구의 메트로폴리탄 담론과 개념들을 다양한 "타자들"과 병치시키면서 놀라운 결과를 보여주기 때문이다. 스피박의 글을 활용하면서 나는 그녀의 실천을 그대로 따르고 있다. 식민화된(colonized) 담론을 식민주의(colonialist) 담론의 반대쪽으로 놓는다는 의미가 아니라, 스피박이 행하는 읽기 과정의 전략을 빌려온다는 의미에서 그렇다. 스피박의 글은 대부분 이전에 식민화되었던 민족 문화의 이론과 실제에 초점을 맞추고 있다. 이러한 스피박의 글과 더불어 미국 흑인 여성의 소설을 함께 읽음으로써 나는 문화적 충돌의 과정을 언급하려고 한다. 이러한 범주는 자체로 의문의 여지가 있긴 하다. 하지만 이 책에서 내내 이론과 소설이 함께 읽혀져 왔는데, 물론 이론과 소설이 솔기 없이 아주 매끄럽게 잘 들어 맞아서가 아니라, 각각 이론과 소설이 불연속적이고 불편해지는 지점을 보기 위해서였다.

스피박의 글은 서발턴 연구 그룹에 대해 논의하면서 시작한다. 이들은 인도의 식민주의에 대항하여 민족주의적인 저항이 출현하게 되는 현상을 연구하고 있다. 서발턴 연구 그룹은 농민들의 독립운동이 농민 계층의 의식 수준이 부족했기 때문에 성공적이지 못했다는 이론을 제시한다.[14] 그래서 이 연구 그룹은 "서발턴"(혹은 하위종속) 의식은 타고난 어떤 본질 때문에 충분히 혁명적이지 못해서 실패할 수밖에 없다고 보았다. 그러나 스피박은 좀 다른 의견을 제시한다. "연구 그룹의 작업 속에는 언제나 반대되는 주장이 함께

14 가야트리 차크라보티 스피박(Gayatri Chakravorty Spivak)의 글 "Subaltern Studies: Deconstructing Historiography" *In Other Worlds: Essays in Cultural Politics* (London: Methuen, 1987). 197-221. 200.

들어있다. 즉, 서발턴 의식은 엘리트의 카텍시스(cathexis. 심적 에너지가 어떤 대상에 집중함 또한 그 대상, 역주)에 종속되어 있다. 그리고 종속되어 있는 서발턴의 의식은 온전하게 회복되기란 불가능하고, 그 의식이 받아들인 기표로부터 항상 삐딱하게 비틀려있고, 그 의식이 드러날 때 조차에도 사실은 지워져있으며, 그 의식은 더 이상 단순화할 수 없을 정도로 담론적이라는 주장들이다"(203). 다시 말해서, 스피박은 정체성에 대한 두 가지 대립 개념을 지적하고 있는 것이다. 하나는 전통적인 모델로서 정체성이 본질적이고, 자기 중심적이고, 전담론적 자아에 기초하는 정체성이며, 다른 하나는 주체의 포스트모던적 버전으로써 정체성은 다양한 담론과 권력(불가피하게 식민주의자의 권력)의 효과로서 구성된다는 개념이다. 스피박은 다른 모든 의식과 마찬가지로 서발턴 의식도 후자와 같은 방식으로 구성된다고 생각한다. "모든 사유, 모든 깊이 있는 의식이 처하는 곤경의 알레고리다. 엘리트들은 다르게 주장하지만 말이다"(204).

이제까지는 그런대로 괜찮다고 생각할 것이다. 스피박은 질병에 걸린 주체에 대한 해체적 수술(deconstructive operation)을 수행한다. 그러나 이는 꽤 놀라는 시도가 아닌가? 식민주의적 메트로폴리탄 중심에 속하는 치료 테크닉을 사용해서 식민화된 주변을 "치료"한다는 것이 어쩐지 부적절하고, 맥락에서 벗어난 듯하지 않은가? 그러나 스피박은 이 부분에서 논의를 확장하여 서발턴 연구 그룹의 목적을 옹호하면서 그들의 특정한 맥락에서는 그 목적이 정치적으로 유용하다고 말한다. 즉, "용의주도하게 가시적인 정치적 이득을 위해서 긍정적인 본질주의를 전략적으로 사용하는 것"(205)이 유용할 수 있다고 주장한다. 다시 말해서 서발턴의 의식을 서구 포스트모던적으로 해체된 주체와 동일시한다는 말이다. 이는 정치적으로 반동적인 목적에 이득이 될 수도 있겠지만, 급진적인 관점에서 볼 때는 주체적 행동의 정체성을 전통적으로 한 번도 소유해본 적이 없는 이들에게 맡기는 것이 훨씬 더 효과적일 수 있다는 말이다. 그럼으로써 그들을 힘없는 자들로 무시하는 권위주의에 저항하게 된다. 서발턴 의식을 해체적 주체와 동일시함으로써 일부 포스트모던 이론의 보편화 성향을 비판할 수 있다. 포스트모던 이론은 언제 어디서나 백인 중산층을 기준으로 주체를 묘사하면서 스스로 비판하는 거대 서사를 재생산하는 경향이 있다. (이 문제에 대해서는 6장 참조.) 스피박은 서발턴 연구 그룹의 작업에서 여성의 자리, 소문의 지위를 구체적으로 분석하면서 자신의 일반적인 주장으로 글을 마무리한다. 스피박은 소문이 민족주의적 반란을 촉진하는 기능을 한다고 주장한다. 소문은 직접적인 관련성(소문의 구어적 성격에 잘못 연결되는 특질)을 통해서가 아니라, 기원을 알 수 없는 "불법적 글"(213)로서 어느 누구나 할 수 있고, 어떤 목적으로든지(전복적으로) 사용될 수 있기 때문이다. 소문을 '말'보다는 '글'과 연결시킴으로써 스피박은 서발턴 의식과, 식민주의적 엘리트와 현대 철학의 음성 중심 주의를 분리시킨다. '여성과 영토'의 교환이라는 주제에 대해서 말할 때, 스피박은 서발턴 의식의 "맹점"(blindspot)를 지적한다. 즉, "서발턴을 여성 주체처럼 쉽게 배제해버리는 것"(218)의 맹점을 지적한다. 스피박은 영토를 교환하는 가부장제를 중개할 때, 여성은 주체로서 부재하면서도 사실상 중요한 구조적 역할을 하고 있다고 강조한다. 전반적으로 스피박의 에세이는 이중의 작업을 하고 있다. 그로써 서발턴 그룹의 주장은 훼손되기도 하고 강화되기도 한다. 스피박의 작업은 애초 그룹 자체의 기획에 별로 관계가 없어 보였지만 나중에는 밀접하게 관련되기 때문이다.

벨 훅스, 「포스트모던 흑인성」(1991)

벨 훅스는 자신의 이름을 증조 할머니의 이름을 따서 개명했다. "여성은 모계를 따라 혈통을 거슬러 올라갈 수 있음을 보여주기 위함"이고, 또, 미국 페미니즘 운동에서 "상징적인 인물이라는 개념에서 벗어나기 위해" 자신의 이름을 소문자화한다.[15] 「포스트모던 흑인성」은 벨 훅스의 책 『동경: 인종, 젠더, 문화적 정치학』(Yearning: Race, Gender, and Cultural Politics)에 들어있는 에세이다. 이 글은 일부 포스트모더니즘은 소수자들을 배제하고 있다고 말하면서 시작하고, "미국 흑인 지식인들 중 거의 아무도 포스트모더니즘

15 시안 그리피스(Sian Griffiths)의 논문 "A Class Sister Act" *The Times Higher Education Supplement*, 13 October 1995, 20.

에 대해 말하거나 쓴 적이 없다"[16]고 주장한다. 그나마 포스트모던을 언급한 사람들 중 거의 누구도 흑인 여성을 언급한 적이 없다. 그러나 훅스는 흑인성을 "구체적인 본능 수준의 경험"(23)으로 연결시키는 것도 똑같이 의심스러워한다. 전략적이든 아니든지 간에, 훅스는 흑인 정체성에 대해 본질주의적인 모델에 의존하기보다, 인종 차별을 공격하는 방법으로 반본질주의를 옹호한다. 인종 차별은 흑인 정체성에 대한 통합적이고 "진정한" 모델을 만들어내고 이를 질병으로 간주함으로써 작동한다. 그러므로 반본질주의야말로 그런 모델에 대한 "진정한 도전"(28)이 될 수 있고, 계급과 젠더가 "집단적인 흑인 경험"(28)과 함께 연결될 수 있도록 만들어준다. 훅스는 "경험의 권위"(29)라는 개념에 의존하여 본질주의적 흑인 정체성을 포기한다면 반드시 흑인의 역사와 문화와 전통을 잃게 될 것이라는 우려와 다툰다. 훅스는 "흑인의 본질이 있다는 생각을 거부하는 것과, 흑인 정체성이 추방과 투쟁의 경험을 통해서 구체적으로 구성되는 방식이 있다는 인식 사이에는 근본적인 차이가 있다"(28)고 말한다. 오로지 이러한 구분을 받아들이고, 동시에 해체적이고 재건적인 전략을 사용함으로써, 포스트모던 맥락에서 많은 하위 그룹 사람들이 열망하는 "비판적 목소리"(27)를 찾아낼 수 있다. 훅스는 포스트모던 사유를 가지고 있는 흑인 지식인들은 학계의 한계를 넘어 대중 문화와 흑인 하위 계층의 영역으로 반드시 뻗

16 벨 훅스(bell hooks)의 글 "Postmodern Blackness," *Yearning: Race, Gender, and Cultural Politics* (London: Turnaround, 1991), 23-31. 23.

어나가야 한다고 주장한다. 그러나 흑인 예술과 문화가 기대하는 리얼리즘에 부응하지 못하는 포스트모던 작품을 시도하고 출판하려고 할 때, 훅스는 자신을 포함해서 많은 흑인작가들이 곤경에 처하게 됨을 인정한다.

토니 모리슨, 『술라』 (1973)

1993년 토니 모리슨(Toni Morrison)은 흑인 여성 처음으로 노벨 문학상을 받았다. 영국의 한 브로드쉬트(broadsheet) 신문 기사는 이렇게 논평했다. "스웨덴 아카데미는 지나친 정치적 올바름으로 비판받는 것이 불가피하다"[17]. 가장 영예로운 문학상이 왜 "불가피하게" 모리슨에게 주어졌는지, 이에 대한 논란이 일어야만 하는지, 그 이유는 확실하지 않다. 그러나 잘 읽어보면, "정치적 올바름"이라는 의미 한가득한 단어를 사용한 것으로 보아, 노벨상의 결정이 문학적 장점이 아닌 다른 것에 근거하여 이뤄졌음을 암시하고 있다. 그러한 결정이 무시하고 있는 것은 모든 글은 정치적이라는 사실이다. 오로지 정치적 올바름에 의해 수상자를 결정했다고 믿는 사람들은 모리슨의 작품 속에서 오로지 소수자들, 하위 종

17 피터 프린글(Peter Pringle)의 글, "Victims of Slavery Find Their Voice" *Independent on Sunday*, 10 October 1993, 18.

속된 사람들의 전복적이고 정치적인 내용만을 인지하고, 모리슨이 지배 엘리트적 가치들을 다루지 않는다고 생각한 것이다. 모리슨이 지배 엘리트적 가치를 다루지 않는 이유는 그것들이 단지 현 상태를 강화할 뿐이기 때문이다. 윈터슨의 섹슈얼리티처럼 모리슨의 인종과 젠더는 백인 남성 작가들보다 덜 중립적인 것처럼 보이게 만든다. 백인 남성 작가들의 인종과 젠더는 정상적인데 말이다. 바라라 스미스가 인용하는 『술라』에 대한 한 서평은 이렇게 말한다.

> 토니 모리슨은 너무나 재능이 많아서 미국 시골에 사는 흑인들의 삶을 멋지게 기록하는 데만 만족할 수 없다. 그녀의 재능에 합당하게도 모리슨이 진지한 독자들로 하여금 계속 그녀의 책을 읽도록 만들고자 한다면, 아름답지만 현실에 거리를 두는 소설을 쓰기보다는, 한결 더 위험천만한 현대 리얼리티의 문제를 제기해야만 할 것이다. **그렇게 한다면, 내가 보기엔 모리슨은 흑인 여성 작가라는 초기 의도하지 못하게 한정적인 분류를 초월하고, 가장 진지하고, 중요하고, 재능있는 미국 소설가의 대열에서 한 자리를 차지하게 될 것이다.** (스미스, 171: 굵은 글씨는 원본대로)

그러나 모리슨은 "미국 시골에 사는 흑인들의 삶"에 대해 쓰기를 계속했다. 모리슨은 "흑인 여성 작가"와 "진지하고, 중요하고, 재능 있는 미국 소설가"의 대립을 해체시켰다. 모리슨은 흑인 여성 작가이면서 동시에 재능 있는 미국 소설가였기 때문이고, 더욱 중요한 것은 둘의 구분이 애초부터 잘못 설정되었기 때문이었다. 모리슨의 작품은 백인 문학 정전이 주변화시키려고 했던 미국 흑인 문화 전통을 재건한다. 동시에 백인의 역사와 문화가 백인의 흑인 "타자(들)"에게 반드시 의존하고 있음을 증명해낸다.

모리슨의 두 번째 소설인 『술라』는 넬(Nel)과 술라(Sula)라는 두 흑인 소녀에 대한 이야기다. 두 소녀는 메달리온이라는 작은 마을에서 함께 성장했다. 어린 시절 서로 다른 성장 경험으로 인하여 둘은 공유하는 점도 많지만, 술라가 마을을 떠나고 넬이 주드(Jude)와 결혼하자 둘은 서로 떨어지게 된다. 10년 후 술라가 고향에 돌아왔을 때, 둘은 다시 우정을 재개하지만, 술라가 주드와 잠자리를 했음을 알게 되자 오랜 우정은 금이 간다. 3년 후에 넬은 죽어 가는 술라를 방문하게 되지만, 둘은 화해하지 못한다. 술라의 장례식이 끝나서야 비로소 넬은 자신의 슬픔이 남편을 잃어서가 아니라 술라를 잃었기 때문임을 깨닫게 된다. 이 소설은 흑인 여성으로서 술라와 넬의 정체성 형성을 살피고 있다. 그들이 주체성을 형성하는데 가장 중요한 것은 그들의 엄마, 할머니, 흑인 남성, 두 사람 사이의 관계다. 이들 관계는 백인 인종 차별이라는 더 크고, 결코 시시하지 않은 맥락을 배경을 하고 있다. 모리슨은 두 사람의 주요 인물이 나누는 대화를 통해서 텍스트를 창조해낸다. 이 대화는 술라와 넬의 판단, 반응, 결정들인데, 이 대화는 서로 비교되고 대조된다. 소설의 사건들은 1919년과 1965년 사이에 걸쳐 있어나고, 텍스트를 작은 부분으로 나누는 구체적인 날짜가 나오기도 한다. 이러한 장치는 소설의 이야기들이 더 큰 문화적 사회적 의미를 지니고 있음을 보이기 위함이다. 일반성과 구체성을 오고 가면서 이동하는 것은 서사의 스타일에서도 나타난다. 서술의 목소리는 분명히 3인칭인데, 마치 구전되는 흑인 설화를 말하는 듯하다가, 특정 인물의 생각과 느낌에 깊이 초점을 맞추기도 한다. 플롯은 일반적인 이야기와 동일하게 진행되지만, 몇 가지 중요한 회상이나 시간 경과가 있다. 예를 들면, 술라가 메달리온을 떠난 10년 간의 공백이 있다. 이런 특이함에 대해 모리슨은 이렇게 말한다. "이야기를 말로 두서없이 술술 풀어내듯 보이는 것. 독자는 화자가 누구인지도 모른 채, 화자가 이리저리 헤매는지도 의식하지 못한 채, 그저 화자를 느끼도록 만드는 것. 작품을 만드는데 독자가 참여하도록 만드는 것. 그것이 중요한 것이다."[18] 이와 같이 모리슨은 자신의 글이 지니는 구어체와 대화체적 성격을 인정하고 있다.

이론과 실제

이 마지막 장에서는 '이론을 소설에 적용하기'와 '소설을 통해 이론 다시 보기'와 같은 단순한 대립을 포기함으로서 이 전 장들의 적대적이고 이분적인 구조를 복잡하고 다양하게 만든다. 의도를 말

18 토니 모리슨 (Toni Morrison)의 글, "Rootedness: The Ancestor as Foundation" *Literature in the Modern World: Critical Essays and Documents* (Oxford: Oxford UP, 1990), 326-32. 328.

하자면, 나의 구분은 처음부터 실용적이고 교육적인 목적으로 만들어졌는데, 이 구분의 유용성을 의문시하면서 이 책을 결론맺고자 함이다. 주의 깊은 독자라면, 이미 이전 장에서 이런 구분이 "실패"하고 있음을 눈치 챘을 것이다. 즉, 『벚나무 접붙이기』를 주디스 버틀러의 『젠더 트러블』과 함께 논의할 때 "이론을 소설에 적용하기"와 "소설을 통해 이론 다시 보기" 양쪽 섹션 모두에서 논의하지 않고, "소설을 통해 이론 다시 보기"에서만 논의했다. 이번 장에서 구조를 이처럼 변경하는 이유는 이 구조가 흑인 페미니즘과 포스트식민주의 이론에서 적절하지 않음을 함축하려는 것은 아니다. 그보다는 독자들에게 그 구조가 문화적으로 특수한 성격을 지니고 있음을 알려주기 위함이다. 스미스, 스피박, 훅스의 이론을 증명하거나 부정할 목적으로 『술라』를 사용하는 것이 아니라, 나는 텍스트 네 개를 좀 더 유동적이고 모호한 방식으로 한꺼번에 살펴보려고 한다.

스미스의 「흑인 페미니즘 비평을 향하여」에 대한 나의 관점은 이미 규범적이지 않다. 스미스 자신은 모리슨의 『술라』를 레즈비안 텍스트로 적절하게 해석했다. 어떤 독자들은 스미스가 모리슨의 『술라』를 레즈비안 텍스트로 해석하는 것이 스미스가 앞서 흑인 여성 글의 전통과 흑인 페미니스트의 비평을 제대로 정의할 필요성을 논의하던 것과 뭔가 잘 연결이 되지 않는다고 느낄 것이다. 『술라』를 레즈비안 소설로 읽는 것이 어떤 의미에서 그 작품을 흑인 여성 소설로 해석하는 것과 연결되는 것일까? 스미스는 흑인 여성과 흑인 레즈비안을 사용할 때, 마치 흑인 레즈비안은 흑인 여성이 아닌 것처럼 말한다(전 장에서 논의했던 모니크 위티그처럼). 또 다른 곳에서 스미스의 입장은 커밍아웃한 레즈비안만이 진정한 페미니스트 흑인 여성이라고 말한다. 그런 여성이야말로 가부장제, 이성애, 직접적인 제도적 인종 차별에 대한 비판적인 입장을 취하고 있기 때문이라고 말한다. 스미스는 흑인 여성의 정체성을 본질적으로 설명하고 흑인 여성의 글을 지나칠 만큼 동일하게 해석하기 때문에 빈번하게 비판받는다. 스미스의 입장에 대한 설명에 따르면, 흑인 여성의 텍스트는 흑인 여성이 공유하는 경험을 단순한 방식으로 반영하기 때문에 하나의 전통을 구성한다는 것이다. 스미스는 백인 여성/흑인 남성 비평가들이 흑인 여성의 글을 무시하고 있다고 비판하면서 동시에 흑인 여성 비평가만이 흑인 여성의 작품을 분석할 수 있는 능력이 있다고 모순적으로 말한다.[19] 이러한 모순은 글쓰기, 정치학, 섹슈얼리티를 위한 원천이 되는 본질적인 흑인 여성 정체성이 과연 있을까, 라는 중요한 문제를 제기한다. 나의 주장인즉, 스미스의 입장이 자기 모순적이기보다는 언듯 반대되는 입장들 사이에 대화를 촉진하는 것으로 이해할 수 있을 것이다. 다시 말해서, 스미스의 어떤 주장들, 이를테면, 흑인 레즈비안은 흑인 여성이다/아니다, 흑인 여성들은 같은 경험을 공유한다/안한다, 흑

19 이 점에 대한 상세한 설명을 보려면, 데보라 G. 채이(Deborah G. Chay)의 논문, "Rereading Barbara Smith: Black Feminist Criticism and the Category of Experience" *New Literary History* 21 (1993): 635-52.

인 여성의 글은 흑인 페미니스트만이 분석할 수 있다/아니다와 같은 주장들은 서로에게 대립하기 보다는 함께 나란히 병치되고 있다. 나는 이런 주장을 하면서 스피박이 서발턴 연구 그룹의 작업을 분석할 때 옹호했던 "전략적" 독법과 똑같은 방법을 사용하고 있다. 이 전략은 데보라 체이(Deborah Chay)가 스미스를 분석하기 위해 사용했던 전략이기도 하다. 스미스의 글을 전략적으로 접근함으로써 독자들은 스미스의 말대로, 흑인 여성을 위한 보편적인 주장 자체가 역사적으로 특수할 뿐만 아니라. 스미스의 본질주의적/본질화하는 경향에 대한 그들의/우리의 강한 반발과 타협하지 않고도 다양한 정치적 효과를 낼 수 있음을 알게 된다. 그러나 우리가 스미스의 "본질적인 성향"에 대해서는 분명히 반대하고 있고, 다만 본질적인 성향을 불운한 실수 정도로 봐주고 싶다. 본질주의는 특수한 상황에서는 절대적으로 정당화될 수 있고 필요한 것일까? 체이(Chay)에 대한 스미스의 대답은 이런 점을 지적하고 있다. "본질주의자라는 의미가 거울을 보고 흑인 여자를 볼 때, 거울 속 흑인 여자가 뭔가를 의미한다면 난 본질주의가 맞다."[20] 그러나 스미스는 자신이 염두에 두고 쓴 비학계의 독자들이 정치적으로 적극 활동하게 되고, 자신의 본질주의가 정당화되고 맥락화될 수 있기를 바라고 있다. 체이와 달리, 내가 보는 스미스는 흑인 여성 정체성과 관련하여 본질주의와 비본질주의 양쪽이 대화를 나누도록 의도하

---

20 바바라 스미스(Barbara Smith)의 글, "Reply to Deborah Chay" *New Literary History* 24 (1993): 653-6. 654.

고 있다.

이제 스피박과 훅스에 대해 논의하면, 그들의 전략도 스미스 전략에 대한 독법과 닮아있음을 알게 된다. 스피박과 훅스 모두 본질주의적인 모델이 정체성을 재건하는데 효율적이지만, 그 효율성을 반본질주의가 지닌 비판적 힘에 연결시키려고 노력하고 있다. 스피박은 주체의 죽음에 대한 서구의 포스트모던 담론을 사용하고 있지만, 남아시아의 맥락에서 포스트모던 담론이 마침내 부적절하다고 여기게 된다. 그러나 스피박이 인도의 민족주의 반란 문제를 살피면서 도입했던 해체적 힘을 잃어버리지는 않는다. 본질주의적 접근과 해체적 힘이라는 두 개의 접근은 텍스트가 진행되면서 서로 서로 엮여진다.

훅스도 마찬가지로 두 개의 접근법을 사용한다. 훅스의 글은 가장 명백하게 반본질주의를 지지하는 듯하지만, 훅스는 실은 "경험의 권위"(29)에 의탁하면서 그 반대적 입장을 취하게 된다. 훅스는 이렇게 말한다.

> 미국 흑인의 편에서 본질주의를 비판하기 꺼리는 이유의 뿌리는 행여 그렇게 한다면 미국 흑인들의 고유한 역사와 경험, 그 경험에서 나오는 독특한 감수성과 문화를 못보게 될까봐 두렵기 때문이다. 이러한 우려에 대한 적절한 반응은 "경험의 권위"를 강조하면서 동시에 본질주의를 비판하는 것이다. 흑인의 본질이 있음을 부정하는 것과, 추방과 투쟁을 통해서 구체적으로 만들어진 흑인 정체성이 있다는 것을 인정하는 것과는 근본적인 차이가 있다. (29)

훅스는 본질적인 흑인 정체성은 버리지만 본질적인 흑인 경험을 버리지는 않는다. 본질적인 흑인 경험은 “추방과 투쟁”에 의해 언제 어디서나 형성될 수 있다고 생각한다. 이는 이것 저것 다 취하는 듯해 보이지만, 어쩌면 그 방식이 합리적이고 (더욱 중요하게도) 정치적으로 유용한 접근이며, 인종 차별적이고, 이성애적이고, 가부장제적인 맥락에서 하위그룹이 취하기에 적절하다. 스미스, 스피박, 훅스에 대한 내 방식의 독법이 지니는 다른 이점은 이 방식이 잠재적으로 매우 많은 비판을 저지할 수 있다는 점이다. 순전히 해체적이고 반본질적인 입장을 취하고픈 순수주의자도 본질주의자와 마찬가지로 자신의 입장을 재현하고자 한다. 물론 그 어느 관점도 그러한 전략적 독해에서 도전받지 않을 수는 없다. 그러한 접근은 불편하게도 구닥다리 자유주의 휴머니스트의 다원주의를 생각나게 할지도 모른다. 그러나 스미스, 스피박, 훅스의 글들은 단순한 “다원주의” 그 이상을 말하고 있다. 왜냐하면 그들은 독자들에게 특정 맥락에서 어떤 입장이 적절한지 분명히 할 것을 요청하기 때문이다.

이 장에서 잠시 사라진 것처럼 보이는 『술라』는 어떤가? 모리슨의 소설은 지금까지 우리가 스미스, 스피박, 훅스의 글에서 논의했던대로 맥락에 따라 해석을 요하는 흑인 여성 정체성을 구체화하고 있다. 이 소설에서 놀라운 점은 흑인 여성의 우정을 흑인 여성이 지닌 본질적 자아의 원천으로 삼고 있다는 점이다. 이 소설 첫 부분 중요한 두 장면에서, 흑인 여성의 정체성을 ‘흑인 여성의 우정이 가지는 결속’과 ‘흑인 여성의 몸’과 연결시키고 있다. 한 에피소드에서 넬과 술라는 말없이 본능적인 게임을 하고 있다. 그 게임에서 그들은 나뭇가지에서 껍질을 벗겨내고, 벗겨진 나뭇가지로 땅에 구멍을 판 다음, 부스러기를 안에 묻어 버린다. 이 장면은 두 소녀의 사춘기 몸이 이제 막 시작되는 섹슈얼리티를 인식하는 관능적인 성찬식(sensuous communion)으로써 묘사된다. 바로 이런 신체적 경험으로부터 강력한 정체성의 공유가 이뤄진다. 그러나 이 순간은 곧바로 다른 에피소드, 즉 치킨 리틀의 죽음으로 이어지는데, 이는 분리, 상실, 공포에 근거하여 묘사된다. 치킨 리틀의 팔을 잡고 빙빙 돌리다 손을 놔버리는 것은 술라다. 치킨 리틀은 물에 빠지고 익사한다. 넬은 술라를 위로하려고 노력하고, 이 일을 비밀에 붙이기로 암묵적으로 약속하지만, 막상 장례식에서 "넬과 술라는 손을 잡지도 서로 쳐다 보지도 않았다.... 그들 사이에는 간격, 분리가 있었다."[21] 그러나 장례식이 끝나자 둘을 다시 손을 잡는다. "여느 어린 여자 친구들처럼"(66). 두려움의 경험이 둘을 더욱 확고한 지지 안에서 서로 연합한다는 것을 암시한다. 그러나 그들의 연합이 거짓이거나 환상이 아니라면 분리와 부재에 기반을 두고 있는 듯하다. 소설이 더욱 진행되면서 치킨 리틀의 죽음은 술라에게 "의지할 자아가 없음"을 가르쳤다고 한다. 그리고 술라는 내적 일관성의 감각을 더 이상 가질 수 없게 되었다고, 즉, "자신을 증명할 충동을 느끼지 않게 되었다"(119)고 말한다.

21 토니 모리슨(Toni Morrison)의 소설, *Sula* (London: Picador, 1991). 64.

초반의 다른 에피소드에서 넬은 백인 아일랜드 소년들의 공격을 받는다. 넬은 피하려고 하지만 술라는 소년들 앞에서 손가락 끝을 베어 내면서 그들과 맞선다. 그리고 이렇게 말한다. "'내가 나에게 이렇게 할 수 있으면 너희들에게 내가 뭘 할 수 있을 거라 생각해?'"(54-5). 직접적으로 소년들에게 폭력을 행사하기보다 사람들 앞에서 자해하는 모습은 아이들에게 충격을 주고 놀라게 한다. 즉시 흑인성, 여성성, 즉각적 신체 경험 사이에 오래된 연관성을 환기시킨다. 그러나 이런 상투적인 연상은 소녀들을 보호하기 위해 술라가 전략적으로 배치한 것이다. 모리슨은 정체성이 상실, 분리, 부재에 기반하고 있음을 알고 있다. 그러나 이런 정체성이 문제적이라는 것도 인지하고 있다. 그러므로 모리슨은 흑인 여성 정체성에 대해 본질적이면서도 반본질적인 설명을 모두 다 활용하는 경향이 있다. 각각이 서로 반대하는 것이 아니라 함께 가고 있음을 보여준다. 모리슨은 이런 두 가지 정체성이 언제 어디서 적절하고 정치적으로 유용한지 생각하도록 촉구한다. 예를 들어 넬과 술라의 첫 만남은 이렇게 묘사된다. "그들 각자는 이전부터 자신이 백인도 아니고 남자도 아니라는 사실을 깨달았기 때문에, 모든 자유와 승리가 그들에게는 금지되었기 때문에, 그들은 다른 무엇을 만들어 나가려고 시도했다. 그들의 만남은 행운이었다. 왜냐하면 서로가 자랄 수 있는 기반으로 사용되어 주었기 때문이다"(52). 흑인 여성 정체성은 심오하게 관계적이라는 사실은 부정적으로 (백인남성의 정체성에 대한 반대로 형성될 때)인식될 수도 있고, 긍정적으로 (흑인여성 소울-메이트에 대한 반응으로 형성될 때)인식될 수도 있다. 여성들 사이에 자매적 결속은 지금 일시적으로 상실되었지만, 타고난 진정한 흑인 여성 자아를 회복시킬 수 있는 것이기도 하다. 그리고 그 여성 자아를 "자라나고" "존재하도록" 만들어낸다. "자라나다"(grow) "존재한다"(be)라는 단어들 모두 변화와 안정, 본질과 덧없음을 합해 버린 동사다.

주체성에 대한 반본질적인 설명은 또 다른 중요한 에피소드에서 본질주의적 설명과 병치된다. 즉, 넬과 넬의 엄마 헬렌이 넬의 할머니를 방문할 때다. 남부 뉴올리언즈까지 가는 긴 여행은 헬렌과 넬이 백인용 기차 칸을 잘못 탐으로서 시작부터 뒤틀려있다. 헬렌이 흑인 칸 문을 열려고 할 때 백인 차장이 헬렌을 붙잡고 질문하기 시작한다. 두 개의 기차 칸에 놓인 헬렌의 입장의 그녀의 모호한 인종적 범주를 반영한다. 헬렌은 의심의 여지없이 백인 조상을 지닌 "크레올 창녀"(17)의 "황갈색 빛깔"(22)의 딸이다. 헬렌의 자리를 결정하려는 차장은 헬렌이 실수로 백인 칸에 잘못 들어왔다는 변명을 거부한다. 차장은 심술궂게 답한다. "'이 기차에서는 실수가 용납되지 않아. 저쪽으로 꺼져버려'"(21). 이런 말은 헬렌의 "비순수"한 존재를 부정하면서 백인 칸을 "오염시키지" 않고 흑인 칸으로 강제로 옮길 것을 명령하는 것이다. 그러나 흑인 칸에서 헬렌의 입장은 불안하기 마찬가지다. 차장의 구박에 헬렌은 갑자기 "마치 잠시 전 고깃간에서 쫓겨났으면서도 고깃간 주인장에게 꼬리를 흔드는 길거리의 강아지처럼" 차장에게 미소를 짓는다. 구박하는 사람에게 화해를 청하는 헬렌의 시도는 기차 안에 있는 다른 사람들과의 교감을 파괴해 버린다. "무심하게 장면을 지켜보고 있던 흑인 군인 두 명은 이제 고통으로 일그러진 듯했다"(21). 헬렌이 흑인으로서의 자존심을 배신했기 때문에 "군인들이 증오로 들끓고 있다"(22)고 넬은 감지한다. 이러한 배신의 근간에는 헬렌이 자신의 여성성을 흑인성으로부터 분리시키려는 시도가 있다. 그녀의 미소는 "현혹적이고 애교로 넘친다"(21). 헬렌은 마치 자신의 인종적 범주와 상관없이 매력적인 여성으로 봐달라고 요청하면서 인종적 구박으로부터 자신을 보호하기를 바라는 듯하다. 그러므로 군인들은 헬렌의 여성성을 부정함으로써 그녀를 처벌한다. 군인들은 헬렌의 가방을 올리는 것을 도와주지 않는다. 그러나 여행의 끝나고 헬렌은 자신의 인종과 젠더 사이의 연관성을 어쩔 수 없이 받아들이게 된다. 남부의 작은 역에서 유색 인종을 위한 화장실이 없을 때, 헬렌과 넬은 다른 여자들처럼 가까운 덤불에서 쪼그리고 앉아야 한다. 따라서 헬렌이 자신의 인종과 젠더를 재연결하는 것은 자신의 몸의 필요에 응하는 즉각적인 신체적 방식으로 일어난다. 뉴올리언즈에서 넬은 아름답고 평판 나쁜 할머니, 이국적인 프랑스 크레올 언어로 말하는 할머니를 만난다. 당황스러운 기차 여행으로 인해서 넬은 "그녀 [넬의 엄마] 가 정말로 황갈색이라면 자신도 황갈색이 아닐까"(22) 두려워한다. 그러나 전체적으로 여행은 넬이 자신의 본질적 독특성을 이해하도록 도와준다.

"나는 나야," 넬은 속삭인다. "나"

넬은 자신이 무엇을 의미하는지 알지 못했다. 그러나 다른 한편으로 무슨 의미인지 이해했다.

"나는 나야. 나는 그들의 딸이 아니야. 나는 넬이 아니야. 나는 나. 나"

나, 라고 말할 때마다 그녀 안에 힘 같은 것, 기쁨 같은 것, 두려움 같은 것이 몰려 왔다. (28)

여행은 넬에게 본질적인 흑인 여성성은 허구이지만 필요함을 깨닫게 해준다. 헬렌은 정체성이 차이에 근거함을 강조하고자 한다. 예를 들면 백인 조상을 가지고 있고, 여성적 세련미라는 차이로 자신의 정체성을 규정하고자 한다. 그러나 그녀의 전략은 실패한다. 백인 남자의 입장에서는 헬렌의 차이를 인정하기 않기 때문이다. 결국 본질적인 흑인 여성으로서 자신을 정의함으로써 헬렌은 힘을 갖게 된다. 저항하는 힘이 아니라, 인종 차별에도 불구하고 흔들리지 않는 힘을 갖게 된다. 여행이 끝날 무렵, 헬렌은 뚱뚱한 여자들처럼 풀잎으로 자신을 가릴 수 있게 될 뿐만 아니라, 용변을 보러 덤불에 나가면서 "남자들의 칙칙한 눈길에도 불구하고 미동도 하지 않을 수 있게 된다"(24). 넬은 독특하고 소중한 방식으로 흑인 여성으로 자신을 창조하면서도 "엄마에도 불구하고 친구를 사귈 수 있는 힘"(29)를 갖게 된다. 그 친구가 바로 술라다.

우리가 이미 보았듯이, 넬과 술라의 관계는 두 사람 모두를 지탱해주는 힘이 된다. 그들은 "두 개의 목구멍이면서 하나의 눈"이고,

"아무런 대가도 바라지 않았다"((147). 다시 말해서 그들은 흑인 여성에 기반을 두는 본질적 성격을 공유한다는 믿음을 유지했다. 소설이 진행되면서 모리슨은 이러한 믿음을 포기하거나, 벗어나도록 설득 당하는 것이 둘 모두에게 위험한 것임을 보여준다. 넬이 결혼하고, 주드가 바람을 피면서 넬은 술라와 분리된다. 차이를 깨닫게 되는 것이다.

> 술라는 넬에게 매달렸다. 타자와 자아 모두에게 가장 가까운 존재인 넬에게 매달렸다. 그러나 결국 그녀와 넬은 하나도 아니고 똑같지도 않았다. 술라는 자신이 넬의 남편인 주드와 잠자리를 해도 넬에게 고통을 줄 거라고 생각하지 못했다. 둘은 다른 사람들에 대한 사랑을 늘 공유했었다. 결혼이 모든 것은 바꿔놓았다. 그러나 결혼에 대해 직접 아는 바도 없고, 모든 남자와 함께 할 수 있다고 생각하는 여자들과 살아왔고, 남자들의 취향만 보고 선택해온 술라로서는 자신이 친밀하게 느꼈던 사랑의 소유욕을 이해할 준비가 되어 있지 않았다. (119)

결혼은 넬과 술라를 다른 사람들로 만들었다. 결혼 때문에 넬은 성적으로 소유욕을 갖게 되고, 넬은 술라에게 쏟던 마음 속 가장 깊은 애정을 주드에게 주게 된 것이다. 결혼은 넬을 남자의 소유로 만들어 버린다. 넬이 술라를 배신한 것으로 인해 술라는 더욱 더 위협적인 존재, 아웃사이더, 메달리온의 "타자"가 된다. 마을 사람들은 술라를 이런 위치에 놓고, 악마화하고, 비정상으로 여기고, 불운의 원천으로 비난하면서, 그 덕에 자신들은 선한 사람이 된다. 술라가 죽어갈 때 이 점이 분명해진다. “술라의 악의로부터 아이들을 보호하려했던 (혹은 엄마 역할을 비웃는 술라로부터 엄마의 지위를 보호하려 했던) 엄마들은 이제 어디에도 비교할 곳이 없어졌다. 긴장은 사라지고, 열심히 노력할 이유조차 사라져버렸다”(153).

소설의 가슴 아픈 말미에서, 넬 조차 특정한 맥락에서는 흑인 여성들이 본질적인 유사성에 초점을 맞출 필요성에 대해 깨닫고 있다. 넬이 술라의 할머니인 이바 피스(Eva Peace)를 방문할 때, 이바는 넬에게 치킨 리틀의 죽음에 대해 묻는다. 그리고 이바는 그 사건 이래로 넬이 품고 있던 구분을 무시해버린다. “너, 술라. 차이가 뭐니? 너도 거기 있었잖아. 너도 보았지. 아냐? 나였다면 그냥 보고만 있지는 않았을 거야”(169). 넬은 치킨 리틀이 익사할 때 느꼈던 짜릿한 쾌락이 그의 죽음에 책임이 있다고 믿었던 술라만큼이나 자신도 연루되어 있는 것이 아닐까 생각하기 시작한다. 이 깨달음은 넬을 술라와 다시금 연결시키게 만든다. 이바는 술라가 엄마인 한나가 불에 타죽는 장면을 “흥미롭게” 지켜봤다고 믿고 있다. 엄마를 구하려는 대신에. 넬은 치킨 리틀이 죽은 이래로 술라와 거리를 두기 시작했었다. 그래서 결국 술라와 관계가 깨지는 분리 과정이 시작되었고, 술라를 강제로 공동체로부터 분리시켰다. 술라의 장례식 이후, 슬픔에 빠진 넬은 마침내 이렇게 말한다. “나는 언제나 주드를 그리워한다고 생각했어. ... 우리는 늘 함께 했지. 오. 하나님. 술라.... 소녀... 소녀.. 소녀소녀소녀 ”(174). 어릴 적 우정이 다른 환경에서도 서로를 지탱하고 현 상태에 도전할 수 있는 관계의 원천이었음을 깨닫는다. "소녀"를 반복하면서 차츰 쉼표가 사라지는 것은 친구들을 서로 가깝게 모으는 과정을 텍스트를 통해 상상할 수 있도록 연출한다.

흑인 여성 정체성에 대한 모리슨의 메시지는 분명하다. 스미스, 스피박, 훅스처럼 모리슨도 모든 정체성은 상실과 차이에 기반함을 인정한다. 그러나 그런 지식은 흑인 여성과 같은 하위주체에게는 별 쓸모가 없음을 보여준다. 흑인 여성 정체성을 본질주의적으로 정의하고 이를 긍정적이고, 서로를 지원하고, 풍요롭게 만들어야만 백인 이성애 가부장제에 더욱 효과적으로 도전할 수 있음을 모리슨은 보여준다. 또한 모리슨은 이러한 전략이 맥락에 따라 다를 수 있다고 본다. 예를 들어 흑인 남성의 상황에서는 이런 전략이 부적절할 수도 있다. 모리슨은 흑인 남성의 정체성에 대해서는 확고하게 반본질주의적인 입장을 견지하고 있다. 예를 들어 주드는 넬과 결혼하는데, 오로지 자신의 실패한 남성성을 보상하기 위해서다. 그가 흑인이라서 뉴리버로드 공사에서 일자리를 얻지 못하게 되자, "둘이 함께 하나의 주드가 될 수 있을 거라고"(83) 믿는다. 주드는 넬과 같은 열등한 젠더와 결혼함으로써 우월감을 가질 수 있으리라 생각한다. 그럼으로써 그의 정체성이 실패와 더불어 하위 종속되었지만, 반드시 필요한 '타자'에게 의지함으로 유지될 수 있다고 믿는다. 술라는 메달리온으로 되돌아오면서, 이러한 주드의 정체성을 흔들어 놓고, 그를 백인 인종 차별 때문에 고통 받는 희생자로 자리매김한다.

> 세상 모든 것이 너를 사랑하잖아. 백인 남자들도 너를 사랑해. 백인 남자들은 너의 페니스를 맨날 걱정하느라 제 것은 잊어버릴 지경이야. 그들이 원하는 것은 오로지 검둥이의 페니스를 잘라 버리는 거지. 그게 사랑이나 존경이 아니라면 뭐가 사랑이고 존경이겠어. 백인 여성들? 백인 여자들은 흑인 남자들을 세상 끝까지 쫓아가서 침대 밑에서 너를 더듬을 거야. 백인 여자들은 흑인 남자가 지들을 낚아챌까봐서 오후 6시 이후엔 집밖엔 나가지도 않아. 그게 사랑이 아니면 뭐야? 흑인 여성들은 당신 팔에 죽도록 매달리잖아. 흑인이건 백인이건, 소년이건 소녀이건, 어린 아이들 조차 네가 사랑하지 않을까봐 안달복달하지. 그게 충분하지 않다면, 너는 너 자신을 사랑하지. 이 세상에 또 다른 흑인 남자처럼 흑인 남자를 사랑하는 것은 없을 거야. (103-4)

백인들이 흑인의 남성성을 인종 차별적으로 거부하는 것은 실은 비밀리에 흑인 남성에게 매혹되어 있는 거라고 술라는 주장한다. 이는 흑인 여성과 아이들이 흑인 남성을 대놓고 칭찬하는 것과 비슷하다. 술라는 매혹과 혐오, 의존과 독립이 서로 연결된 과정임을 보여주고, 그러므로 어떻게 주드가 넬을 대할 때에도 그런 과정이 작동하고 있는지 보여주고 있다. 이러한 반본질주의적 비판은 흑인남성 정체성이라는 맥락에서 적절하고 강력하다. 그러나 넬이 술라를 거절한 후에, 술라가 극단으로 치닫으면서 "흑인 여성"이 된다는 것은 "남자가 되는 것"이나 마찬가지라고 말한다(142). 이때 술라는 자신이 다른 맥락에서 말하고 있다는 사실을 잊어버리고 있다. 술라가 펼치는 반본질주의적 정체성 정치학은 흑인 여성의 상황에 적용하면 별로 생산적이지 못하다.

결론

모리슨은 스미스, 스피박, 훅스와 마찬가지로, 본질주의적 정체성과 비본질주의적 정체성 모두를 활용한다. 마찬가지로 두 종류의 정체성을 대립적 위치에 놓지 않고, 서로 대화하도록 한다. 특정한 맥락에 따라 어떤 것이 적절하고, 어떤 것이 정치적으로 더욱 강력한지 보여준다. 흑인 여성의 경우, 흑인 여성의 정체성에 대한 본질주의적 설명을 포기할 때 생기는 위험은 명백하다. 흑인 남성과 관련해서 반본질주의적 해석은 이득이 되지만 말이다. 모리슨은 흑인 여성 정체성을 여성들의 신체적 경험과 우정에 바탕을 두는 것은 인종 차별과 편협함과 싸우기 위해 전략적으로 본질적이라고 주장하지만, 모리슨은 본질주의적인 입장에 대해 늘 비판하고 있다. 마가렛 호만스(Margaret Homans)는 패트리샤 윌리엄스(Patricia Williams)와 앨리스 워커(Alice Walker)의 작품이 "포스트구조주의자와 휴머니즘적 정체성 사이에 건설적인 대화를 만들어내고 있고, 흑인 여성의 몸을 순수한 기반이나 물질로 축소하지 않으며, 반대로 육체 이탈의 진리성을 증명하기 위해서 몸을 이용하지도 않는다"[22]고 말한다. 모리슨은 이러한 입장을 "실용적인 모호성"(90)이라고 부른다.

---

22 마가렛 호만스(Margaret Homans)의 논문 "'Women of Color' Writers and Feminist Theory" *New Literary History* 25 (1994): 73-94. 87.

흑인 여성 작가들의 작품에 대화 개념을 적용하는 사람이 모리슨 뿐만은 아니다.[23] 그러나 어떤 독자들은 금방 미하일 바흐찐(Mikhail Bakhtin)을 떠올릴 지 모르겠다. 하지만 바흐찐은 유럽 소설에 대해서 작업하기 때문에[24], 그의 용어를 가지고 미국 흑인 여성 작가의 작품을 해석하는 것은 부적절하다. 모리슨의 작품과 관련해서는 스피박의 에세이를 논의할 때처럼 문화적 맥락을 고려할 수밖에 없다. 결국 테리 이글턴(Terry Eagleton)의 신랄한 주장을 확장할 것 같으면, "서구 포스트식민주의 이론 산업을 이상적으로 받아들이는 사람들이 보기엔 대도시에 있는 인종적 소수자는 절대로 식민화된 사람들과 같을 수 없다. 이를 지적하는 것은 상당히 일리가 있다." 그리고 흑인 여성 작가가 백인 유럽 소설가나 남아시아 문화 역사가와 똑같은 전통을 기반으로 쓰지 않는다는 사실도 일리가 있다. 그러나 대화는 흑인 페미니즘 사유에서 공통적으로 사용되고 있다는 증거가 있다. 패트리샤 힐 콜린즈(Patricia Hill Collins)는 주장하길, "흑인 여성의 경우, 새로운 지식은 거의 개별적으로 이루어지는 법이 없고, 공동체의 다른 멤버들과의 대화를 통해서 개진된다.... 대화의 사용은 아프리카의 구전 전통과 미국 흑인 문화 전통에 깊은 뿌리를 가지고 있다."[25] 그러므로 대화는 모리슨의 글쓰기를 해석

23 예를 들어, 매 귄돌린 헨더슨(Mae Gwendolyn Henderson)의 논문, "Speaking in Tongues: Dialogics, Dialectics and the Black Woman Writer's Literary Tradition." *Reading Black, Reading Feminist: A Critical Anthology.* (New York: Meridian Press, 1990), 116-42.

24 미하일 바흐찐 (Mikhail Bakhtin)의 책, *The Dialogic Imagination: Four Essays* (Austin: U of Texas P, 1981).

25 페트리샤 힐 콜린즈(Patricia Hill Collins)의 논문, "The Social Construction of Black Feminist Thought"

하고 이 장을 구성하는데 적절한 모델이 된다. 다른 해석 모델이 유용할 수도 있지만, 나는 모리슨을 그렇게 읽기로 선택했다. 스미스의 말을 빌리면, "먼저 다른 흑인 여성의 소설 안에서 해석의 전례와 통찰을 찾기"(175) 위해서였다. 이것이 바로 『술라』에서 모리슨 자신이 취하는 전략적 입장이다.

그래서 이 책은 에이미 카민스키(Amy Kaminsky)가 한 말, "책임 있는 페미니즘을 실천한다는 명분으로 인종에 집착함으로써 옴짝달싹 못한다"[26]는 비판에서 자유롭지 못하다. 카민스키는 "페미니스트 문학 비평의 앤솔로지가 대부분 백인 여성 작가들만을 포함하고 있고, 인종에는 거의 관심을 두고 않으면서 인종적인 작가와 주제에 대한 단 하나의 논문조차 볼품없게 만들어 놓기"(9) 때문에 이를 크게 책망한다. 명백하게 이 책도 그런 구조를 가지고 있어서 비난의 대상이 될 수 있다. 변명을 하자면, 이 책은 흑인 페미니즘이 전통적으로 페미니즘 이론에서 차지해온 종속적인 지위를 그대로 보여 주면서, 그에 대한 의문을 제기하려는 것이다. 그래서 독자들은 금세기 페미니즘 이론의 궤적이 매우 백인 중심적이었음을 이해하고 비판할 수 있게 될 것이다. 카민스키는 주장하길, "인종은 변화무쌍하고 다원적으로 개념화되어야 한다. 그래야만 우리는 인종이 젠더와 상호 작용하는 방식을 이해할 수 있게 된다"(9). 이 장은 인종이 원래 불안한 범주임을 인식하고, 인종이 담론적 구성체임

Signs 14(1989): 745-73. 763.

26 에이미 카민스키(Amy Kaminsky)의 논문, "Gender, Race, Raza." *Feminist Studies* 20 (1994): 7-31. 9.

을 아는 것이 중요하다고 논의하고, 인종이 권력 효과와 서로 맞물리는 방식을 보여주고 있다. 그것은 특정한 정치적/담론적 맥락에서 인종차별, 이성애, 가부장제에 대응하는 방식이 전략적으로 매우 다양할 수 있음을 보여준다. 이 장은 흑인 페미니즘이 포스트식민주의 이론과 대화하는 위치로 자리매김하면서 동시에 각각이 분리된 전통으로써 중요하다는 사실을 확인하고 있다.

나오는 글

페미니즘 이론과 비평

나오는 글

페미니즘 이론은 전통적으로 다른 이론들이 젠더를 제대로 고려하지 않는다는 점을 지적하고, 문학 해석이 남성성/여성성에 대한 특정한 구성 개념에 무의식적으로 의존하는 방식을 분석한다. 예를 들어 3장에서 논의된 마르크시즘 페미니즘은 남녀가 분리되어 있는 전통 사회에서 여성이 가정에서 담당하는 재생산과 가내 노동이 남성의 생산적인 임금 노동 만큼이나 자본주의를 유지시키는데 중요한 역할을 한다고 지적한다. 7장과 8장에서 논의한 바와 같이, 최근 들어 페미니즘은 섹슈얼리티, 인종, 민족에 대해 관심이 부족했기 때문에 비판의 대상이 되어왔다. "제3물결 페미니즘"과 "포스트 페미니즘"은 여성이 공유하는 젠더 억압으로만 여성 정체성을 투박하게 규정하는 것에 반발한다. 그래서 단순한 여성 정체성에 기초했던 페미니즘 이론과 정치학은 여러 갈래로 얽혀져 복잡해졌다. 분명히 페미니즘은 자유주의, 마르크시즘, 정신분석, 그리고 (더욱 최근에는) 포스트구조주의와 포스트모더니즘과 같은 다른 변혁적 이론들과 대화하면서 결합을 모색해왔다. 이런 상황에서 페미니즘은 특정 이론을 자극하고 마찰을 일으키는 경우도 있고, 또 다른 경우 퀴어이론과 포스트-식민주의와 같은 도전에 방어하면서 이들을 페미니즘의 해석 안으로 끌어들이는 경우도 있다. 페미니즘 이론이 취하는 두 가지 결합 방식은 서사의 시작과 끝처럼 이해될 수 있다. 이 두 가지 방식은 페미니즘이 항상 취하는 방식이다. "제1물결" "제2물결" "제3물결"과 같은 용어는 페미니즘이 진보하고 있으며, 같은 메타포 혹은 기준틀을 사용함으로써 더욱 더 발전할 수 있는 여지가 있음을 함축하고 있다. "포스트페미니즘"이란 용어는 더욱 확실하게 과거 페미니즘과의 단절을 표시해주고 있다. 그러나 포스트페미니즘에서 접두어 "포스트"라는 단어는 "포스트구조주의" "포스트모더니즘" "포스트식민주의" 와 관계에서 논의할 때는 충분히 논쟁적일 수 있다. 포스트페미니즘이 과거와의 단절을 의미하기 위해서 '포스트'와 '페미니즘' 사이에 하이픈을 놓을 수도 있고 놓지 않을 수도 있다. 그렇다면 하이픈이 없는 '포스트페미니즘'이 페미니즘의 종말이라든가 페미니즘의 부적절성을 의미하지는 않을 것이다.

어떤 용어를 선택하는가에 따라 다른 이야기가 만들어진다. 세일라 벤하비브는 그녀의 논문 "성적 차이와 집단적 정체성: 새로운 전지구적 위상"에서 정체성이란 스스로에 대한 이야기를 만들어내는 능력이라고 말한다. 이런 주체성 모델은 이성적이고 도덕적 능력을 지니는 근대적 자아, 즉, 사회화이전에 통합된 근대적 자아와 혼동되어서는 안된다. 벤하비브가 정체성을 "대화적 서사" (dialogic narrative)(344)로 정의할 때, 이는 역사적/문화적인 맥락에서 형성되고, 타자들과의 차이에 의해서 (불가피하게) 굴절된 자아를 의미한다. 그러나 정체성은 전적으로 그렇게 결정되는 것만은 아니다. 일부 주체의 죽음을 주장하는 포스트모더니즘과 포스트구조주의는 그렇게 주장하지만 말이다. 그래서 벤하비브는 "인간이 주체로서 매개할 수 있는 가능성의 조건"(the conditions of possible human agency)[1]을 허용한다. 다시 말해서, 인간의 정체성이란 일종의 능력인데, "자신과 남들이 이해할 수 있도록 자신이 누구인지 계속 이야기할 수 있는"(347) 능력을 특징으로 한다. 물론 이야기는 변화하기도 하고, 혼란스럽기도 하고, 일시적으로 끊어지기도 하지만 그래도 이야기할 수 있는 능력이 정체성이다. 이런 이야기는 다른 이야기들과 함께 대화하면서 계속 진행된다. 그럼으로써 다른 관점과 목소리를 인식하지 않을 수 없다. 벤하비브 논의의 함축성은 이런 비슷한 방식으로 집단적인 정치적 정체성도 이해할 수 있다는 것이다. 벤하비브의 논의를 페미니즘 이론과 정치학으로 연결시켜

1 세일라 벤하비브(Seyla Benhabib)의 논문, "Sexual Difference and Collective Identities: The New Global Constellation." *Signs* 24(1999): 335-61. 346.

보면, 벤하비브 논의는 이 책이 논의하는 대로 페미니즘이 다양한 다수의 이야기를 생성해낼 수 있는 능력으로 인하여 정체성과 행위력을 획득할 수 있다는 뜻이다. 페미니즘의 다양한 이야기들 중에는 차이와 타자성이 다른 이론들과의 대화 속에서 존재한다는 이야기도 포함된다. 페미니즘 이야기들은 다른 이론에 의해 형성되는 만큼이나 다른 이론들에게도 영향을 준다는 뜻이다. 달리 말하면 서로가 서로를 구성하고 있는 셈이다. 마찬가지로 페미니즘 이론은 두 가지 이야기, 즉, 모든 여성이 보편적으로 공유하는 본질적 공통점이 있다는 이야기, 그리고 여성은 서로 파편화되고 사방으로 분산되고 파편화된 차이가 존재한다는 이야기 양쪽 모두와 대화를 나누고 있다.

벤하비브는 자신의 논문에서 정체성에 대한 자신의 입장을 증명하기 위해 한 소설을 상당한 분량으로 논의한다. 그 소설은 바로 버지니아 울프의 『올랜도』다. 벤하비브는 이 소설을 "철학과 문학이 만나는 흥미로운 지점을 설명하기 위해"(341) 활용한다. 그러면서, 자신이 주장하는 "서사성(narrativity)은 울프의 소설과 대화하면서 발전한다"(341)고 말한다. 다시 말해 벤하비브는 자신의 철학을 증명하기 위해서 울프의 소설을 하나의 예로서 사용하는 것은 아니라는 말이다. 벤하비브는 울프의 소설과 대화한다. 보다 "철학적"이고 "이론적인" 벤하비브의 논의가 문학 작품과 대화하는 것이다.

이 책은 20세기 여성 소설가와 페미니즘 이론의 관계도 대화적 모델임을 주장하고 있다. 더불어 이 책은 여성 소설가들도 자신들이 활용하는 장르에 대해서 비슷하게 대화적이고 모호한 관계를 지니고 있다고 주장한다. 여성들의 혁신적인 소설 활용은 페미니즘 이론가들이 젠더 정체성, 몸, 정치학, 글쓰기를 혁신적으로 논의하는 것과 닮아있다.

쥘리아 크리스테바가 주장하듯이, 여성은 주변적인 위치에 있다. 그렇다고 해서 주변적인 위치가 언제 어디서나 똑같은 것은 아니다. 주변은 늘 변화하고 움직인다. 벤하비브는 "다양한 문화에서 만들어진 각각의 서사 코드를 보면 우리는 매우 다른 방식으로 이야기할 수 있는 능력이 있다는 뜻이다. 동시에 각각의 서사 코드는 '서사를 다양화할' 수 있는 자유를 제한한다"(344)고 말한다. 주변의 위치는 비슷하게 제한하는 효과를 낼 수 있다. 벤하비브는 주변의 중요성을 강조하기 위해서 다시금 여성 작가인 토니 모리슨을 활용하면서, 토니 모리슨의 작품을 인용하고, 모리슨이 문화적 다양성을 제시하는 방식을 칭송하고, "억압받고 주변화된 사람들에게 권능을 부여하려면 서사가 필수적임을 증명한다"(345). 벤하비브는 주장하길, 그토록 억압받거나 주변화된 상황에서조차, "대화에서 마지막 말을 내뱉고 그 말이 소리 없이 바닥에 추락하도록 내버려둘 수도 있고, 계속해서 대화를 끌어갈 수도 있고, 호들갑스럽고 아이러니컬하게 비판하면서 대화 자체로 화제를 돌릴 수도 있다. 그렇게 우리는 항상 다양한 선택권을 가지고 삶에 대해 이야기하고 삶을 이해하려고 한다"(344-5). 이 책이 증명하려고 하는 것이 바로 이것이다. 여성 소설가와 이론가들은 항상 그런 전략을 사용해왔고, 그들은 예전의 소설 전통과 철학 전통이 언제나 여성을 주변화시키는 기능을 해왔음을 명백하게 보여주려고 했다. 그렇게 함으로써 여성 소설가와 이론가들은 그들 스스로 이해할 수 있고, 다른 사람들도 이해할 수 있는 이야기 공간을 창조해온 것이다.

참고문헌

페미니즘 이론과 비평

참고문헌

Books

Abel, Elizabeth, *Virginia Woolf and the Fictions of Psychoanalysis* (Chicago, Ill.: University of Chicago Press, 1989).

Abrams, M. H., *The Norton Anthology of English Literature*, 6th edn, vol. 2 (New York: Norton, 1993).

Andersen, Margaret, *Thinking about Women: Sociological Perspectives on Sex and Gender*, 2nd edn (New York: Macmillan, 1988).

Atwood, Margaret, *Lady Oracle* (London: Virago, 1982).

Bakhtin, Mikhail, *The Dialogic Imagination: Four Essays*, ed. Michael Holquist, trans. Caryl Emerson and Michael Holquist (Austin, Tx: University of Texas Press, 1981).

Banks, Olive, *Faces of Feminism: A Study of Feminism as a Social Movement* (Oxford: Martin Robertson, 1981).

——, *Becoming a Feminist: The Social Origins of 'First Wave' Feminism* (Brighton: Wheatsheaf, 1986).

Barrett, Michèle, *Women's Oppression Today: The Marxist/Feminist Encounter*, revised edn (London: Verso, 1988).

Baudrillard, Jean, *Selected Writings*, ed. Mark Poster (Cambridge: Polity Press, 1988).

Beauvoir, Simone de, *The Second Sex*, ed. and trans. H. M. Parshley (London: Picador, 1988).

Benhabib, Seyla, *Situating the Self: Gender, Community and Postmodernism in Contemporary Ethics* (Cambridge: Polity Press, 1992).

Best, Steven and Douglas Kellner, *Postmodern Theory: Critical Interrogations* (Basingstoke: Macmillan, 1991).

Bevan, David, *University Fiction* (Amsterdam: Rodopi, 1990).

Boone, Joseph, *Libidinal Currents: Sexuality and the Shaping of Modernism* (Chicago, Ill.: University of Chicago Press, 1998).

Brennan, Teresa, *Between Feminism and Psychoanalysis* (London: Routledge, 1989).

Bristow, Joseph and Trev Broughton, *The Infernal Desires of Angela Carter: Fiction, Femininity, Feminism* (London: Longman, 1997).

Burke, Carolyn, Naomi Schor and Margaret Whitford, *Engaging with Irigaray: Feminist Philosophy and Modern European Thought* (New York: Columbia University Press, 1994).

Butler, Judith, *Bodies that Matter: On the Discursive Limits of 'Sex'* (London: Routledge, 1993).

——, *Excitable Speech: A Politics of the Performative* (London: Routledge, 1997).

——, *Gender Trouble: Feminism and the Subversion of Identity* (London: Routledge, 1990).

Carter, Angela, *Nights at the Circus* (London: Picador, 1985).

Cham, Mbye B. and Claire Andrade-Watkins, *Blackframes: Critical Perspectives on Black Independent Cinema* (Cambridge, Mass.: MIT. Press, 1988).

Chanter, Tina, *Ethics of Eros: Irigaray's Rewriting of the Philosophers* (London: Routledge, 1995).

Chodorow, Nancy, *The Reproduction of Mothering: Psychoanalysis and the Sociology of Gender* (Berkeley, Cal.: University of California Press, 1978).

Culler, Jonathan, *Structuralist Poetics: Structuralism, Linguistics and the Study of Literature* (London: Routledge, 1975).

Davies, Carole Boyce, *Black Women, Writing and Identity: Migrations of the Subject* (London: Routledge, 1994).

Day, Aidan, *Angela Carter: The Rational Glass* (Manchester: Manchester University Press, 1998).

Derrida, Jacques, *Spurs: Nietzsche's Styles/Eperons: Les Styles de Nietzsche,* trans. Barbara Harlow (Chicago, Ill.: University of Chicago Press, 1979).

Doan, Laura, *The Lesbian Postmodern* (New York: Columbia University Press, 1994).

Dubois, Ellen, *Feminism and Suffrage: The Emergence of an Independent Women's Movement in America, 1848–1869* (Ithaca, N.Y.: Cornell University Press, 1978).

Dworkin, Andrea, *Pornography: Men Possessing Women* (London: Women's Press, 1981).

Eagleton, Terry, *Criticism and Ideology: A Study in Marxist Literary Theory* (London: Verso, 1978).

——, *Marxism and Literary Criticism* (London: Routledge, 1992).

Eisenstein, Hester and Alice Jardine, *The Future of Difference* (Boston, Mass.: G. K. Hall, 1980).

Eisenstein, Zillah R., *Capitalist Patriarchy and the Case for Socialist Feminism* (New York: Monthly Review Press, 1979).

——, T*he Radical Future of Liberal Feminism* (New York: Longman, 1981).

Evans, Mary, S*imone de Beauvoir: A Feminist Mandarin* (London: Tavistock, 1985).

Faderman, Lillian, *Surpassing the Love of Men: Romantic Friendship and Love between Women from the Renaissance to the Present* (London: The Women's Press, 1985).

Faulkner, Peter, *Modernism* (London: Routledge, 1990).

Foucault, Michel, *Discipline and Punish: The Birth of the Prison*, trans. Alan Sheridan (London: Allen Lane, 1977).

——, *The History of Sexuality*, vol. I: An Introduction, trans. Robert Hurley (New York: Vintage, 1978).

Freud, Sigmund, *An Outline of Psychoanalysis*, trans. and ed. James Strachey (London: The Hogarth Press, 1969).

——, 'Fragment of an Analysis of a Case of Hysteria' ('Dora'), in *Case Histories I: 'Dora' and 'Little Hans'*, The Penguin Freud Library vol. 8 (Harmondsworth: Penguin, 1990).

——, 'Medusa's Head', in *The Standard Edition of the Complete Psychological Works of Sigmund Freud*, vol. 18, ed. James Strachey (London: The Hogarth Press, 1940), pp. 273–4.

——, 'The Question of Lay Analysis: Conversations with an Impartial Person', in *The Standard Edition of the Complete Psychological Works of Sigmund Freud*, vol. 20, ed. James Strachey (London: The Hogarth Press, 1953), pp. 183–250.

Friedan, Betty, *It Changed My Life: Writings on the Women's Movement* (New York: W. W. Norton, 1985).

——, *The Feminine Mystique* (Harmondsworth: Penguin, 1992).

——, *The Second Stage* (London: Abacus, 1983).

Fuss, Diana, *Essentially Speaking: Feminism, Nature and Difference* (London: Routledge, 1990).

Gallop, Jane, *Feminism and Psychoanalysis: The Daughter's Seduction* (Basingstoke: Macmillan, 1982).

Gamble, Sarah, Angela Carter: *Writing from the Front Line* (Edinburgh: Edinburgh University Press, 1997).

Gates, Henry Louis, Jr, *Reading Black, Reading Feminist: A Critical Anthology*

(New York: Meridian Press, 1990).
Gilbert, Sandra M. and Susan Gubar, *The Madwoman in the Attic: The Woman Writer and the Nineteenth-Century Literary Imagination* (New Haven, Conn.: Yale University Press, 1979).
Gilligan, Carol, *In a Different Voice: Psychological Theory and Women's Development* (Cambridge, Mass.: Harvard University Press, 1982).
Greene, Gayle, *Doris Lessing: The Poetics of Change* (Ann Arbor, Mich.: University of Michigan Press, 1994).
Grosz, Elizabeth, *Jacques Lacan: A Feminist Introduction* (London: Routledge, 1990).
——, *Sexual Subversions: Three French Feminists* (Sydney: Allen and Unwin, 1989).
Gunew, Sneja, *Feminist Knowledge: Critique and Construct* (London: Routledge, 1990).
Haffenden, John, *Novelists in Interview* (London: Methuen, 1985).
Hamilton, Roberta and Michèle Barrett, *The Politics of Diversity: Feminism, Marxism and Nationalism* (London: Verso, 1986).
Heath, Jane, *Simone de Beauvoir*, Key Women Writers (Hemel Hempstead: Harvester Wheatsheaf, 1989).
hooks, bell, *Yearning: Race, Gender, and Cultural Politics* (London: Turnaround, 1991).
Hull, Gloria T., Patricia Bell Scott and Barbara Smith, *All the Women Are White, All the Blacks Are Men, But Some of Us Are Brave* (Old Westbury: The Feminist Press, 1982).
Hutcheon, Linda, *The Politics of Postmodernism* (London: Routledge, 1989).
Irigaray, Luce, *An Ethic of Sexual Difference*, trans. Carolyn Burke and Gillian C. Gill (Ithaca, N.Y.: Cornell University Press, 1993).
——, *Marine Lover of Friedrich Nietzsche*, trans. Gillian C. Gill (New York: Columbia University Press, 1993).
——, *This Sex Which Is Not One*, trans. Catherine Porter with Carolyn Burke

(Ithaca, N.Y.: Cornell University Press, 1985).

James, C. L. R., *The Black Jacobins: Toussaint L'Ouverture and the San Domingo Revolution*, 2nd edn (New York: Vintage, 1963).

Jameson, Fredric, *Postmodernism; or, the Cultural Logic of Late Capitalism* (London: Verso, 1991).

Jardine, Alice, *Gynesis: Configurations of Woman and Modernity* (Ithaca, N.Y.: Cornell University Press, 1985).

Jung, Carl Gustav, *Aion: Researches into the Phenomenology of the Self – The Collected Works of C. G. Jung*, vol. 9, part II, ed. Herbert Read, Michael Fordham and Gerhard Adler, trans. R. F. C. Hull (London: Routledge and Kegan Paul, 1959), pp. 11–22.

Kristeva, Julia, *The Portable Kristeva*, ed. Kelly Oliver (New York: Columbia, 1997).

Kuhn, Annette and AnnMarie Wolpe, *Feminism and Materialism: Women and Modes of Production* (London: Routledge, 1978).

Lacan, Jacques, *The Seminar. Book III: The Psychoses*, 1955–56, trans. Russell Grigg (London: Routledge, 1993).

Landry, Donna and Gerald MacLean, *Materialist Feminisms* (Oxford: Blackwell, 1993).

Lauretis, Teresa de, *The Practice of Love: Lesbian Sexuality and Perverse Desire* (Bloomington, Ind.: Indiana University Press, 1994).

Lechte, John, *Julia Kristeva* (London: Routledge, 1990).

Lee, Hermione, *Virginia Woolf* (London: Vintage, 1997).

Lessing, Doris, *The Golden Notebook* (London: Flamingo, 1993).

——, *To Room Nineteen: Collected Stories,* vol. 1 (London: Flamingo, 1994).

Lodge, David, *Working with Structuralism: Essays and Reviews on Nineteenthand Twentieth-Century Literature* (London: Routledge, 1981).

Lurie, Alison, *The War between the Tates* (London: Abacus, 1993).

Lyotard, Jean-François, *The Postmodern Condition: A Report on Knowledge*, trans. Geoff Bennington and Brian Massumi (Manchester: Manchester University

Press, 1984).
Majundar, Robin and Allen McLaurin, *Virginia Woolf: The Critical Heritage* (London: Routledge, 1975).
Marcus, Jane, *New Feminist Essays on Virginia Woolf* (London: Macmillan, 1981).
Marks, Elaine and Isabelle de Courtivron, *New French Feminisms: An Anthology* (Hemel Hempstead: Harvester Wheatsheaf, 1981).
Marx, Karl and Friedrich Engels, *The German Ideology* (London: Lawrence and Wishart, 1974).
Mitchell, Juliet, *Psychoanalysis and Feminism* (Harmondsworth: Penguin, 1990).
——, *Woman's Estate* (Harmondsworth: Penguin, 1971).
Mitchell, Juliet and Ann Oakley, *What is Feminism?* (Oxford: Basil Blackwell, 1986).
Moi, Toril, *Sexual/Textual Politics: Feminist Literary Theory* (London: Routledge, 1985).
——, *Simone de Beauvoir: The Making of an Intellectual Woman* (Oxford: Blackwell, 1994).
Moraga, Cherrie and Gloria Anzaldua, *This Bridge Called My Back: Writings by Radical Women of Color* (Kitchen Table: Women of Color Press, 1983).
Morrison, Toni, *Sula* (London: Picador, 1991).
Munt, Sally, *New Lesbian Criticism: Literary and Cultural Readings* (Hemel Hempstead: Harvester Wheatsheaf, 1992).
Nicholson, Linda J., *Feminism/Postmodernism* (London: Routledge, 1990).
Okely, Judith, *Simone de Beauvoir: A Re-Reading* (London: Virago, 1986).
Oliver, Kelly, *Ethics, Politics and Difference in Julia Kristeva's Writing* (New York: Routledge, 1993).
Rowbotham, Sheila, *Woman's Consciousness: Man's World* (Harmondsworth: Penguin, 1973).
Rupp, Leila J. and Verta Taylor, *Survival in the Doldrums: The American Women's Rights Movement, 1945–1960s* (Oxford: Oxford University Press, 1987).
Said, Edward, *Orientalism* (London: Routledge, 1978).

Sarah, Elizabeth, *Reassessments of 'First Wave' Feminism* (Oxford: Pergamon Press, 1982).

Sargent, Lydia, *Women and Revolution: A Discussion of the Unhappy Marriage of Marxism and Feminism* (London: Pluto Press, 1981).

Sartre, Jean-Paul, *Being and Nothingness: An Essay on Phenomenological Ontology*, trans. Hazel E. Barnes, introd. Mary Warnock (London: Methuen, 1958).

Scholes, Robert, *Structuralism in Literature* (New Haven, Conn.: Yale University Press, 1974).

Schwartzer, Alice, *Simone de Beauvoir Today: Conversations, 1972–1982* (London: Chatto, 1984).

Scott, Bonnie Kime, *The Gender of Modernism: A Critical Anthology* (Bloomington, Ind.: Indiana University Press, 1990).

——, *Refiguring Modernism, vol. I: The Women of 1928* (Bloomington, Ind.: Indiana University Press, 1995).

Showalter, Elaine, *A Literature of Their Own: British Women Novelists from Brontë to Lessing*, new edn (London: Virago Press, 1982).

——, *The New Feminist Criticism: Essays on Women, Literature, and Theory* (London: Routledge, 1989).

Simons, Margaret A., *Feminist Interpretations of Simone de Beauvoir* (University Park, Penn.: Pennsylvania State University Press, 1995).

Sinfield, Alan, *Cultural Politics: Queer Reading* (London: Routledge, 1994).

Spencer, Jane, *The Rise of the Woman Novelist: From Aphra Behn to Jane Austen* (Oxford: Blackwell, 1986).

Spender, Dale, *Mothers of the Novel: 100 Good Women Writers Before Jane Austen* (London: Pandora, 1986).

Spivak, Gayatri Chakravorty, *In Other Worlds: Essays in Cultural Politics* (London: Methuen, 1987).

Todd, Janet, *The Sign of Angellica: Women, Writing and Fiction, 1660–1800* (London: Virago, 1989).

Turner, Brian S., *Theories of Modernity and Postmodernity* (London: Sage, 1990).
Vice, Sue, *Psychoanalytic Criticism* (London: Polity Press, 1995).
Walder Dennis, *Literature in the Modern World: Critical Essays and Documents* (Oxford: Oxford University Press, 1990).
Watt, Ian, *The Rise of the Novel: Studies in Defoe, Richardson and Fielding* (London: Chatto and Windus, 1957).
Weed, Elizabeth and Naomi Schor, *Feminism Meets Queer Theory* (Bloomington, Ind.: Indiana University Press, 1997).
Whitford, Margaret, *Luce Irigaray: Philosophy in the Feminine* (London: Routledge, 1991).
Williams, Patrick and Laura Chrisman, *Colonial Discourse and Post-Colonial Theory: A Reader* (Hemel Hempstead: Harvester Wheatsheaf, 1993).
Winterson, Jeanette, *Sexing the Cherry* (London: Vintage, 1990).
Wittig, Monique, *The Straight Mind and Other Essays* (Hemel Hempstead: Harvester Wheatsheaf, 1992).
Woolf, Virginia, *A Room of One's Own* (Harmondsworth: Penguin, 1945).
——, *Orlando*, ed. Rachel Bowlby, World's Classics (Oxford: Oxford University Press, 1992).
——, *The Common Reader*, First Series (London: The Hogarth Press, 1968).
——, *The Diary of Virginia Woolf, 1925–1930*, vol. 3, ed. Anne Olivier Bell (London: The Hogarth Press, 1980).
——, *Women and Fiction: The Manuscript Versions of 'A Room of One's Own'*, ed. S. P. Rosenbaum, Shakespeare Head Press edn (Oxford: Blackwell, 1992).
Young, Robert, *Untying the Text: A Post-Structuralist Reader* (London: Routledge and Kegan Paul, 1981).

Articles

Bair, Deirdre, '"Madly Sensible and Brilliantly Confused": From *Le Deuxième sexe to The Second Sex', Dalhousie French Studies*, 13 (1987), 23–35.
——, 'Simone de Beauvoir: Politics, Language, and Feminist Identity', *Yale*

French Studies, 72 (1986), 149–62.

Barrett, Michèle and Mary McIntosh, 'Ethnocentrism and Socialist-Feminist Theory,' *Feminist Review*, 20 (1985), 23–47.

Bayley, John, 'Fighting for the Crown', *New York Review of Books,* 23 April 1992, pp. 9–11.

Benhabib, Seyla, 'Sexual Difference and Collective Identities: The New Global Constellation', *Signs*, 24 (1999), 335–61.

Berg, Maggie, 'Luce Irigaray's "Contradictions": Poststructuralism and Feminism', *Signs*, 17 (1991), 50–70.

Bowlby, Rachel, '"The Problem with No Name": Rereading Friedan's *The Feminine Mystique', Feminist Review*, 27 (1987), 61–75.

Bradbury, Malcolm, 'The Paleface Professor', *The Times*, Saturday, 19 January 1985, p. 6.

Brown, Rosellen, 'Fertile Imagination', *Women's Review of Books*, 7 (1990), 9–10.

Butler, Judith, 'Contingent Foundations: Feminism and the Question of Postmodernism', *Praxis International*, 11 (1991), 150–65.

Card, Claudia, 'Lesbian Attitudes and *The Second Sex', Women's Studies International Forum*, 8 (1985), 209–14.

Chay, Deborah G., 'Rereading Barbara Smith: Black Feminist Criticism and the Category of Experience', *New Literary History*, 21 (1993), 635–52.

Collins, Patricia Hill, 'The Social Construction of Black Feminist Thought', *Signs*, 14 (1989), 745–73.

Connolly, Clara, Lynne Segal et al.,'Feminism and Class Politics: A RoundTable Discussion', *Feminist Review*, 23 (1986), 13–30.

Delphy, Christine, 'The Invention of French Feminism: An Essential Move', *Yale French Studies*, 87 (1993) 190–221.

Dijkstra, Sandra, 'Simone de Beauvoir and Betty Friedan: The Politics of Omission', *Feminist Studies*, 6 (1980), 294–303.

Eagleton, Terry, 'In the Gaudy Supermarket', Review of Gayatri Chakravorty Spivak, *A Critique of Post-Colonial Reason: Toward a History of the*

Vanishing Present, London Review of Books Online, 21, 10, 31 May 1999, <http.www.lrb.co.uk.>

Griffiths, Sian, 'A Class Sister Act', *The Times Higher Educational Supplement*, 13 October 1995, p. 20.

Hennessey, Rosemary and Rajeswari Mohan, 'The Construction of Woman in Three Popular Texts of Empire: Towards a Critique of Materialist Feminism', *Textual Practice*, 3 (1989), 323–57.

Homans, Margaret, '"Women of Color": Writers and Feminist Theory', *New Literary History*, 25 (1994), 73–94.

Kaminsky, Amy, 'Gender, Race, Raza', *Feminist Studies*, 20 (1994), 7–31.

Kaufmann, Dorothy, 'Simone de Beauvoir: Questions of Difference and Generation', *Yale French Studies,* 72 (1986), 121–31.

King, Deborah K., 'Multiple Jeopardy, Multiple Consciousness: The Context of a Black Feminist Ideology', *Signs*, 14 (1988), 42–72.

Knopp, Sherron, '"If I Saw You Would You Kiss Me?": Sapphism and the Subversiveness of Virginia Woolf's *Orlando', PMLA*, 103 (1988), 24–34.

Kruks, Sonia, 'Gender and Subjectivity: Simone de Beauvoir and Contemporary Feminism', *Signs*, 18 (1992), 89–110.

Lauretis, Teresa de, 'Queer Theory: Lesbian and Gay Sexualities: An Introduction', *differences*, 3 (1991), iii–xviii.

Le Doeuff, Michèle, 'Simone de Beauvoir and Existentialism', *Feminist Studies*, 6 (1980), 277–89.

McDowell, Deborah E., 'New Directions for Black Feminist Criticism', *Black American Literature Forum*, 14 (1980), 153–9.

Mulkeen, Anne, 'Twentieth-Century Realism: The "Grid" Structure of *The Golden Notebook', Studies in the Novel*, 4 (1972), 262–74.

Newton, Esther, 'The Mythic Mannish Lesbian: Radclyffe Hall and the New Woman', *Signs*, 9 (1984), 557–75.

Pringle, Peter, 'Victims of Slavery Find Their Voice', *Independent on Sunday*, 10 October 1993, p. 18.

Rich, Adrienne, 'Compulsory Heterosexuality and Lesbian Existence', *Signs*, 5 (1980), 631–60.

Ryan, Barbara, 'Ideological Purity and Feminism: The US Women's Movement from 1966 to 1975', *Gender and Society*, 3 (1989), 239–59.

Simons, Margaret A., 'Beauvoir and Sartre: The Philosophical Relationship', *Yale French Studies*, 72 (1986), 165–79.

——, 'Lesbian Connections: Simone de Beauvoir and Feminism', *Signs*, 18 (1992), 136–61.

Smith, Barbara, 'Reply to Deborah Chay', *New Literary History,* 24 (1993), 653–6.

Tiger, Virginia, '"Taking Hands in (Dis)Unity": Story to Storied in Doris Lessing's "To Room Nineteen" and "A Room"', *MFS*, 36 (1990), 421–33.

Wilson, Elizabeth, 'Psychoanalysis: Psychic Law and Order?', *Feminist Review*, 8 (1981), 63–78.

Zerilli, Linda M. G., 'A Process without a Subject: Simone de Beauvoir and Julia Kristeva on Maternity', *Signs*, 18 (1992), 111–35.

옮긴이의 말

이 책은 한 마디로 매우 명민한 책이다. 다양한 페미니즘 이론들의 핵심을, 각 이론을 대표할만한 고전을 통해 간략하게 소개하고, 단순한 요약을 넘어 페미니즘 이론들 간에 다소 헷갈리는 쟁점들을 선명하게 정리해준다. 말하자면, 서구 페미니즘 이론 전체를 두루 조망하는 서사를 제공한다. 물론 저자 왓킨스는 거대 서사를 의심하는 포스트모던의 부정적 시선까지도 현명하게 경계하고 있긴 하지만, 교육적 목적을 위해 부득이하게 페미니즘 거대 서사의 위험을 무릅쓴다.

뿐만 아니라, 페미니즘 이론을 소설 텍스트 분석에 적용하면서 소설 특유의 모호함을 매개로 페미니즘 각 이론들의 강점과 허점을 짚어준다. 실재는 늘 양날의 칼, 더블 바인드(double-bind)의 애매모호함을 특징으로 한다. 따라서 애매모호한 실재에 대한 이해는 더블 비전(double vision)을 요구하고, 이때 이론보다는 소설이 재현 불가능한 모호한 실재를 재현하는데 훨씬 유능한 까닭이다.

각 이론을 읽을 때마다 당장 읽고 있는 이론이 페미니즘 이론의 전부인 것처럼 오로지 공감할 뿐 각 이론의 위치가 전체(전체도 가늠하기 거의 불가능하지만)의 어디쯤인지 도무지 오리무중이다. 하지만 저자는 현명하게도 각 이론이 페미니즘이라는 거대한 산의 어느 측면을 바라보고 있는지 잘 지적해준다. 그래서 각 이론이 전체에서 차지하는 위치를 제대로 파악할 수 있게 된다.

강의, 번역, 교정을 위해 책을 일곱 번쯤 읽었다. 통상 책 한 권을 여러 번 읽다보면 책 내용이 뻔하고 지루해질 수도 있다. 하지만 고밀도를 지닌 이 책은 읽을 수록 논의의 깊이에 감탄하고, 내 이해의 공백이 촘촘하게 메워지는 기쁨으로 즐거웠다.

벨 훅스의 정의에 따르면 "페미니즘은 성차별과 그에 따른 착취와 억압으로부터 여성의 해방시키려는 운동"이다. 그런 면에서 페미니즘은 기본적으로 정치학이다. 성차별적 제도와 젠더 고정관념을 종식하고, 여성의 몸에 대한 폭력을 고발하며, 모든 정책에 성인지 관점을 도입하는 현장의 정치학은 매우 중요하다. 그러나 그것만이 전부는 아니다. 여성 해방이라는 목표를 달성하려면, 현장의 정치학뿐만 아니라, 페미니즘 이론도 필요하다. 이론은 경험적 한계를 초월하여 시야를 확대하고 더 넓고 높은 조망을 획득하도록 도와준다.

페미니즘 이론이란 1) 페미니즘 목표 자체에 대한 성찰과 2) 성찰이 축적된 역사를 말한다. 즉, 이론은 여성해방이라는 목표 자체를 질문한다. 즉 이론은 여성은 누구이고, 해방은 무엇을 의미하는지, 목표 자체에 대한 철학적 성찰의 결과다. 더불어, 그러한 철학적 성찰이 역사적으로 어떻게 변화해왔는지, 그 변화의 궤적을 추적하는 것도 이론이다. 이론은 정치학과 분리되지 않지만, 정치학으로부터 살짝 떨어져 나와 거리를 두고, 목표 자체와 맥락을 고찰하는 것이다. 강 속에 있으면 강이 잘 보이지 않는다. 때로는 강에서 나와야 강이 제대로 보인다. 이론은 강에서 빠져나와 멀찌감치 강을 고찰한 결과물이다.

이론의 과잉은 현장으로부터 괴리를 초래할 수 있지만, 정치학의 과잉은 현장이 위치한 전체의 맥락을 놓치게 만들 수 있다. 그래서 이론과 정치학은 상호보완적이다. 그런 의미에서 이 책은 페미니즘 문학 비평뿐만 아니라, 페미니즘 일반 이론서로도 상당히 훌륭하다. 초보자에게는 이 책이 좀 어려울 수도 있지만, 이미 성차별 종식을 위해 현장에서 활동한 경험이 있는 분들은 흥미롭게 이 책의 이론을 즐길 수 있을 것이다. 각 장의 앞부분만 읽어보아도 이론의 변천과 흐름을 파악하는데 도움이 된다.

이 책이 소개하는 다양한 페미니즘 각 이론마다 빈번하게 문제시되는 쟁점들이 있는데, 이 쟁점들을 세 가지로 구분해서 설명해보려고 한다.

첫째, 개인 vs 이데올로기의 대립이다. 앞서 말했듯이, 페미니즘은 여성의 해방을 목표로 한다. 그런데 해방이 개인의 차원에서 가능할까? 이 문제가 자주 페미니즘 이론의 쟁점이 되곤 한다. 즉 4000년간 지속된 가부장제라는 고질적 제도 자체를 의문시하고 개혁하지 않은 채, 개인이 독서를 통해 마음을 고쳐먹거나, 개인이 교육에 의해 의식을 전환하는 것이 가능할까? 보부아르나 프리단의 경우, 개인의 노력으로 해방이 가능하다고 믿는다. 한편 이 책에서 소개하는 다른 이론가들은 한결같이 해방은 개인 차원의 노력만으로는 불가능하다고 주장한다. 개인은 이미 어릴 적부터 받은 교육과 사회화 과정을 통해 젠더 이데올로기가 몸과 마음에 깊숙이 각인되어 있고, 교육 자체도 지배담론과 텍스트에 의존하고 있기 때문에 교육을 통해 개인은 쉽게 변화되지 않으며, 따라서 해방은 쉽지 않다는 것이다. 또한 교육은 여성의 사회 진출을 돕긴 하지만, 한 편으로는 젠더 이데올로기를 재교육하는 도구가 될 수 있기 때문에 교육으로만 해방을 모색하기엔 한계가 있다는 것이다. 특히 마르크스주의 페미니즘의 경우 여성의 억압은 가부장제와 더불어 자본주의 때문에 생겨난 것이니, 이들을 교차한 분석만이 여성 해방을 가능하게 한다고 본다. 그렇다면 여성의 해방은 개인의 노력만으로는 매우 힘들다는 것이다.

두 번째 쟁점은 본질주의 vs. 반본질주의의 대립이다. 페미니즘과 관련해서 본질주의란 여성이면 누구나 공유하는 본질적인 특성이 있다고 보는 견해다. 그런데 페미니즘에서 본질주의는 양날의 칼이다. 여성이 공유하는 본질이 있다고 말하면 자칫 생물학적 결정론에 의해 여성을 전통적인 젠더 역할로 묶어버리는 불상사가 생겨날 수 있다. 그래서 많은 페미니스트들은 본질주의를 거부한다. 보부아르의 경우 "여성은 태어나는 것이 아니라, 만들어진다"는 유명한 말은 여성의 본질을 부정하고 있다. 여성은 본질적인 특성을 갖고 태어나는 존재가 아니라, 사회화 과정을 통해서 만들어지기 때문에, 여성이 다르게 양육되고 다르게 교육받는다면, 여성도 남성처럼 초월적 존재가 될 수 있다고 주장한다. 반면, 정신분석학 페미니스트(특히 초도로우)는 성별화된 양육을 통해서 여성은 일정한 본질을 후천적으로 획득하게 된다고 주장한다. 유명한 포스트구조주의 페미니스트들(식수, 이리가라이, 크리스테바)도 여성은 본질적인 특성을 지닌다고 주장한다. 다만 여성의 본질은 열등한 본질이 아니라 해방적 잠재력을 지닌 것으로 긍정한다. 여성은 태어나는 것일까, 만들어지는 것일까. 늘 분란이 되는 쟁점이다.

세 번째 쟁점은 해체된 주체 vs. 정치적 주체의 대립이다. 20세기 후반 포스트모더니즘은 사고의 거대한 전환이었다. 페미니즘 역시 거대한 사고의 전환에 영향을 받지 않을 수 없었다. 포스트모더니즘이 주장하는 '주체의 죽음'이 페미니즘 이론에 도입되면서 페미니즘의 정치학이 도전을 받게 된다. 포스트모더니즘 주체는 단일하고 통합된 주체가 아니라, 다양한 담론의 각축장으로써 분열되고 해체되어버린 주체다. 이때 죽어버린 주체를 이성적 남성주체로 한정한다면 주체의 죽음은 잠재적으로 여성해방을 이끌어내는 추동력이 될 수 있다. 그러나 여성 주체마저 죽어버린다면 해방을 추동해야 할 정치적 주체가 사라져버리기 때문에, 기본적으로 정치학인 페미니즘은 주체의 죽음을 수용하기 힘들다. 그런가 하면, 세 번째 쟁점은 첫 번째 쟁점에 맞물리는 부분도 있다. 즉, 여성 주체는 모두가 공유하는 본질적 공통점이 있다고 믿을 수도 있고, 여성 주체는 제각각 차이가 있기 때문에 공통점이 없다고 보는 견해도 있다. 전자의 경우는 정치적 연대가 가능하지만, 후자의 경우는 연대의 모색이 불가능하다. 이런 양날을 칼을 피하기 위해서 스피박은 "전략적 본질주의"를 해결책으로 내세워 서발턴의 정치 연대 가능성을 모색하고, 벨 훅스 역시 "경험의 권위"를 통해 흑인 여성의 정치 주체성을 모색한다.

왓킨스는 결론에서 이러한 대립하는 쟁점들 간의 부단한 '대화'를 제안한다. 왓킨스는 벤하비브를 인용하면서, 주체란 "이야기를 만들어내는 능력"을 가진 존재라고 참신하게 정의한다. 그리고 주체가 만들어내는 이야기는 고정되지 않고, 다른 이야기들과 섞여 대화하면서 늘 새로운 이야기를 창조해낸다고 말한다. 페미니즘의 이야기도 새로운 이야기들의 도전에 응답하면서 끊임없이 재창조될 것이다.

2001년에 나온 이 책은 당시의 최신 이론들을 소개했지만, 그 후 벌써 20여년이 지났으니, 그 사이 우리에게 절박한 문제들이 새롭게 출현했다, 특히 심화되는 환경위기와 첨단기술의 도전은 페미니즘 이론의 변화를 요청하였고, 이에 지금 당장 새롭게 엮어지고 있는 페미니즘 이야기는 "한국어 번역판 저자 머리말"에 간단하게 소개되어 있다.

이제까지 여러 권의 책을 번역했지만, 이 책의 번역은 꽤 어려웠다. 내용은 깊고 넓은데, 설명이 너무 간결해서 제대로 이해하는데 시간이 많이 걸렸다. 이해가 어려운 부분은 저자에게 직접 연락해서 물었고, 다른 페미니즘 도서를 참고하면서 이해하려고 노력했다. 페미니즘 이론을 개괄적으로 공부하려는 사람, 페미니즘 이론을 문학텍스트에 적용하여 분석하는 방식을 배우려는 사람, 모두에게 이 책은 유용하게 활용될 수 있을 것이다. 책 표지를 디자인해준 큰 딸 수욱이, 국립대학 혁신사업의 행정 업무를 도맡아 준 김용남 조교, 충남대학교 출판문화원 편집자들께 감사드린다.

역자 김명주 씀

색인

ㅎ